실버마케팅

목표고객에게 접근하는 방법

크리스티네 크리프
안드레아스 라이들 공저

문은숙 옮김

황금비늘

노년의 미래-아직 활용하지 못한 기회

노령화만큼 사회적 관심이 많은 주제도 없다. 독일뿐만 아니라 다른 산업 국가에서도 출산율이 감소하고 평균 수명이 늘어나면서 인구 통계에 커다란 변화가 생겼다. 오늘날 정치, 경제, 사회, 각 분야에서 노령화는 현대사회를 위협하는 요소로 여겨진다. 연금 및 간병 보험[1]이 다음 세대에 부담이 되고 있다거나, 젊은 전문 인력의 감소가 경제를 위협한다는 주장 역시노인 인구의 증가가 사회 전반에 큰 부담으로 작용할 수 있다는 걱정의 표현이라고 하겠다.

사람들은 대부분 '노년'이라는 말에 거부 반응을 보인다. 그 이유는 특히 노년을 육체적 허약함이나 능력과 힘의 저하, 유연성과 민첩성, 학습 능력의 퇴보와 관련지어 생각하기 때문이다. 노년을 사회의 주변부로 밀려나거나, 최악의 경우 양로원에 갈 것을 걱정해야 하는 시기로 보는 부정적인생각은 이러한 노년의 시기가 도래하는 것을 최대한 미뤄보자는 심리적 전략을 낳았다. 그래서 '요즘 젊은이들', 혹은 스스로 젊다고 느끼는 사람들은 적어도 그때까지는 아직 시간이 있다고 주장한다.

노년에 대한 부정적 인식의 원인은 아마도 노년을 비용-효용 관계로만

---

1) 노령 보험, 수발 보험, 간호 보험 등으로도 불린다. (옮긴이)

바라보는 낡은 시각 -연금 논쟁을 상기해보라 -과 그들이 의존적이며, 단순 수혜자라는 식의 구태의연한 관점 때문일 것이다. 그와 더불어 광고와 언론에서 60세 이상의 노인을 심각하게 배척하는 풍조는 미래 사회의 가장 비중 있는 그룹을 금기시하게 만들었다.

실제로 노령화 문제는 우리 모두에게 대단히 중요하다. 노년의 다양한 모습과 가능성을 잘 살펴보아야만 구태의연한 노년 상에 대응할 수 있을 것이다. 알베르트 아인슈타인이 말했듯이, "난관은 그 난관을 낳은 사고방식으로는 절대 해결할 수 없다." 내일의 문제는 오늘의 사고 모형이나 관습적으로 받아들여지는 규범으로는 해결할 수 없다. 그러므로 '나이'에 대한 생각을 근본적으로 수정하는 것이 꼭 필요하다. '나이'는 '가을'이나 '봄', '남자'나 '여자'처럼 포괄적인 의미를 담고 있다. 어린아이나 청소년, 중년, 노인 모두 누구나 가릴 것 없이 '나이'가 있다. '나이'는 우리가 해결해야만 하는 어떤 '문제'가 아니며, 그것으로 통해 무언가를 '성취'해야 하는 것이다. 계절이 그러하듯 모든 나이에는 그 나이에 어울리는 활동과 자기 표현의 가능성, 그리고 발전의 기회가 있는 법이다.

그리고 60살 이상의 노인들을 동질 집단으로 보아서는 안 된다. 사람마다 삶의 질이 다르기 때문에 차별화해서 설명해야만 한다. 이 집단에 속한 노인들의 이야기를 들어보면 결코 늙지 않았다는 것을 알 수 있다. 생활 방식에서도 일반적인 선입견과는 많은 차이가 난다. 각종 통계나 연구 자료를 보면 독일에는 실제 도움을 필요로 하는 노인의 숫자가 여론이 추정하는 만큼 많지 않다. 인생의 제3기에 들어선 많은 노인들이 명예직이나마 여전히 일을 하고 있고, 사회 발전에 기여하고 있으며, 특히 가족에게 경제적, 정서적으로 많은 도움을 주고 있다. 더욱이 이들은 삶의 경험과 직장 경험, 사회적 자질은 물론 건강과 높은 자금력까지 갖추고 있다.

이 책『실버 마케팅』은 전도유망한 시장을 개척하기 위한 지침서 이상의 의미가 있다. 우리 사회의 노인들을 긍정적으로 바라보고 그들의 욕구와 가능성, 재능을 파악하는 데 가치가 있는 책이다. 노인들로 하여금 적극적인 삶을 누릴 수 있도록 도와준다면 사회 전체적으로도 긍정적인 영향을 줄 수 있을 것이다. 이런 근본적인 변화는 노령화 문제가 개개인과 동떨어진 문제가 아니라는 사실을 일깨워줄 것이다. 누구나 인생의 황혼기를 멋지게 보내고 싶어 하기 마련이다.

나는 여기서 한 걸음 더 나아가려 한다. 노년의 의미를 깨닫는 것은 우리 사회의 미래에 영향을 미칠 것이다. 새롭게 형성되는 인구 구성 변화를 극복하는 방식이 우리의 능력을 말해줄 것이기 때문이다. 이것은 의학과 생명과학 등의 도움으로 연장된 20년 정도의 수명만을 의미하는 것이 아니다. 저급한 마케팅 관점이 부추긴 젊음에 대한 맹신을 극복하는 일이 더 중요하다. 젊음에 대한 맹신은 젊은이들을 전면적인 상업화의 희생물로 만들고 있을 뿐 아니라 전 세대에 걸쳐 심각한 악영향을 미치고 있다. 50세 이상의 노인들이 증가하면 그런 일방적 지향성이 사라지고 관점이나 가치관, 사회의 지속 가능성에 새롭게 관심을 갖게 되리라 기대한다. 이것은 모든 세대가 협동하는 것으로 그치지 않는다.

　노령화는 마케팅의 대상일 뿐만 아니라 운명의 문제이다. 노령화가 가진 장점을 이해하고 받아들인다면 이는 사회 발전의 기반이 될 것이다. 우리 사회는 이제 새로운 노인상을 토대로 성장할 것이다.

토마스 드루엔 박사
독일 부다페스트 클럽 재단 이사장[2]

---

2) 더 자세한 내용은 www.club-of-budapest.de를 참조하라. (글쓴이)

차례

서론

50세 이후 세대-미래의 시장

어쩌면 여러분은 이 책을 왜 읽어야 하는지 그 이유에 대해서 물을지 모르겠다. 자신에게 얼마나 도움이 될지, 또 노년층을 정말 목표 고객으로 삼을 수 있을지에 대해서도 물을 것이다.

우리도 이 책을 시작하기 전에 스스로에게 그런 질문을 던져보았다. 어쨌든 이런 책을 쓰려면 상당한 수고를 해야 하기 때문이다. 사실 우리가 이런 의문을 갖게 된 것은 50세 이후 세대를 소비자로서 한번 자세히 파악해보자고 결심하기 몇 년 전이었다. 지금은 비록 개척자에 불과할지라도, 세태의 변화는 결국 우리가 옳다는 것을 말해주리라고 확신했다. 미래에는 '황금 연령층'(golden ages)이 가장 중요한 구매자가 될 것이라고 생각했을 뿐만 아니라 처음 시도한다는 사실 자체도 재미있었다. 그리고 우리는 이러한 변화를 꼭 처음부터 함께 추적하고 싶었다.

그 사이 상황은 많이 변했다. 노인들은 더 이상 주변부 집단이 아니라 점점 더 사회적 관심의 초점으로 떠오르고 있다. 언론 역시 이들을 주요 테마로 다루고 있다. 자비네 크리스티안젠은 1998년 봄 수년 전부터 남편과 함께 50세 이후 세대 문제를 연구해온 한네 마이어-헨첼을 자신의 일요일 토크쇼에 초대하여 노인과 마케팅에 관한 이야기를 나누었다. 1998년 31일에 걸쳐 진행된 〈마인츠 텔레비전〉 비평의 날에서도 젊음에 대한 광신과 노령에 대한 두려움이 대화의 중심 주제였다. 이 행사에는 방송국 편성국장과 광고계 인사들이 참여했는데, 참석자 모두가 14~49세까지의 연령층에 집착하는 사회적 풍토를 비판했다.

또 유수의 마케팅, 광고 잡지, 그리고 경제 신문에서도 50대 이후 세대를 주제로 한 연속 기사를 싣고 있다. 1997년 가을 〈한델스블라트〉³⁾는 여러 관점에서 노년층을 다룬 다양한 주제의 연속 기사를 발표했다. 전국 일간지들도 황금 연령층에 관한 특별 기사를 게재했는데, 마케팅을 주제로한 기사도 빠지지 않았다. 그리고 실버 마케팅에 관한 강연들이 줄을 이었다. 1997년 가을 제1차 인터넷 실버 마케팅 학술대회가 열린 것도 이런 흐름의 일환이었다. 또 경영자 토론회에서는 목표 고객인 '노년층'에 대한 정보를 제공하고 있다. 그뿐 아니라 유엔이 정한 '노인의 해'는 50세 이후 세대를 더욱 더 관심의 초점으로 만들었다.

시장 조사 관련 글에서는 50세가 더 이상 '불가사의한 경계'가 되고 있지 않다. 오히려 그 반대이다. 소비자로서 50세 이후 세대가 체계적으로 연구되고 있다. 이 과정에서 50세 이후 세대가 동질 집단이 아니라, 다른 소비자들과 마찬가지로 다양한 집단으로 나누어진다는 사실이 드러났다. 저명한 광고 회사 슈프링거&야코비(Springer&Jacoby)가 1998년 초 황금 연령층에 관한 연구 결과를 발표한 바 있고, 그레이(Grey) 사 역시 '지배적 소비자(master consumer)-숨어 있는 구매력'이라는 제목의 연구를 통해 노년층의 구매욕을 새롭게 해석했다. 또 뒤셀도르프의 광고 대행사

BMZ!FCA도 45세에서 60까지 이르는 중장년층(mid ager)을 연구했다.

이미 시대 변화의 징후를 인식한 기업들도 있는데, 예를 들면 히포 은행(Hypobank)이 그렇다. 히포 은행의 고객 중 상당수가 이미 50세를 넘어선 사람들이며, 이 은행의 금융 연구소는 그러한 사실에 기반한 마케팅을 펼치고 있다. 이들은 1996년 이후 해마다 10월이면 은행 회의에 노년층을 초대했다. 그리고 회의에서 다루는 주제들은 바로 이 노년층을 대상으로 하여 마련되었다. 회의는 건강, 음식, 심리, 자동차 안전 시험에서 재정 문제에 이르기까지 아주 다양한 주제들을 아우른다. 히포 은행의 이런 정책이 성공함으로써 그들의 생각이 옳았다는 것이 증명되고 있다. 참여하려는 노년층의 수가 준비된 자리 수를 훨씬 웃돌았다. 독일 이외의 나라에서는 이미 오래 전부터 황금 연령층이 대체 목표 고객으로 인식되고 있다. 예를 들면, 프랑스에서는 1968년에 황금 연령층을 겨냥한 잡지 〈Notre Temps〉가 만들어졌는데, 발행 부수가 백만 부를 넘어섰다.

그러나 아직도 많은 기업들이 '실버 제품'이라는 이름만 걸어놓으면 노인들이 무조건 달려올 것이라고 생각하고 있다. 엄청난 착각이 아닐 수 없다. 노인들처럼 비판적이고 만족시키기 힘든 세대가 없다. 이들은 오랜 세월을 살아오면서 많은 경험을 쌓았기 때문에 제품의 품질 판단에 누구보다 정통한 사람들이다. 자신에게 정말 유용한 상품인지, 혹은 그저 그런 상품인지 정확히 알고 있다. 노인들은 전문가들이다. 기업들이 절대 잊지 말아

3) 〈한델스블라트 Handelsblatt〉: 독일에서 가장 지명도 있는 일간 경제 신문. (옮긴이)

야 할 사실이다. 어쩌면 이런 이유에서 아직도 많은 기업들이 젊은 세대를 겨냥하고 있는지도 모르겠다. 젊은이들은 알곡과 쭉정이도 구분 못하는 경우가 많으며, 유행을 따라간다는 사실에만 즐거워서 그저 새롭고 신기한 상품에 대해 고맙게 여긴다.

따라서 황금 연령층 시장에 뛰어들겠다고 각오한 사람이라면, 자신의 상품이 엄격한 시험을 거칠 것이라는 점을 확실히 알고 있어야만 한다. 과감히 시험의 길로 들어선 다음, 50세 이후 세대에게 적용할 몇 가지 규칙만 유의한다면 그는 성공할 것이다. 이런 규칙 중 몇 가지를 이 책에서 소개할 것이다.

그러나 실버 마케팅의 14가지 황금률을 알려주기에 앞서 먼저 다음의 질문에 대한 답을 보여주겠다. 왜 황금 연령층은 기업과 마케팅 회사들의 관심 대상일까?

실버 시장에 뛰어들어야 하는 훌륭한 9가지 근거를 들어보겠다.

첫째, 노년층은 기업인인 여러분에게 매우 흥미로운 소비자 집단이기 때문이며, 둘째, 실버 마케팅이라는 주제를 다룬 책이 아직까지 없기 때문이다. 그러므로 이 책을 펼치는 순간 여러분은 '개척자'가 될 것이다. 남보다 한 걸음 앞서 간다는 것은 굉장히 값진 일이다. 이들 50세 이후 세대를 겨냥하여 마케팅을 벌이는 미국 기업들이 아무 이유 없이 '황금 시장'을 부르짖는 것은 아니다.

8가지 근거를 간단히 요약하면 다음과 같다.

1. 인구 구성 변화가 50세 이상 세대를 공략하라고 말한다.

2. 과거에 비해 오늘날의 황금 연령층은 눈에 띄게 젊다.

3. 정년 시기는 개인뿐만 아니라 기업에게도 새로운 기회이다.

4. 황금 연령층은 돈을 쓸 준비가 되어 있다.

5. 황금 연령층은 자신이 원하는 것을 잘 알고 있고, 품질을 중요하게 생각한다.

6. 황금 연령층은 기꺼이 제품을 시험해보며, 바꿀 준비가 되어 있다.

7. 노년층은 광고에 관심이 많다.

8. 노년층은 아직 원기 왕성하다.

50세 이후 세대를 공략해야 할 8가지 이유

제1부 50세 이후 세대를 공략해야 할 8가지 이유
-크리스티네 크리프-

1 인구 구성 변화가 50세 이후 세대를 공략하라고 말한다

현대의 인구 구성 변화를 보면 유럽뿐 아니라 전 세계적으로 노년층이 강세를 보여주고 있다. 쾰른의 BBE 컨설팅 사의 조사에 따르면, 독일의 노령화 현상이 국제적으로 선두를 달리고 있다. 황금 연령층의 숫자는 상대적으로도 그렇지만 절대적으로도 증가하고 있다.

📙 피라미드 유형에서 버섯 유형으로

지금껏 황금 연령층이 없었던 시대는 없었지만, 한 사회에서 노인의 인구 비율이 젊은이를 초과한 경우는 단 한 번도 없었다. 독일의 경우 20세기에 들어서면서 60세 이상 노인 인구 비율이 5%이던 것이 1990년에는 20.4%, 2000년에는 약 24%로 증가했으며, 2030년에는 35%에 이를 것으로 보인다. 한국도 서서히 고령화 사회로 접어들고 있다. 2000년을 기점으로 65세 이상 인구는 총인구의 7%를 웃돌았으며, 2022년에는 14%를 넘어서면서 완전히 고령화 사회로 진입할 것으로 전망된다.

독일의 60세 이상 인구의 비율

1990년	20.4%
2000년	23.6%
2030년	4.9%

자료: 독일 연방 통계청

한국의 65세 이상 노령 인구 추이

(단위 : 1000명, %)

	2000	2005	2010	2020	2022	2030
총인구	47,275	49,123	50,618	52,358	52,536	52,744
65세 이상	3,371	4,253	5,032	6,899	7,527	10,165
구 성 비	7.1	8.7	10.0	13.2	14.3	19.3

자료 : 통계청, 『장래 인구 추계』, 1996

절대 숫자로 보면 1990년에 독일 인구 중 약 1600만 인구가 60세 이상이라는 말이다(전체 인구의 10%가 60~70세 사이며, 70~80세 사이 인구는 7%가 약간 못 된다). 그리고 2030년까지는 그 수가 약 2450만까지 증가할 것이다.

황금 연령층 인구가 이렇게 증가하고 있는 반면 젊은이의 수는 줄어들고 있다. 출산율이 날로 떨어지고 있는 것이다. 그 결과 2030년에는 60세 이상의 인구 점유율이 20살 미만의 거의 두 배에 달할 것이다. 전체 인구 역시 감소하고 있다. 독일 연방 통계청에 따르면 총 인구수가 2000년까지는 약간 상승했으나 그후로는 꾸준히 떨어지고 있다. 2030년이 되면 독일 총 인구수는 겨우 7000만 정도에 불과할 것이다. 따라서 아직까지는 인구 구조가 피라미드 모양이지만 2030년이 되면 버섯 모양으로 변화될 것이다.

한국의 경우 출산력(합계 출산율)은 1970년 4.5명에서 1998년 1.48명으로 현저한 감소세를 보였다. 이는 선진국의 합계 출산율 1.56명(UN: 2000~2005년)보다 낮은 수준이다.

📙 평균 수명이 상승하고 있다

노인 인구가 많아질 뿐만 아니라 평균 수명이 길어지고 있다. 생활 여건이 날로 개선된 덕에 더 오래 살 수 있게 된 것이다. 현재 평균 수명은 남자가 72.6세, 여자가 79세이지만 점점 길어지는 추세라 2030년이 되면 이보다 2년이 더 늘어날 것으로 보인다.

한국의 평균 수명

	계	남	여
1995년	73.5	69.6	77.4
2005년	77.7	74.4	81.2
2020년	80.7	77.5	84.1

📙 다른 나라에서도 황금 연령층이 증가하고 있다

다른 나라들도 비슷한 변화를 맞고 있다. 미국의 경우 1995년에 겨우 15%에 불과하던 60세 이상 노인 인구 비율이 2010년이면 20%로 상승할 것으로 보인다. 현재 50세 이상의 노인 비율을 보면 벌써 25%를 넘어섰다. 이들은 연간 8000억 달러의 수입을 벌어들이고 있으며, 소비 잠재력의

41%, 순재산의 79%를 차지하고 있다.

하지만 미국의 황금 연령층은 아주 긍정적인 자의식을 지니고 있다. 노년층 단체인 '미국 퇴직자 협회'(AARP: American association of retired persons)만 보더라도 회원이 3000만 명에 이른다. 미국 기업들은 이미 오래 전부터 50세 이후 세대가 구매력 높은 목표 고객층임을 인식했다. 노인 전용 디스코장이나 노인 전용 텔레비전 방송은 물론이고, 맥도날드 사까지 노인을 위한 특별 햄버거를 선보였을 정도다. 이 햄버거는 성숙한 노년층의 입맛을 겨냥하여 디종 겨자(dijon-senf)와 같은 특별한 양념을 섞어 만든다. 미국에서는 이렇게 황금 연령층이 '황금 시장'으로 여겨지고 있다.

일본 기업들 역시 황금 연령층을 대상으로 무장하고 있다. 베스트셀러인 『일본 산업 도표』(charting Japanese industry)에서는 실버산업이 21세기의 가장 중요한 분야 중 하나가 될 것이라고 말하고 있다. 실버산업은 조금 젊은 집단, 늙었지만 아직 활동이 왕성한 집단(75세까지의), 또 나이 들어서 도움이 필요한 집단 등 노년층에 속하는 모든 나이 집단을 대상으로 하는 제품을 포괄한다. 여기에는 간병에서부터 여행, 여가 활용, 건강, 패션, 자금 운용 등의 제품들이 망라되고 있다. 시장 규모는 연간 약 4500억 유로에 달할 것인데, 이는 국내 총생산의 10% 정도에 해당된다.

일본 경제성은 5년 계획을 세워 일본 산업 기준 체계를 완전히 바꾸려 하고 있다. 그중 가장 중요한 항목 중 하나가 '황금 연령층의 사용자 만족'을 목표로 제품의 기준을 바꾸는 일이다.

노년층의 대부분이 여자이다

75세 이상 노인의 75%가 여자이다. 이는 세계 대전 때문에 생긴 결과이다. 이런 상황은 앞으로 40년 후면 변할 것이며, 성별 인구 구성 비율은 어느 정도 비슷해질 것이다. 그러나 통계적으로 여자가 수명이 길기 때문에 여전히 남자보다 여자가 많을 것이다.

독신 가구가 늘어나고 있다

노인 중 여자가 많다는 사실로 독신 가구수가 점점 많아지는 현상이 설명된다. 특히 옛 서독에서 그렇다. 옛 서독 지역에서는 독신 가정의 수가 벌써 총 가구수의 약 40%에 이르며, 대도시에서는 50%가 넘기까지 한다. 1950년부터 1990년 사이에 독신 가구는 3배나 늘었다.

혼자서 사는 것은 젊은층만 누릴 수 있는 특권이 아니다. 황금 연령층에서도 독신 생활 추세가 증가하고 있다. 오늘날 대도시에서는 60세 이상 노인의 40%가 혼자 살고 있다. 대부분이 배우자와 사별한 경우로, 1991년 현재 60세 이상 여자 중 혼자 사는 노인의 비율은 47.6%에 달하며, 남자는 14.5%에 불과하다. 하지만 이혼율이 증가하고 '혼자 자유롭게 살고 싶다'는 사람들이 늘면서 독신 가구의 비율은 앞으로 더 늘어날 것이다. 2030년이 되면 60세 이상 여자의 55%가, 남자는 25%가 혼자 살 것이다. 이런 추세는 생필품 포장 단위의 소량화 등 마케팅에도 영향을 미칠 것이다.

한국에서도 65세 이상 노인 단독 가구의 증가율이 크게 높아져 가족과 떨어져 혼자 사는 노인은 1985년 6.6%에서 1995년 13.2%로 10년 사이에 두 배로 증가했다.

혼자 사는 65세 이상 노인 추이

	1985	1990	1995
혼자 사는 노인	115	193	349
구 성 비	6.6	8.9	13.2

독거 노인의 남녀 비율: 남자 37%, 여자 63%

자료 : 통계청, 『인구 주택 총조사 보고서』

📋 대가족 시대는 끝났다

가족 구조 역시 변하고 있다. 가족의 숫자가 줄어들고 있는 것이다. 연방 통계청의 자료에 따르면 옛 서독이나 동독 모두에서 한 자녀 가정이 늘어나고 있다. 대가족이 소가족으로 변화하고 있고, 아예 아이를 낳지 않는 부부의 숫자도 상당히 많다. 다시 말하면 손자 없는 노인들이 많다는 의미이다. 또 세대마다 독립적으로 살아가고 있다. 그러다 보니 노인들이 젊은이들과 접촉할 기회가 날로 줄어들고 있다. 따라서 노인들은 위급한 상황이 발생했을 때 자녀나 가족으로부터 도움을 받을 수 있다는 생각을 할 수 없게 되었다.

한국에서도 신생아 수는 지속적으로 감소하고 있다. 지난 1970년만 해도 1년간 태어난 아기가 100만7000명이었으나 2002년에는 절반도 안 되는 49만5000명으로 줄었다. 이런 추세가 이어지면서 출생아 수가 2020년에는 42만4000명, 2030년에는 38만8000명 선으로 감소할 것으로 통계청은 추정했다. 가임 여성 1명당 평균 자녀수도 지난 1970년 4.5명에서 1980년 2.8명으로, 2003년에는 자녀수가 1.17명으로 줄어들었다. 자녀가 있는 가정조차도 갈수록 줄어든다는 얘기다.

2 오늘날의 황금 연령층은 눈에 띄게 젊다

"요즘 노인들은 예전 노인들과 전혀 다르다." 뮌헨의 노인 모델 대행사 대표인 55세의 크리스티나 휜스의 말이다〔1996년 7월 18일자 벨트(Welt)지〕.

오늘날처럼 노인들이 신체적으로나 경제적으로 자녀 혹은 가족으로부터 독립적인 시대는 일찍이 없었다. 노인이라 하면 예전에는 활동 없이 집에만 머물고 사람들과의 접촉을 꺼리는 사람들로 생각했는데 사실 아직까지 그렇게 생각하는 사람들이 있다 오늘날에는 이 '노인'의 단계가 아주 늦게 시작되어 대체로 80세 이상이 되어야 노인으로 생각하며, 이 나이의 인구 비율은 잘해야 5~10%에 불과하다. 6, 70대의 노인들이 간병을 받아야만 하는 상황에 처할 위험률은 매우 낮아 실제 간병을 받고 있는 사람은 전체의 1.6%밖에 되지 않는다.

오늘날 노화는 나이와는 상관없는 개념이 되었으며, 오히려 생활환경이나 활력, 생의 즐거움 등과 더 밀접히 관련되어 있다. 클린트 이스트우드나 롤링스톤스의 믹 재거, 제인 폰다, 소피아 로렌, 아민 뮐러 슈탈, 잭 니콜슨, 마리오 아도르프, 프란츠 베켄바우어, 데이비드 보위, 카트린느 드뇌브, 티나 터너를 노인이라고 부를 수 있을까? 이들은 대부분 50세를 넘긴 사람들이며, 심지어 60세가 넘은 사람들도 있다. 하지만 여전히 엄청난 생의 에너지를 발산하며 살고 있다.

자신이 늙었다고 생각하는 것은 삶의 질과 연관이 있으며, 교육 수준이나 수입, 주거 환경이나 생활환경, 사회적 교류에 따라 달라진다. 따라서 노화란 일률적으로 구분되어지는 것이 아니라 주관적으로 느끼는 것이다. 게다가 오늘날에는 노화를 예방하기 위해 운동을 하는 노인들이 더욱 많아지고 있다. 50세 이상 되는 사람들 중 헬스클럽에 등록하는 사람들이 점점 더 많아지고 있다. 특히 의학계에서 체력 단련이 골다공증을 예방한다는 사실을 발견한 이후에 운동에 관심을 갖는 노인들이 부쩍 많아졌다. 이미 지금의 60대는 20년 전의 60대와 비교할 수 없는 상황이다.

미국에서는 사회의 노령화 추세가 우리보다 훨씬 일찍 시작되었다. 미국 맥아더 재단의 학자들은 10년의 장기 연구 프로젝트를 통해 노화를 지연시킬 수 있는 방법을 연구했다. 53세의 의학자 존 W. 로우와 80세의 사회심리학자 로버트 L. 칸은 16명의 학자들과 더불어 여전히 가족들과 함께 살고 있는 70세 이상의 남녀 수천 명을 대상으로 설문 조사를 하고, 그 결과를 『멋지게 늙는 법』(successful aging)이라는 책으로 발표했다. 그들은 이 책에서 노인은 병약하고, 신체적 장애에 시달리며, 힘도 성욕도 없고, 수동적이며 외로워한다는 기존의 편견을 완전히 무너뜨렸다. 그뿐 아니라 나이가 들면 병이 뒤따른다는 생각은 완전히 잘못된 생각이라고 주장했다. "65세에서 74세 사이 노인 중 93%가 전혀 건강에 문제가 없다고 대답했으며, 85세 이상의 노인 중에도 약 40%가 완벽한 건강을 자랑하고 있다고 대답했다."

보호 시설의 신세를 지고 있는 경우는 겨우 5.2%에 달하며, 정신적 퇴보 역시 사회적 통념에 불과했다. 65세에서 100세 사이 노인 중 알츠하이머병에 걸린 사람은 10%뿐이었다. 그러나 무엇보다 놀라운 사실은 우리의 의지가 노화에 직접 영향을 미칠 수 있다는 것이었다. 노화에 따르는 질환 중 3분의 1만이 유전에 따른 것이기 때문이다. 2만5000쌍의 양성 쌍둥이를 대상으로 한 연구에서도 같은 결과가 나왔다. 이에 따르면 건강과 체력은 무엇보다 생활양식과 의지의 문제이다. 이런 점에서 자연은 놀라우리만큼 관대하다. 장기간 골초였던 사람도 일단 금연만 하면 심근경색의 위험이 현저히 줄어든다.

그러므로 노화는 살아온 세월보다는 '사고방식'과 더 깊은 연관이 있다고 하겠다. 많은 사람들이 노화라는 말을 들으면 신체적인 변화 이외에도 '죽음', '고집불통'이나 새로운 것을 배우려는 욕구가 떨어지는 것과 같은 부정적인 특징들을 떠올린다.

하지만 오늘날의 노인들은 건강하고 적극적이며, 긍정적 사고방식으로 인생을 즐기고자 하고, 오랫동안 품어온 꿈들을 이루고 싶어 한다. 또 활동적이고 모험심이 강하며, 다양한 사회적 관계를 가꾸어간다. 이는 연구 결과를 통해 밝혀진 사실들이다. 옛 서독의 경우 55세에서 70세의 노인 4명 중 한 명이 이런 유형에 속하며, 그 비율은 날로 늘어나고 있다. 젊음이 지닌 가치에 대항해 노인들은 그들만의 특권을 내세운다.

📙 요즘 노인들은 젊고 건강하다

예전엔 60살만 되면 늙은이 취급을 받았지만 요즘은 60살이라도 매우 건강하다. 20세기 초부터 오늘에 이르기까지 생활 조건이 계속 좋아지고

청춘기와 노년의 차이

청춘기	노년
활동성	독립성
젊음의 격정	경험
빈틈없는 생활	여가 시간
분주함	여유
미래에 대한 불안	걱정 없는 생활
초조함	마음의 평화
열광	평온한 생활
불안한 미래	경제적 안정

있기 때문이다. 환경의 변화와 의료 및 경제적 안정, 높아진 생활수준의 영향으로 오늘날의 황금 연령층은 과거 세대에 비해 훨씬 활력에 넘친다. 또 예전 세대에 비해 교육 수준도 높고 퇴직 연령도 낮아졌다. 독일의 경우 현재 평균 퇴직 연령은 59세이다. 때문에 퇴직을 하고도 아직 인생의 4분의 1이 남아 있는 셈이다.

그러나 마케팅을 위해서는 '젊은 노인'과 '늙은 노인' 두 그룹으로 분류해야만 한다. 노년층은 결코 동질 집단이 아니다.

젊은 노인

'젊은 노인' 이란 75세 정도까지를 일컫는다. 이들은 건강하고 의욕이 넘치고 활동적이다. 연구 결과를 인용한 바이에른 방송의 한 광고에서는 이 그룹을 개방적이고 적극적이며 적응력이 뛰어나고 호기심이 많다고 했다. 이 황금 연령층은 젊은 시절에 미처 못한 일들을 해보고 싶어 하며, 이를 위해 기꺼이 돈을 쓰려고 한다.

늙은 노인

75세부터의 노인이 이 집단에 속한다. 75세 혹은 80세부터 노화에 따른 심각한 질환이 나타나기 시작하는데, 그 결과 사회 활동으로부터 후퇴하여 집에서 보내는 시간이 많아지고 활동력이 떨어진다. 그리고 가족의 도움에 더욱 더 의지하게 된다. 하지만 전반적인 노령에 관한 연구를 살펴보면 여기에 해당하는 노인들도 뛰어난 능력을 갖추고 있다.

노인들도 연령에 따라 욕구가 다르다. '젊은 노인' 들의 경우 여전히 깊이 있는 인간관계를 원하고 외부 활동을 많이 하며, 여행과 외식을 즐기면서 삶을 만끽하려고 한다. 반면 '늙은 노인' 들은 집안에서 편하게 생활할 수 있게 해주는 물품을 필요로 한다.

'노인' 의 개념은 책마다 동일하지 않다. 어떤 곳에서는 50세부터 노인이라고 하는가 하면, 심지어는 45세부터 노인으로 보는 책들도 있다. 또 60세를 노인의 경계선으로 보는 견해도 있다. 하지만 대부분의 경우 퇴직을 가장 중요한 경계선으로 여긴다. 퇴직 때부터 하루 일과의 구성이라든가 시간 관리, 정보에 대한 태도, 줄어드는 사회적 접촉 등 많은 것들이 변하기 때문이다. 여기서 말한 변화는 대체로 '젊은 노인'들에게 해당되는 것들이다.

💾 노인들은 스스로 나이보다 젊다고 생각한다

사람은 자기가 느끼는 만큼 늙는다. 요즘 60대는 스스로를 노인이라고 생각하지 않으며, 적어도 70이 되어야 노인이라는 호칭을 받아들인다. 그런데 흥미로운 것은 여자보다 남자가 늙었다는 것을 훨씬 빨리 인정한다는 사실이다. 이는 함부르크 만하임 정보의학 재단의 의뢰로 65세 미만의 남녀를 대상으로 실시한 설문 조사에서도 이와 같은 결과가 나왔다. 이 설문 조사에서 여자의 56.6%가 70세가 되어야 노인이라고 생각한다고 대답한 데 반해, 남자 중 40%가 60세를, 40%는 70세를 노인이 경계선으로 보았다.

이는 여자의 평균 수명이 남자에 비해 높기 때문에, 아직 여생이 남았다고 느끼는 것과도 관계가 있겠지만, 남자들이 퇴직으로 인해 겪는 변화도 그 이유가 아닌가 생각된다. 남자들은 퇴직하면서 새로운 역할을 찾아내야 하며, 직장을 통해 형성된 인간관계를 버리고 새로운 인간관계를 형성해야만 한다. 따라서 무기력함과 무능력의 감정이 따라온다. 이에 반해 여성들은 직장 생활을 크게 의식하지 않는다. 따라서 퇴직 후에도 그저 약간의 변화를 느끼며, 인생이 무상하다고까지 생각하는 경우는 드물다.

이렇듯 개인의 행복은 수적인 나이보다는 주관적인 경험에 영향을 받는다. 그리고 주관적 경험은 사람마다 다 다르다. 요즘 노인들은 자신이 나이

보다 젊어 보이며, 다른 노인들에 비해 젊은이다운 관심사를 갖고 있다고 믿는다. 70대는 60대를, 60대는 50대를 지향한다. 그래서 전문가들은 수 적 나이(chronological age, 실제 나이)와 느끼는 나이(feel-age, 스스로 느 끼는 나이), 외모 나이(look-age, 겉으로 보이는 나이)와 행동 나이(do-age, 같은 연령대의 행동을 얼마나 힘차게 행하는가), 관심사 나이 (interest-age, 같은 연령대의 관심사와 얼마나 유사한 관심을 갖고 있는 가)를 구분하고 있다.

어쨌든 요즘 노인들은 거의 대부분이 실제 나이보다 훨씬 젊다고 느낀 다. 그것도 대체로 13세에서 15세 정도 젊다고 생각한다. 그래서 적극적이 며 삶을 즐기려고 하고, 은퇴한다는 생각은 결코 하지 않는다. 여기서 흥미 로운 점은 학력이 높을수록 실제 나이와 주관적 나이의 차가 더 크다는 것 이다.

📒 요즘 노인들은 적극적이다

퇴직이 곧 은퇴는 아니다. 젊은 노인들은 퇴직을 했어도 여전히 적극적 이다. 여행을 다니고 취미 생활을 즐기며 친구들을 만난다. 행복을 좌우하 는 건 마음의 자세이다. 노화 과정을 어떻게 받아들이는가는 개인이 결정 할 문제다. 미국의 노인학자인 버니스 노이가르텐(Bernice Neugarten)은 교류 모델에 대해 이야기한다. 오늘날의 노인들은 대부분 인생을 즐기면서 적극적으로 살고자 한다.

1992년 독일 소비연구협회의 생활 상황 연구 결과는 다음과 같다.

→ 50세 이상의 80%가 노년을 "내가 좋아하는 일을 할 수 있다"라는 항 목과 연관시켰으며,

→ 66%가 노년을 "마침내 시간을 마음대로 쓸 수 있다"와 "남을 위해 더 시간을 낼 수 있다"는 항목과 연관시켜 생각했다.

지금 60세 이상 된 세대가 '일'이나 '가족' 같은 가치들을 높이 평가했던 반면, 젊은 세대는 인생을 즐기거나 자아실현을 중요하게 생각한다. 하지만 노인들 또한 이러한 가치 변화에 영향을 받고 있다. 오늘날 노년층은 그저 인생이 끝나기를 기다리지 않고 매 순간을 끝까지 즐기고자 한다. 모든 노년층이 다 그렇지는 않아도 적어도 대부분이 이런 생각을 갖고 있다. 인프라테스트는 노인을 다음의 5가지 유형으로 구분했는데, 그중에서 세 번째 유형은 '젊고 적극적인' 형이다.

📋 노인의 5가지 유형

첫 번째 유형: 자의식이 강하고 비판적인 젊은 노인

두 번째 유형: 개방적이고 관심이 높은 젊은 노인

세 번째 유형: 적극적이고 유연한 젊은 노인

네 번째 유형: 수동적이고 우울한 노인

다섯 번째 유형: 삶에 만족하는 원숙한 노인

출처: 1992년 인프라테스트

여기서 각 유형의 기준으로 삼은 것은 연령이 아닌 활력과 사고방식, 행동 양식이었다.

우리 사회는 노령화되어가고 있지만 사회적 정서는 다방면에서 동시에 훨씬 젊어지고 있다. 1998년 부르다 사가 50세 이상 된 사람들을 대상으로 한 소비 태도 연구 〈세대 교체: 엘비스 프레슬리 세대는 오늘날 무엇을 하고 있을까?〉에서도 같은 결론이 나왔다.

요즘 노인들은 생의 기쁨을 맛보면서 즐기려는 사고방식을 지니고 있다. 바로 이 점에서 오늘날의 노인들은 이전 세대와 확연히 다르다. 그런데 적극적으로 활동하고 인생을 즐기려면 무엇보다 건강해야 한다. 건강이 아주 중요한 요소가 되었다. 그러기에 건강과 식생활, 운동은 젊은 노인들의 주요 관심 대상이다.

노인들은 신체적으로나 정신적으로 여전히 젊다고 느끼며, 체력 단련에 힘쓰고 있다. 운동이나 체조, 혹은 수영, 사이클, 도보 여행 등으로 몸을 단련시키는 한편, 외국어를 배우거나 단체에서 봉사 활동을 하고, 책이나 신문, 잡지를 통해 정신적 훈련을 병행한다. 또 음악회나 전시회, 연극을 관람하거나 혹은 음악, 그림, 사진 등과 같은 취미 활동을 통해 균형 있는 영혼을 가꾼다.

60세 이상 노인들이 활동적이라는 사실은 여행에 대한 관심에서도 잘 드러난다. 노인들의 여행 비율이 눈에 띄게 증가하고 있다. 60세 이상의 노인들 중 5일 이상의 여행을 한 숫자가 1993년에 950만에 달했는데, 그중 60세에서 69세까지가 67.7%를 차지했고, 70세 이상이 51.8%였다.

요즘 노인들은 자의식이 강하다

자의식은 사실 오랫동안 노인들의 특징으로 여겨지지 않았던 가치였다. 지금까지 노인들은 격리된 채 수동적이며, 별 욕심 없이 산다고 생각되었다. 하지만 더 이상 그렇지 않다. 여기에는 몇 가지 이유가 있다.

- 오늘날의 노동 구조 때문에 50세 이상 세대들의 퇴직 연령이 빨라짐으로써 노인들은 더욱 정정하고 활동적이다. 힘이 넘치면 자신감도 넘치는 법이다.

- 황금 연령층은 젊은 시절 못 했던 일들을 해보고 싶어 한다. 그리고 자신에게 그럴 권리가 있다고 생각한다. 노인들이 "그것은 내가 벌어놓은 몫이다"라고 말하는 것을 자주 들을 수 있다.

- 무엇보다 교육 수준이 높아질수록 자의식도 커진다. 1989년 만해도 60세에서 69세까지의 노인들 중·고등학교를 졸업한 사람이 불과 9%였지만, 2000년대에는 20%에 육박할 것으로 예상된다.

- 자의식은 사회적 교류 및 타인의 인정과 상당히 밀접한 관계가 있다. 정년퇴직을 한 뒤에도 은퇴하지 않고 취미 생활을 하거나, 친구들을 만나고 여행을 하며, 인간관계를 맺고 사는 사람은 삶에서 더 많은 것들을 맛보며 산다. 혼자만의 생활은 사람을 힘없게 만든다. 삶의 한 가운데 서는 것, 남에게 인정받는 것은 인생의 활력소가 된다. 오늘날의 사회는 다양한 교류와 자기 개발의 가능성을 제공해준다.

그러나 여전히 자신을 노인으로 인정하는 것은 어렵다. 특히 50세에서

60세까지의 과도기에는 자녀들이 장성, 출가하고 파트너나 본인이 퇴직을 하는 등 급격한 변화가 일어나기 때문에 더욱 그렇다. 삶의 많은 부분이 갑자기 멈춰버리고 삶의 끝에 와 있는 것 같아진다. 어느새 거울에서 백발의 주름투성이 얼굴이 자신을 바라보고 있다. 나이를 인정하느니 차라리 무엇인가를 포기하고 싶어진다. 미국을 다녀온 한 60대 노인은 이런 말을 했다. "미국에 갔더니 실버카드를 제시하면 기름 값을 깎아준다고 하더라고. 근데 그러고 싶지 않았어. 실버카드야 노인들이나 쓰는 거지." 50대 이후의 노인들이 스스로 전혀 늙었다고 느끼지 않으며, 나이를 인정하는 것이 무척 어려운 일이라는 얘기다.

그런데 나이에 대한 미국인들의 태도는 독일인과 다르다. 미국 노인들은 자신들에게 상당한 구매력이 있다는 점을 알고 있으며, 스스로 그에 대한 권리를 요구한다. 그들은 황금 연령층 단체인 〈미국 퇴직인 협회〉(AARP, American association of retired persons)로 결속되어 있다. 이 협회는 〈현대의 노년〉(Modern Maturity)이라는 잡지를 발행하고 있는데, 현재 3000만 명에 달하는 정기 구독자를 확보하여 미국에서 가장 많이 발행되는 잡지가 되었다. 이 잡지는 시중에서 구입할 수 없으며, 연회비 7유로를 내고 협회에 가입하여야만 받아볼 수 있다. 이 잡지는 흔히 보는 볼품없는 기관지들과 달리 매우 멋지게 만들어지고 있으며, 광고도 성공적으로 유치하고 있다. 내용을 보면 시사 문제나 여행기, 오락, 성공 사례, 여배우 다이앤 키튼 같은 유명 인사와의 인터뷰에 이르기까지 다양하다. 1998년부터는 5~60대 판과 70세 이상을 위한 판, 2가지로 발행되고 있다.

프랑스 노인들 역시 자의식이 남다르다. 이미 30년 전부터 시장에서 크게 성공하고 있는 노인 잡지가 있다는 사실을 어떻게 달리 설명할 수 있을까? '우리 시대' 혹은 '우리를 위한 시대'로 번역할 수 있는 〈(Notre Temps〉 잡지는 1968년부터 발행되고 있고 50세 이상을 주 고객층으로 삼고 있다. 현재 이 잡지는 프랑스 잡지 시장에서 2위를 달리고 있다. 이 잡지는 베야르 프레스(Bayard Presse) 출판사에서 매월 발행하고 있는데, 이미 유럽의 많은 나라에서뿐 아니라 미국과 캐나다에도 지사를 두고 있다. 이 잡지의 성공 비결은 무엇일까? 노화의 긍정적 측면을 보여주고 편견을 불식시키는 매체이기 때문인 것 같다.

최근 독일에서도 사정이 많이 변하고 있다는 사실은 1998년에 발표된 그레이 사의 연구 결과에서도 알 수 있다. 1998년 3월 이 회사는 50세 이상의 노인 667명을 대상으로 설문 조사를 실시했다. 결과는 이 연령층이 그 어느 때보다도 매력적인 마케팅 목표 집단이 되었다는 것이었다. 이 연구 결과는 50대 이상을 세 그룹으로 구분했다.

➤지배적 소비자형(master consumer): 보통 50세에서 59세에 해당하는 연령층으로, 황금 연령층에서도 가장 매력적인 고객들이다. 이들은 적극적이며 경험 지향적이어서 여러 사회 활동에 열심히 참여한다. 아직 퇴직하지 않았을 경우 활동 분야에서 성공의 절정기에 도달해 있다. 50세 이상이 소유하고 있는 총 자산의 46%가 이 집단에 속한다. 전체 노인 인구에서 이들이 차지하는 비율은 1993년에 조사한 연구 〈원숙한 삶의 새 욕망〉에서 35%로 나온 뒤 39%까지 상승했다.

➡ 현상 유지형(maintainer): 소극적으로 인생을 즐기는 60세에서 69세 까지의 노인층으로, 자신의 역할에 대해서는 보수적이지만 인생과 여가를 즐기려 한다. 그러나 새로운 것에는 큰 흥미를 보이지 않는다. 이들의 비율은 33%에서 32%로 줄었다.

➡ 단순형(simplifier): 70세 이상으로 진정한 은퇴자들이라 할 수 있다. 사회로부터 격리된 채 살아가며, 자신의 역할에 대해 전통적인 태도를 보인다. 이 집단은 32%에서 29%로 줄어드는 추세이다.

3 퇴직: 개인과 기업 모두에게 새로운 기회

요즘엔 퇴직 연령이 낮아지고 있다. 평균 퇴직 연령은 남자가 59세, 여자가 61세이다. 현재 퇴직 세대는 과거에 비해 훨씬 젊으며, 직업 없이 지내야 하는 긴 시간을 맞이하고 있다는 이야기이다. 즉, 인생의 약 4분의 1을 일 없이 보내야 한다.

직장을 떠나면서 인생의 큰 전환점을 맞이한다. 또 이 나이가 되면 자식들도 장성하여 출가하기 때문에 그들에 대한 의무도 사라진다. 그리고 지금까지의 삶이 단절되면서 수많은 변화를 겪는다. 이러한 변화는 사람에 따라 긍정적 혹은 부정적으로 느낄 수 있다. 특히 자신의 정체성을 일에서만 찾던 남자들의 경우가 심각한데, 종종 '퇴직 쇼크'라는 말을 쓸 정도다. 물론 사람마다 정도가 다르겠지만, 퇴직은 기본적으로 다음과 같은 변화들을 동반한다.

새로운 사회적 관계를 만들어간다

사람들은 모두 직장 생활을 통해서 사회적 관계에 들어간다. 거의 자동적으로 인간관계가 시작되는 것이다. 그런데 퇴직을 하면서 직장 동료나 사업 협력자들과의 관계가 먼저 끊어진다. 특히 지금까지 직장밖에 몰랐던 사람이라면 퇴직과 더불어 찾아온 이러한 단절로 인해 무척 공허해질 것이다. 그래서 가족들과의 만남이 중요해지고 가족 관계가 제일 관심사가 된다. 남편 혹은 아내와의 관계가 더욱 가까워질 수도 있다. 그러나 긴밀한 가족 관계가 다른 인간관계를 대신해줄 수는 없다.

그래서 많은 노인들이 단체에 들거나 여행 혹은 취미 생활을 하면서 새로운 관계를 만들어간다. 또 같은 생각을 가진 사람들을 찾아 만나기도 한다. 취미 생활의 경우 대부분은 새로운 것을 찾기보다는 직장 생활 중 익힌 것들을 계속 유지한다. 그래서 직장에 다니면서 일만 한 사람일수록 아무 대비 없이 퇴직 쇼크를 맞게 된다. 바로 이런 사람들을 대상으로 여가 활용과 관련된 마케팅 전략을 짜야 한다.

새로운 인생의 의미를 찾는다

일부 노인들은 퇴직을 부정적으로 생각한다. 퇴직은 두려움을 가져올 수 있다. 예전에 활동적이었던 부서장이 갑자기 불필요한 존재가 되었다고 느낄 수 있다. 그러나 퇴직은 커다란 기회가 될 수도 있다. 퇴직 후에는 더 많은 시간을 가질 수 있고, 독립과 자유를 누릴 수 있다. 비록 사무실에서의 사회적 관계를 더 이상 유지할 수는 없지만, 그 대신 친구와 가까운 이웃들을 만날 수 있다. 벗들이 직장 동료의 자리를 대신해준다. 일도 긴장이나 분주함 없이 여유 있게 처리할 수 있다. 이런 긍정적인 면들이 있기 때문에 많은 노인들이 퇴직을 하나의 기회로 생각한다. 새로운 무엇인가가 직장이라는 자리에 대신 들어서거나 혹은 들어서야만 한다. 이제는 자기 인생에 새로운 의미를 부여하고 새롭게 꾸려나가는 것이 중요하다.

한 설문 조사 결과 노인 중 90%가 의미 있는 새 일을 꼭 찾아야만 한다고 대답했다. 그들 중 3분의 2 정도는 새로운 일에 도전할 마음도 있다고 했다.

📔 가정생활이 변한다

퇴직 후에는 갑자기 남편과 아내가 모두 집에 있게 된다. 자신의 역할에 대해서 뿐만 아니라 배우자와의 관계에서도 불안감이 느껴지기 시작한다.

지금의 퇴직 세대는 대부분 전통적인 역할 분담에 충실했다. 아내는 집안일을 하고 남편은 돈을 벌어왔다. 그래서 아내는 자식들이 출가한 뒤부터 집에 혼자 있는 데 익숙하고, 하루 일과를 자기가 원하는 대로 계획했다. 그리고 남편과의 공동 활동은 시간이 자유로운 저녁이나 주말에 해왔다. 그런데 갑자기 배우자—대부분의 경우 남편—가 하루 종일 집에 같이 있게 되었다. 이제 공동 활동은 하루 종일 이루어진다. 그리고 마찰이 일어난다. 직장에서 모든 것을 조직하는 데 익숙했던 남편이 갑자기 집안일을 자기 맘대로 계획하려고 할 수도 있다. 이런 이유로 퇴직 후 각자 자기가 원하는 활동을 찾아 살면서 소원해지는 부부가 종종 생긴다.

📎 넘치는 시간, 하루 일과가 달라진다

취미 생활이나 여행, 정원 가꾸기 등 지금까지 시간이 없어 못했던 일을 할 수 있는 여유가 마침내 생겼다. 시간은 넘치고 경제적으로도 안정되어 있다. 사실 열심히 활동할 수 있는 모든 조건이 다 마련된 셈이다. 여가 시간의 증가는 곧 활동 물품이 더 많이 필요하다는 의미이다.

퇴직이 곧 은퇴 생활을 의미하는 것은 아니다. 퇴직자들이 바로 노년층으로 격리되어 사는 것은 아니며, 이것은 소비에서도 마찬가지이다. 50세 이상의 지출이 전체 소비의 57%에 이른다. 이들 중에는 수년 동안 저축해 온 사람들이 종종 있으며, 아이들도 출가했기 때문에 브리기테 쾰처(Brigitte Kölzer) 박사는 이들을 "빈 둥지의 새"(empty nesters)라는 말로 표현했다 쓸 수 있는 돈을 많이 갖고 있다. 이 '빈 둥지의 새'들은 편안하고 활동적이며 수준 높은 생활에 투자할 수 있는 자금력을 갖추고 있다. 거기에다 퇴직과 더불어 필요한 여가 시간까지 마련되었다.

이들의 덕을 톡톡히 보고 있는 대표적인 업계가 바로 여행 업계이다. 50세 이후 세대는 결코 집안에만 머물려 하지 않는다. 오히려 여행이야말로 이들이 아주 선호하는 일이다. 한 설문 조사에서 퇴직 후 여가 시간을 이용해 가장 하고 싶은 일이 여행이라고 대답한 사람이 77%에 달했다. 물론 현실에서는 그보다 조금 뒤쳐지긴 해도 어쨌든 노년층의 46%가 그들의 꿈을 이루며 살고 있다. B.A.T. 여가 연구소의 연구 결과 역시 현대의 노인들이 여행을 얼마나 좋아하는지를 잘 말해준다. 여행이 여가 활동 순위에서 세 번째 자리를 차지했다. 심지어 여행을 위해 별도로 돈을 모으고 있는 노인들이 23%나 된다. 덕분에 연간 75억 유로가 여행사의 금고로 흘러 들어가고 있다. 유럽 여행 조사팀의 분석에서는 노년층의 여행이 더욱 증가할 것이라고 하는데, 1990년을 기준으로 하여 2000년에는 80%까지 증가할 것이라고 추정한다.

이런 분석은 확실한 근거를 바탕으로 하고 있다. 그런데도 여행사들은 아직까지 노년층을 특별히 고려하지 않는 경향을 보인다. 이에 대해 여행사 측이 제시하는 이유는 노인 중 80%가 황금 연령층을 고려한 특별 여행을 원하지 않는다는 것이다. 그러나 그들의 설명은 노인들이 자신들을 위해 마련된 특별 구역으로 들어가지 않으려는 성향을 드러내주는 것일 뿐이다.

하지만 75세 이후의 노년층에서는 관심사가 달라진다. 이 나이가 되어서야 비로소 몸에 여러 가지 문제가 발생하고 거동이 예전 같지 않으며 활동성이 떨어진다. 따라서 집에서 보내는 시간이 많아진다. 여행이나 나들이를 가는 대신 집에서 신문을 읽거나 정원을 가꾸고, 지하실에서 취미 활동을 하며 시간을 보낸다. 그래서 이 나이가 되어서야 선별된 황금 연령층 대상 여행에 특별한 관심을 보인다.

독일의 경우 선두에 서서 노년층의 욕구를 진지하게 받아들인 여행사들이 상당한 수입 실적을 올릴 수 있다. IKD 여행사의 경우 웰빙 프로그램을 통해 얻은 수익이 총 수익의 20%에 달했다. 물론 이러한 실적을 올릴 수 있었던 것은 목표 고객에 맞는 차별화된 내용을 마련했기 때문이다.

여가 시간을 진지하게 다루는 것도 역시 중요하다. 사람들은 여행을 즉흥적으로 결정하지 않고 공들여 준비한다. 여행 팸플릿을 조사해보고, 여행 안내서와 잡지의 여행 기사를 읽어보기도 하며, 텔레비전에서 도움이 될 만한 것들을 찾아본다. 여행을 위해 온 정신을 쏟는 것이다. 심지어 여행은 안 가면서도 여행과 관련된 것들이라면 무엇이든 찾아본다.

시간이 많은 사람이라면 정보 수집에도 많은 시간을 쓴다. 특히 요즘 노인들은 옛날보다 훨씬 더 정보 수집에 집중한다. 예전에는 직장 동료들한테 정보를 얻었다면 이제는 여행 안내서를 열심히 읽고 비교하며, 가족들에게도 묻는다.

노인들은 물건을 살 때에도 자신과 배우자만을 위해서 사지 않는다. 자식이나 손자, 손녀들을 위해서도 구매를 한다. 이를 통해 자식들, 심지어 가정을 이루고 사는 자식들까지도 시간적으로나 재정적으로 노년층의 도움을 받는다. 자식이나 손자, 손녀들이 필요로 하는 물건을 사주거나 때로는 돈을 직접 주기도 한다.

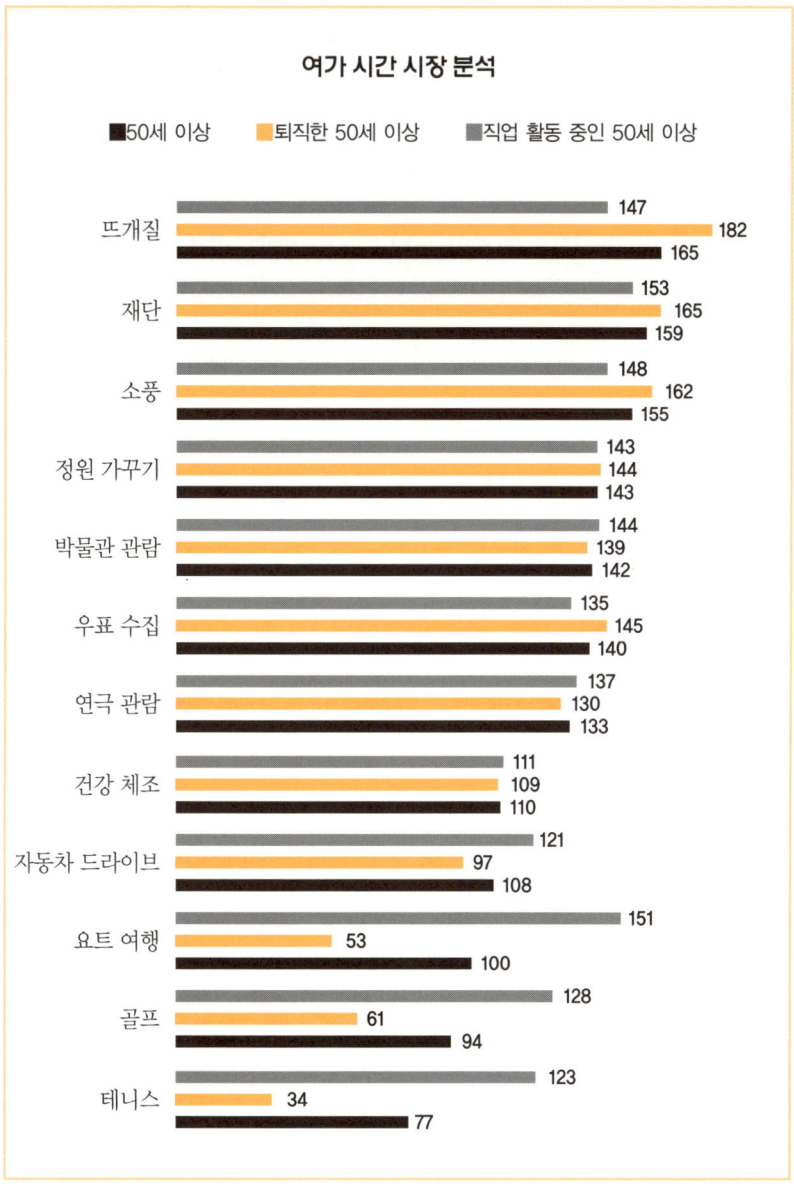

여가 시간 시장 분석

■50세 이상 ■퇴직한 50세 이상 ■직업 활동 중인 50세 이상

항목	직업 활동 중인 50세 이상	퇴직한 50세 이상	50세 이상
뜨개질	147	182	165
재단	153	165	159
소풍	148	162	155
정원 가꾸기	143	144	143
박물관 관람	144	139	142
우표 수집	135	145	140
연극 관람	137	130	133
건강 체조	111	109	110
자동차 드라이브	121	97	108
요트 여행	151	53	100
골프	128	61	94
테니스	123	34	77

출처: TdW 인터미디어 1998/99년, 50세 이상 노년층(평균적이거나 혹은 그 이상으로 활동적인)
지수, 총인구＝100

4 노인들은 돈을 쓸 준비가 되어 있다

"노인들은 돈이 없으며, 혹 있다 해도 저축하려 하고 쓰지 않는다." 이러한 편견은 아직도 끈질기게 계속되고 있으며, 노년층을 소비에 대해 부정적인 집단으로 생각한다. 그러나 노년층의 구매력은 증가했을 뿐만 아니라, 돈을 바라보는 그들의 관점도 많이 변했다.

노년층에서 돈을 쓰겠다는 생각이 강해졌다. 자식들이 나중에 잘 먹고 잘살아야 한다는 생각에 예전 노인들은 자신의 생을 소극적으로 살아왔다. 하지만 요즘 노인들은 다르다. 수입이 많은 노년층은 돈을 많이 쓰려고 하며, 기꺼이 무엇인가를 즐기려 한다.

🔖 은밀한 향유자-50세 이후 세대가 담당하는 소비

빵과 버터 구매의 58%

야채나 채소 구매의 55%

육류와 소시지류 구매의 53%

샴페인 소비의 40%

황금 연령층 중 인생의 제3기를 적극적이고 개방적으로 살려고 하는 사람이 점점 더 늘고 있다. 그들은 어린 시절과 청년 시절 동안 전쟁 때문에 하지 못한 일들을 뒤늦게나마 해보고자 한다. 이러한 경향은 점점 더 강해지고 있다. 젊은 시절 전쟁 때문에 불안과 경제적 궁핍에 시달리며 누리지 못한 것들을 뒤늦게나마 누려보려는 것이다.

미국의 노년층은 오래 전부터 자의식에 눈을 떴다. 미국에서는 다음과 같은 스티커를 자주 볼 수 있다. "자식들에게 물려주지 말고 내가 다 쓰고 가자!" 덜컹대는 낡은 자동차뿐만 아니라 비싼 대형 승용차에도 붙어 있는 구호다.

노인들은 돈이 있을 뿐만 아니라 기꺼이 쓰고자 한다. 물론 지출 방식은 젊은이들과 다를지 모른다. 노인들은 상품을 살 때 아주 신중하다. 그러나 젊은이들과는 다르게 일단 품질이 마음에 들면 가격에는 별로 신경을 쓰지 않는다.

황금 연령층 중 많은 사람들이 이렇게 말한다. "한번이라도 나만을 생각하고 나를 위해 돈을 쓸 권리가 내게는 있다." 50세에서 54세에 이르는 노인들 중 49%가 이렇게 생각하며, 70세에서 75세 사이의 노인들 중에는 그 비율이 56%까지에 이른다(GfK[4], 생활 상황 연구, 1992년).

광고를 만들 때 노년층 고객을 좀더 고려해야 할 분야

여행/휴가 45%	몸 관리 30%
제화 45%	비처방 대상 의약품 30%
은행 38%	얼굴 관리 30%
컴퓨터 37%	음향 기기/라디오 30%
냉동 식품 34%	비디오/카메라 26%
이동 통신, 휴대 전화 32%	인스턴트 식품 25%
치과 관련 32%	보험 24%

출처: 그레이 전략 계획, 인라[5], 1998년 3월

4) 뉘른베르크 소재 독일 시장 조사 기업. (옮긴이)
5) 밀른(M lln) 소재 시장 조사 기업. (옮긴이)

이런 사고방식을 갖고 있는 노인들은 품질을 보는 식견이 있지만, 기업들은 이런 노년층을 제대로 인식하지 못하고 있다. 실버산업계의 잠재력은 상상할 수 없을 만큼 크다.

건강은 노년층이 가장 관심을 많이 갖는 분야다. 여기서 건강이라는 개념은 미용까지도 포괄한다. 노년층은 화장품을 사는 데에도 많은 돈을 지출한다. 물론 젊은층에 비해 가격보다 품질에 더 역점을 둔다. 또 70세 이상 노인들 중에는 유명 제품이 이름 없는 제품에 비해 품질이 훨씬 뛰어나다고 생각하는 경우가 눈에 띄게 많다.

1997년 독일인이 마신 광천수는 197억에 달했는데, 그중 많은 양이 50대 이상 노년층에 의해 소비되었다. 그중에서도 탄산이 안 들어 있는 광천수의 판매량이 더 많았다. 식수 회사인 퓨어스트 비스마르크 크벨레 사 대표 한스 페터 다우 씨는 자사의 광천수 중 황금 연령층이 소비한 양이 80%에 이를 것으로 추정한다.

퇴직 후 혼자 사는 노년층은 평균적으로 자기 수입의 82%를 가정 소비를 위해 지출한다. 그리고 수입의 나머지 부분은 보험, 단체 활동, 주택 융자금, 기부금, 투자 등에 사용한다. 지출 제1항목은 집세이며, 그 다음으로는 식생활비이다.

독일 연방 통계청에서 5년마다 실시하는 수입과 소비의 임의 표본 추출 결과에 따르면, 1993년 옛 서독지역에서 퇴직자 1인 가정이 매월 식생활에 소비하는 돈은 399마르크, 옛 동독지역은 341마르크였다. 노년층은 젊은층보다 질 좋은 식품을 선호한다. 앞서 말했듯이 샴페인 판매량의 약 40%

가 노년층이 소비한다. 그런데 혼자 사는 남자 노인은 여자 노인과는 달리 돈을 지출한다. 예를 들어, 남자 노인들은 외식을 즐겨하느라 돈을 쓰지만, 여자 노인들은 옷을 사거나 몸 관리를 위해 돈을 쓴다.

비록 젊은층보다 액수가 적긴 하지만 저축 역시 노인들의 관심을 끄는 분야이다. 독일의 경우 일반 가정의 총 저축액의 약 7%가 노년층의 주머니에서 나온다. 1995년에는 그 액수가 약 150억 마르크에 달했다. 1993년 통계청의 수입과 소비의 임의 표본 추출로 해석해보면, 이러한 저축액은 결국 옛 서독지역의 1인당 순 저축액이 3만3600마르크에 달하며, 옛 동독지역은 그보다 훨씬 낮은 1만3200마르크라는 사실을 알 수 있다.

또 노인들이 기꺼이 돈을 지출하고 싶어 하는 분야로 여행을 들 수 있다. 이미 독일 광고 업계 중앙회의 조사 결과에서도 나왔듯이, 50세에서 60세에 이르는 노년층의 관광 욕구가 증가하고 있다. 여행 업계가 점점 더 호황을 누리는 추세다. 1972년에는 60세 이상 노년층에서 일년에 적어도 5일 이상 걸리는 여행을 해본 사람이 41%에 불과했지만, 1990년에는 55%에 이르렀다. 또 1993년에는 60세에서 69세 사이 노년층의 67.7%가, 70세 이상의 51.8%, 그리하여 총 9500만 명이 여행을 해본 경험이 있었다. 1994년에 들어서는 73%에까지 이르렀다.

GfK사가 1996년에 실행한 설문 조사에 따르면 노년층은 부활절 선물을 사는 데 다른 연령층과 비교할 수 없을 정도로 많은 지출을 했다. 50세 이후 세대가 부활절 선물 비용으로 25마르크 정도 지출한 데 반해 다른 연령층에서는 17마르크 정도밖에 지출하지 않았다. 노년층이 준비한 선물은 무엇보다 자식들을 위한 것이었다. 딸이나 아들을 위해 평균 25마르크를 준비한 데 반해, 손자나 손녀를 위해서는 22마르크 정도를 준비했다.

영국 아메리칸 토바코(B.A.T) 여가 연구소에서 1997년에 실시한 〈젊은이와 여가〉 연구 결과를 보면 노년층에 비해 젊은 층의 지출은 그렇게 여유롭지 못한 것으로 나왔다. 1993년 이후 14세에서 30세에 이르는 연령층의 소비 욕구가 감소했는데, 이들은 여가 시간을 위해 너무 많은 돈을 지출했다는 느낌이 들 때가 자주 있다고 고백했다.

5 노년층은 품질을 중요하게 생각한다

노년층은 오랜 기간 소비 경험을 쌓았기 때문에 자신이 원하는 것을 정확히 알고 있으며, 가격보다는 품질이 중요하다는 것을 잘 알고 있다. 그렇기 때문에 노년층은 좋은 상품을 위해서는 기꺼이 돈을 지불하고자 한다. 젊은 층과는 달리 상품의 디자인보다는 기능을 우선적으로 생각한다. 한마디로 말해 목적에 부합하는지, 또 장기적으로 보아 그럴만한 가치가 있는지를 기준으로 하여 투자를 한다. 미적인 면도 중요하게 여기지만 부차적인 것으로 생각한다. 설문 조사에 응한 노년층의 65%가 품질이 중요하다고 대답했다.

이런 사실은 120명의 노인을 대상으로 한 닐센 설문 조사 결과에서도 볼 수 있는데, 황금 연령층은 상품을 구매할 때 가격보다는 상표와 질에 더 신경을 쓰는 것으로 밝혀졌다.

다음 세대 노년층의 교육 수준이나 수입 수준은 더욱 높아질 수 있다. 뒤셀도르프의 광고 대행사 BM!ZFCA는 1998년 45세에서 65세까지의 중장년층을 대상으로 하여 〈중장년층-발견하지 못한 잠재력〉이라는 제목으로 심층 인터뷰를 실시했다. 그 결과 68세대는 기꺼이 인생을 만끽하길 원한다는 사실이 밝혀졌다.

인터뷰에서 나온 대답 몇 가지를 소개하면 다음과 같다.

➡ "여기 저기 물어보고 비교합니다. 절대 쓸모없는 물건을 사지는 않거든요. 중요한 건 품질이지요. 기술적인 하자도 없어야 하고 쓰기도 편리해야 합니다. 사용 설명서 정말 보기 싫거든요."

➡ "난 보스에서 나온 정장을 즐겨 입는 편입니다……. 저한테 제일 잘 어울리기 때문이죠. 그러나 특정 상표만 고집하지는 않습니다."

➡ "몇 만 원쯤 더 비싸도 상관없어요……."

➡ "2등 칸 타고 여행할 바에야 1등 칸인 집에 있고 말겠어요."

BMZ!FCA의 전무이사인 올리버 헤르메스 씨는 중장년층이 특정 상표에 대한 선호도가 뚜렷하며, 특히 고급 상표를 좋아한다고 요약했다. 또 "노년층이 토마와 코겔(Thoma und Kogel)[6]의 표현 방식을 아주 싫어한다"는 인상을 받았다고 말했다. 노년층이 목표 대상 집단으로서 무시당하기 싫어한다는 뜻이다.

노년층은 중요한 소비 권력 집단이다. 이들은 날이 갈수록 자의식이 커

---

6) 독일 방송 사회자. (옮긴이)

지며, 더욱 더 자기 권리를 주장한다.

영국의 〈웨이트 워쳐스〉(Weight Watchers) 창립자 버니스 웨스턴은 '노년의 힘'(age power)를 결집하려고 애쓰고 있다. 그는 같은 생각을 지닌 일련의 사람들과 함께 전국을 돌며 노인들을 동원하고 있다. 몇 년 후면 사회나 경제 분야에서 이들의 힘을 피부로 느끼게 될 것이다. 노년층은 더 이상 흔한 논리에 넘어가지 않을 것이기 때문이다. 그들은 자신의 필요에 맞는 제품을 요구하고, 자신들을 진지하게 생각해주고 대화 상대로서 존중해주는 기업 정책을 요구한다.

뒤셀도르프 소재 광고 회사인 유로 애드버타이징은 한 연구 결과에서 노인을 4가지 유형(아래 내용 참조)으로 구분했는데, 그중 앞의 두 유형이 무엇보다 흥미롭다. 설문 대상의 50% 이상이 "주체적 노년 형"에 해당되었다. 하지만 유형과 관계없이 모든 노인들에게 한 가지 공통점이 있는데, 모두가 품질에 높은 가치를 둔다는 점이다.

젊은 층에 비해 노년층은 상품을 사거나 평가해본 경험이 많다. 어쩌면 기업들이 젊은 층을 공략하는 이유가 바로 그 때문인지 모른다. 젊은 층은 아직 덜 비판적이라 만족시키기 쉬운 데 반해, 노년층은 상품 전문가라 만만치 않기 때문이다.

여행 업계의 조사 결과에서도 간과해서는 안 될 노년층의 요구 사항이 적지 않았다. 노인들은 무언가 새로운 것을 경험해보고 싶어 하지만 그렇다고 크게 놀랄 만한 일을 원하지는 않는다. 그들은 문화에 관심이 많고 각 나라와 국민들을 알고 싶어 한다. 그리고 노년층이 제일 원하는 것은 편안한 여행이다. 여행할 때 짐을 안전하게 운반해주길 원하는 것에서부터 시작하여 안락하고 넓은 방과 제대로 조직된 프로그램, 그리고 전문 교육을 받은 친절한 안내원을 원한다. 또 노년층은 안전을 중요하게 생각한다. 몇몇 여행사들은 이러한 노년층의 요구 사항을 적극 받아들이고 있는데, 그 중 대표적인 예로 오스트리아의 50세 이후 연령층을 위한 호텔들을 꼽을 수 있다. 이에 대해서는 뒤에서 다시 한 번 언급하기로 하겠다.

📙 노년층 유형

주체형

원만한 성격에 자신의 생활에 만족하며, 적극적이고 사교적일 뿐 아니라 나이가 드는 것을 긍정적으로 생각한다. 이들의 소비 태도를 보면, 실험 정신이 높고 품질을 중요하게 생각는데, 이것은 오랜 소비 경험을 말해주는 것이다.

노화 거부형

쾌락을 매우 중요하게 생각하며, 자신의 젊음을 과시하고 싶어 한다. 소비 활동 역시 자신을 과시하기 위한 것이며, 이들은 신제품에 대해 개방적인 태도를 보인다.

전통형

늙는다는 것을 좋지 않게 생각하며, 자신의 신체에 대해서도 부정적이다. 일반적인 소비 활동에서는 가격을 중요하게 생각하지만, 건강과 관련된 제품은 품질과 상표를 따진다.

무관심형

늙는다는 것을 운명이라 생각하며 체념하는 수동적 유형이다. 자의식이 매우 낮기 때문에 소비 활동에서 품질과 상표를 통해 자신의 불안감을 없앤다.

6 황금 연령층은 실험 정신이 풍부하며, 선호하는 상표를 쉽게 바꾼다

보통 노인들은 한 번 정한 것은 잘 안 바꾸는 성향이 있다고 알려져 있다. 젊은 시절에 형성된 기호는 늙어 죽을 때까지 바뀌지 않는다는 것이다. 따라서 선호하는 상표를 바꾸는 일은 거의 없다. 지금까지 마케팅 담당자들은 노년층을 이런 식으로 평가했다. 바로 이런 시각이 기업이 노년층을 신상품 고객으로 끌어들이려는 노력에 소홀했던 이유이기도 하다.

그러나 상표 교체 성향은 특히 노년층에서 두드러진다. 뮌헨의 시장조사 대행업체인 헤르베르트는 설문 조사를 통해 14세에서 29세 사이의 젊은이들 다음으로 노년층에서 상표 교체 성향이 크다는 사실이 밝혀졌다(〈프랑크푸르트 알게마이네 차이퉁〉, 1996년 8월 16일 기사).

'노년층의 부동성'(aging stability)이라는 명제가 있는데, 이것은 나이가 들수록 생각이나 태도가 고정된다는 말이다. 그렇다면 구매 태도가 고정되어 있는 노년층은 마케팅의 목표 고객으로 관심 대상이 안 된다는 말일까? 아니, 결코 그렇지 않다. 노년층은 젊은 층에 비해 외부의 영향을 덜받기 때문에 그들의 생각이나 태도를 바꾸기 위한 자극이 더 필요하다는 뜻이다.

사실 지금까지 노년층이 흔히 생각하는 것만큼 한 가지 상표에 집착하지 않는다는 사실이 여러 가지 연구 결과를 통해 밝혀졌다. 그런데도 노인들이 특정 상표를 고집하며 절대 다른 상표로 바꾸지 않는다는 편견은 사라질 줄을 모른다. 함부르크에 있는 슈프링거 출판사의 의뢰를 받은 마케팅 전문 조사기관 AC 닐슨의 조사에서 이러한 편견과는 전혀 상반된 결과가 나왔다. 노년층이 젊은 층만큼이나 상표를 자주 바꾸며, 심지어 몇몇 제품에서는 젊은 층보다도 시험해보려는 성향이 더욱 높았다. 타당한 근거만 있다면 상표 교체를 유도할 수 있다는 말이 사실이라면, 기업들에게는 노년층이야말로 가장 훌륭한 대상 고객이 아닐 수 없다. 노년층은 유행을 따르기보다는 자신의 경험을 더 신뢰한다. 따라서 노년층은 자신이 원하는 바를 만족시켜준다면 상표를 바꾸지 말아야 할 이유가 없다고 생각한다. 그럼에도 불구하고 기업들은 지금까지 노년층의 욕구를 별로 염두에 두지 않았던 것으로 보인다.

독일 트리어에서 실시한 노년층의 상표 신뢰와 시험 정신에 관한 연구 (1992년)에서 다음과 같은 결과가 나왔는데, 이것은 소비 연구 협회가 1992년에 실시한 조사를 통해서도 확인되었다.

➡노년층은 상점이나 상품, 서비스와 관련된 경험이 풍부하여 어느 곳에서 어떤 물건을 살 수 있는지 잘 알고 있다. 따라서 한 번 만족한 가게에서 계속 같은 상품을 구입한다.

이것을 구매 장소 신뢰도라고 해석하는데, 이것은 결국 한 번 만족한 곳으로 계속 상품을 구매하러 간다는 의미이며, 노인들뿐만 아니라 젊은 층에서도 같은 현상이 나타난다.

➡반면 노년층은 소비재와 관련해서는 오히려 습관적인 구매 태도를 보인다. 오랜 기간의 경험 때문에 본능적으로 특정 상품을 선택하는 것이다.

이러한 태도는 다른 상표로의 교체 성향이 적은 것임을 말해준다고 해석되지만, 사실은 그렇지 않다. 특정 상품의 품질에 만족한다면 누구라도 그 제품을 계속 쓰기 마련이다. 노년층이든 젊은 층이든 만족스럽지 못한 상품을 다시 구입할 사람은 없을 것이다.

지금까지 마케팅 담당자들이 깨닫지 못한 사실이 있다. 퇴직한 남자들은 집안일을 분담하게 되며, 구매 활동 역시 아내의 손에서 남편의 손으로 넘어가는 경우가 드물지 않다. 그런데 남자들은 지금까지 구매 활동 경험이 많지 않고, 따라서 상품에 대한 정보를 매우 자세히 알아보려는 경향이 있다는 점이 바로 그것이다.

여자들은 지금까지 특정 상점에서 물건을 사왔으며, 또 특정 상품에 대한 선호도와 습관적인 구매 태도를 익혀왔다. 하지만 남편은 다른 상점이 더 좋다고 판단하며, 또 모든 상품 설명서를 자세히 살펴보고, 할인하는 곳을 찾아 온 시내를 돌아다니면서 여자가 선택해왔던 물건이 아닌 다른 물건을 구매한다. 한 집안의 구매 습관에 변화가 오게 되는 것이다. 구매 장소도 달라지고 선택하는 상품도 달라진다. 이 과정에서 정보지가 상당한 역할을 하게 되는데, 남자들에게 특히 그렇다.

하인리히 바우어 출판사는 수십 년 동안 구축되어 온 상표 세계를 잘 알고 있지만 그들을 비판적으로 바라보는 것이 황금 연령층이라고 했다.

그레이 사의 자회사이자 시장 연구 기업인 뒤셀도르프의 마켓 호리존트 사의 조사에 따르면 노년층은 신상품을 시험적으로 써보려는 성향이 매우 강하다. 노년층의 60%가 가격 면에서 유리하다면 기꺼이 상표를 바꾸려고 한다. 물론 이들은 가격보다 품질을 먼저 생각한다. 이에 대해 뒤셀도르프에 있는 그레이 사 대표 에드워들 애플턴 씨는 "노년층이 특정한 상품을 영원히 선호할 것이라는 생각을 버려야만 한다"고 말한다.

새 상품을 시험적으로 사용해보는 데에는 세일 상품이 매우 중요한 역할을 한다. 노년층은 세일 상품을 써보고 가격과 품질이 적정하다고 판단되면 상품을 바꾼다. 이런 성향은 남녀 사이에 차이가 없이 나타난다. 60세～70세 사이의 노년층 중 49%가 기꺼이 신상품을 시험해보려고 한다. 특히 여자들한테서 이런 성향이 더 강하게 나타나는데, 여자들은 최소한 소비재에서만큼은 세일 상품에 즉흥적으로 반응하기 때문인 것으로 보인다.

1993년 바이에른의 한 방송 광고에서는 다음과 같은 결과가 나왔다. 50세 이상의 노년층 중 52%가 "상표를 자주 바꾸어보려고 한다"고 대답했으며, 40세～49세 사이에서는 50%, 14세～29세 사이에서는 55%가 같은 성향을 보였다. 결론적으로 젊은 층보다는 노년층이 상표에 대해 개방적인 태도를 보인다고 하겠다.

함부르크 소재 엠니트 시장 조사 기업의 우르술라 그리스 씨는 노년층을 소비자로서 완전히 신뢰해서는 안 된다고 경고했다. 흔히 생각하는 것과는 달리 노년층은 특정 상표에 그다지 충실하지 않다는 것이다.

앞서 언급한 중장년층에 관한 BMZ!FCA의 연구에서도 역시 노년층이 품질을 중요하게 생각하지만 무조건 한 상표에 충실하지 않다는 사실을 보여주었다. 이 연구 결과 노년층 소비자들에게는 호기심도 없고 상표를 바꾸려는 성향도 없다는 것이 그저 상투적인 말에 불과하다는 사실이 드러났다. BMZ!FCA의 관리 이사 올리버 헤르메스 씨는 "상표 교체는 나이와 관계없다. 중장년층의 선택 범위 역시 매우 광범하다"고 말한다. 설문 조사에 응답한 사람의 61%가 일상의 구매 활동에서 무언가 새로운 상품을 사보고 싶다고 대답했으며, 일단 상품이 맘에 들면 그 제품만 고집한다고 대답한 사람은 28%에 불과했다. 결론을 내리자면, 50세 이후 세대는 공략할 만한 충분한 가치가 있다.

50세 이후 세대를 공략해야 하는 또 다른 이유가 있다. 50세 이후 세대는 소비 경험이 많은 대상 고객으로서 여론을 이끌어가는 세대이기 때문이다. 다만 문제가 되는 것은, 바로 경험이 많다는 이유 때문에 이 세대를 확신시키는 것이 쉽지 않다는 점이다.

"누구도 중장년층을 속이려 해서는 안 된다. 이들은 설득시키기보다는 확신을 심어주어야만 하며, 양 대신 질을 권해야 한다." BMZ!FCA의 전략

팀장 울리히 사스의 말이다. 이와 관련해 올리버 헤르메스는 다음과 같이 말한다. "중장년층은 저절로 손안에 들어오는 고객이 아니다. 오히려 젊은 층만큼이나 신상품에 대한 관심을 불러일으켜야만 획득할 수 있는 고객들이다."

7 노년층은 광고에 관심이 많다

황금 연령층은 소비할 줄 모르며, 구매 습관이 틀에 박혀 있고, 더욱이 광고에는 관심도 없다는 편견을 자주 만나게 된다. 노년층에 관한 이런 진부한 말들은 끝이 없다. 어디 그뿐인가. 젊은 층은 개방적이기 때문에 광고를 통해 쉽게 포착할 수 있다고 말하기까지 한다. 그러나 현실은 전혀 다르다.

노년층은 광고를 중요하게 생각하는데, 어찌 보면 젊은 층보다 더 많은 관심을 쏟는다고 할 수도 있을 정도이다. 이러한 사실은 독일 광고 중앙 협회가 시행한 하인리히 바우어 출판사와 악셀 슈프링어 출판사의 소비자 분석을 결과에서도 분명히 볼 수 있다.

노인들은 광고를 중요하게 생각한다

	노년층	14세~59세
광고는 소비자에게 유익하다.	48%	35%
광고는 종종 매우 유용한 정보를 제공한다.	54%	48%
텔레비전 광고에서 정보를 많이 얻는다.	47%	41%
잡지를 통해 정보를 얻는다.	56%	54%

출처: 독일 광고 중앙 협회의 특별 평가-하인리히 바우어, 악셀 슈프링어 출판사의 소비자 분석

노년층은 시간이 많아서 자세한 정보를 수집한다. 노인들은 최대의 매체 소비자로서, 텔레비전이나 신문을 집중적으로 이용한다.

1992년도 소비자 분석 결과를 보면 노년층의,

➡87%가 텔레비전을 시청한다.

➡85%가 일간지를 읽는다.

➡65%가 잡지를 읽는다.

노인들의 하루 텔레비전 시청 시간은 200분을 초과한다. 1992년 바이에른 방송 광고에서 조사한 바로는 모든 연령층 중 노년층이 최대의 텔레비전 시청률을 보였다. 소비연구 협회의 텔레비전 시청 조사에서도 역시 같은 결과가 나왔는데, 1995년 노년층의 하루 텔레비전 시청 시간은 평균 225분이었다. 이 말은 노년층이 젊은 층에 비해 매일 51분 더 많은 시간을 텔레비전 앞에서 보낸다는 뜻이다. 50세 이후 세대의 약 78%가 텔레비전을 보는데, 특히 오후 3시 이후가 선호하는 시간대이다. 그중 젊은 노년층(50세에서 64세까지)은 오후 8에서 9시 사이가 가장 선호하는 시청 시간대였다. 이 시간대에 젊은 노인층의 55%가 텔레비전을 시청한다. 그 이후 시간대에는 텔레비전에 대한 관심이 급격히 떨어져 자정에서 새벽 1시까지는 시청률이 9%에 불과하다. 그러나 토요일과 일요일은 평일과 다른 양상을 보인다. 주말에 텔레비전을 시청하는 노년층의 수는 더욱 많아지며, 토요일 밤에는 늦은 시간까지 자지 않고 텔레비전을 본다. 일요일은 또 조금 다른데, 50세 이상의 노년층은 일요일 오후 시간부터 벌써 텔레비전 앞에 앉는다.

한편 노년층은 공영 방송을 주로 보며, 민영 방송 중에서는 가족 관련 프로그램을 많이 방영하는 방송을 많이 시청한다. 민영 방송은 노년층보다는 주로 젊은 층을 대상으로 프로그램을 편성하는데, 그 이유는 광고 업계에서 젊은 층에만 주로 관심을 두고 있기 때문이라고 주장한다. 하지만 이런 주장에도 불구하고 광고 업계나 기업들은 결코 그렇게 생각하지 않는다고 답변했다. 시간이 흐르면서 민영 방송도 목표 시청자 층의 나이를 점차 높여 프로그램을 만들고 있다.

신문이나 잡지, 상품 안내서 등 인쇄물 역시 노인들이 많이 이용하는 매체이다. 여성 잡지만 보아도 매주 노년층에게 1500만 부수가 팔리고 있다. 많은 노인들이 읽는 데 시간을 많이 보내는데, 이는 1996년 1/4분기 매체 분석 결과를 보면 잘 알 수 있다. 60세에서 69세까지의 노인들 중 87.5%가 일간지를 읽고 있는 것으로 밝혀져, 모든 연령층을 통틀어 가장 높은 수치를 기록했다.

함부르크 주정부 방송 기관의 위탁을 받고 함부르크 전문대의 한스 디터 큐블러 교수와 본 소재 조사 기업 인파스가 함께 실행한 〈노년층과 새로운 매체〉라는 연구에서도 다음과 같이 마찬가지의 결과가 나왔다.

➡설문 조사에 응한 60세 이상의 노년층 중 90%가 매일 텔레비전을 보는데,

➡그중 71%가 2시간 이상 텔레비전을 보며,

➡80%가 매일 일간 신문을 읽으며,

➡️75%가 매일 라디오를 듣는다.

한편, 퇴직과 더불어 정보에 대한 태도에 변화가 생긴다. 예전에는 직장 동료로부터 정보를 얻었지만 퇴직과 더불어 정보의 출처가 사라지고 그 자리에 가족 구성원들이 들어서며, 그밖에도 자세히 읽어보아야만 하는 상품 안내서나 광고지가 정보 제공에서 특별한 역할을 한다.

한 마디로 요약하자면, 노년층은 젊은 층보다 광고에 관심이 많기 때문에 광고 업계나 기업, 상인들이 마케팅 대상으로 삼아야 할 아주 훌륭한 후보 고객이다.

그런데 지금까지 광고 업계가 이런 좋은 기회를 잘 활용해왔을까? 전혀 그렇지 못하다. 광고가 순전히 아이들용이라고 노인들이 투덜거리는 이유가 무엇이겠는가? 기업들은 29세에서 49세까지의 연령층에 맞춘 광고가 노인들에게도 잘 먹힌다고 생각하고 있는 것 같다. 굴러들어오는 복을 발로 차는 어리석은 착각이다.

📙 광고가 노인들을 외면하고 있다

노인들은 광고에 관심이 많지만, 지금의 광고 형태엔 불만이 많다. 1993년 뒤셀도르프 소재 그레이 광고 대행사가 벌인 설문 조사를 보면 노인들은 광고에 대해 불만을 토로하고 있다.

🟠 오늘날의 광고에 대한 황금 연령층의 생각

90%: 젊은 애들 보라고 만든 광고에는 전혀 관심 없다.

78%: 광고에 나 같은 노인들도 자주 나왔으면 좋겠다.

60%: 나 같은 노인들을 대상으로 하지 않으니 봐도 쓸모가 없다.

70%: 나 같은 노인들에게 상품의 어떤 점이 좋은지 도대체 알 수 없다.

출처: 그레이 광고 대행사, 뒤셀도르프, 1993년

'젊은애들 보라고 만든 광고'란 젊은이들만 등장하는 광고인 동시에 젊은 층에 초점을 맞춘 광고를 말한다. 시끄럽고 알아들을 수 없는 말만 정신없이 주고받는 광고들을 뜻한다. 이러한 사실은 〈지배적 소비자−숨어 있는 구매력〉이라는 연구에서 다시 한번 밝혀졌다. 1999년 뉘른베르크 소재 시장 조사 기업인 GfK의 연구에서는 설문 조사에 응한 10명의 노인 중 5명이 광고 내용이 진정으로 자신을 대상으로 하고 있는 것 같지 않다고 대답했다. 인프라테스트 버크 사의 연구에서도 같은 결과가 나왔는데, 광고가 젊은 층만 대상으로 하고 있으며, 노년층을 있는 그대로 보지 못하고 있다고 대답한 사람이 응답자 중 63%에 달했다.

🟠 50세 이후 세대와 광고

63%: 광고에는 거의 젊은 애들만 나온다.

61%: 광고에 젊은 층과 노년층이 함께 등장해야 할 것이다.

51%: 광고에서 사실과 다르게 노인들을 다루고 있다.

46%: 광고에 노인들이 너무 적게 등장한다.

31%: 광고가 노인들을 너무 경시하고 무시한다.

출처: 그레이 연구서, 지배적 소비자-숨어 있는 구매력, 1998년

간혹 광고에 노인들이 등장하는 경우에도 대부분 현실과 다른 모습으로 비쳐진다. 광고에서는 "간병인의 도움을 받고 있는 할머니를 보여주거나 아니면 젊은이들조차 부러워할 정도로 정력적이며 여행을 즐기는 할아버지의 모습을 보여줄 뿐"이라고 노인 연구가 우르술라 레르 씨는 말한다. 다시 말하면, 극단적인 모습만 보여줌으로써 노년층의 호응을 얻지 못하는 광고라는 것이다.

노인들은 스스로 늙었다고 생각하지 않는다. "내 나이 예순둘이지만 늙었다고 생각하지 않아요. 그래서 광고를 보면 화가 납니다." 프랑크푸르트의 한 생활 잡지가 개최한 토론회 참여자가 한 말이다.

따라서 마케팅은 나이가 아니라 총제적인 정신적 상태를 바라보아야 한다고 그레이 사의 연구서는 권고한다.

8 노년층은 아직 원기 왕성하다

일반적으로 노인들은 집안에서만 지낸다고 생각하는데, 이는 매우 잘못된 생각이다. 노인들은 활발하게 살고 싶어 한다. 사회적으로 불안정하고 돈이 없던 젊은 시절에 해보지 못했던 일들을 늦게나마 성취해보려고 한다. 따라서 노년층에게는 여가 활용이나 삶을 즐기는 것이 무엇보다 중요

하다. 특히 젊은 노인들의 경우는 더욱 그렇다. 예전에는 노인들에 대해 은 둔 생활을 한다거나 소극적이라고 생각했다면 오늘날의 노인들의 모습은 매우 많이 변했다.

1996년 부르다 매체연구사는 알렌스바흐 소재 여론 조사 연구소와 함께 삶의 기쁨, 활동성, 활력을 표시할 수 있는 목록을 작성했다. 이 목록은 1995년의 알렌스바흐 시장 및 광고 매체 분석을 토대로 산출되었는데, 사 회적 관계 형성 선호도, 모험심이나 진취도, 관심 분야의 범위, 여가 활동, 개인 특성이라는 다섯 가지 항목으로 이루어졌다.

조사 결과는 매우 놀라웠다. 지난 10년 동안 노년층의 삶에 대한 적극적 인 태도가 눈에 띄게 높아진 것이다. 15~69세에 이르는 노년층 중 31%가 삶에 대해 매우 적극적인 모습을 보이면서, 사회적 활동도 많았을 뿐만 아 니라 기꺼이 타인을 도우려는 태도를 보였다. 이에 비하면 1989년에는 그 수치가 24%에 불과했다. 또 이들은 높은 소비 지향성이나 충동 구매 경향 을 보였으며, 이름 있는 상표를 선호하고 광고에 대해서도 개방적인 모습 을 보였다. 가치 중에서는 자유와 독립성을 가장 중요하게 생각했으며, 능 력 발휘나 관용, 환경을 위한 희생 정신도 높았다. 그뿐 아니라 외모에도 큰 가치를 두었는데, 특별히 외모를 중요하게 생각하는 노년층이 63%까지 달 했다. 건강과 멋진 몸매를 중요하게 생각하여, 화장과 유행에 큰 관심을 보 였다. 유행에 관심이 없다는 대답은 4분의 1에 불과했다. 또한 자금 관련 상품에도 매우 큰 관심을 보였다.

알렌스바흐 시장 및 광고 매체 분석 중 주요 부분인 브래드번 스칼라[7]를 이용해 노년층의 개별적인 행복도를 조사했는데, 50세 이상의 노년층 중 49%가 매우 높은 행복도를 보였으며, 35%가 약한 행복도를 보였다.

노년층은 결코 동질적인 그룹이 아니다. 어떻게 노인이라고 해서 다 똑같을 수가 있겠는가? 방금 태어난 신생아들도 다 다른 법이다. 오히려 세월이 흐르면서 서로 다른 생활 환경과 경험을 겪은 노년층에서의 상이함은 더욱 커질 수 있다.

그래서 알렌스바흐 조사에서는 생활양식을 중심으로 문항을 구성했다. 그 결과 활력이나 의욕이 나이뿐 아니라 학력, 사회 계층과도 밀접한 관계가 있는 것으로 밝혀졌으며, 특히 여성의 경우 그런 경향이 높았다. 이 조사 결과에서는 활력적인 그룹이 네 종류로 나뉘었으나, 전체적으로 보면 황금 연령층은 모두 자신의 삶을 즐기려고 하며, 건강과 외모에 신경을 쓰고, 소비를 특히 즐기면서 상표에 많은 관심을 보이고, 재정적으로 안정되어 있는 것으로 드러났다.

📒 노인들이 중요하게 생각하는 것들

건강	경제적 안정
독립과 자립	마음의 평화와 여유
젊음과 활력의 유지	(사회적)활동과 경험

---

7) 브래드번 스칼라(Bradburn Skala)는 브래드번이 1969년에 발표한 것으로, 건강을 포함한 삶의 질과 주관적인 행복감을 조사하기 위한 방법이다. 각각 다섯 가지의 긍정적, 부정적인 감정에 대한 문항으로 구성되었다. (옮긴이)

사회적 교류와 인정   구매 결정에서의 확실성

사회적 통합

여기서 볼 수 있듯이 노년층은 사회적 교류와 안정, 사회적 통합을 경제적 안정보다 중요하게 여긴다. 노년층은 사회적 소통(커뮤니케이션)을 통해 사회적으로 통합되고 사교 생활을 누리며 독립성을 유지하게 될 것을 기대한다. 또 젊은 시절에 미처 해보지 못한 것을 늦게나마 해보고 싶다는 노인들의 의지를 관광에 대한 넘치는 욕구에서 찾아볼 수 있다.

그러므로 기업들이 이러한 노년층의 특성에 맞게 접근만 한다면 노년층은 도전해 볼만한 마케팅 목표로 볼 수 있다. 물론 여기에는 전제되는 조건이 있다. "분명하고 구체적인 콘셉트가 없으면 성공할 수 없다." 롤란드 베르거&파트너 사의 기업 자문 프로젝트 팀장이며 노년층 전문가인 브리기테 퀼처 박사의 말이다.

덧붙이는 말

실버 시장에 참여해야 하는 이유가 무엇인지 이제 여러분도 깨달았을 것이다. 내가 이 책을 쓰고 있는 동안에도 많은 기업이 실버 시장에 뛰어들었다. 아마도 이 책을 읽고 난 후라면 "노년층과 광고라는 주제는 아직 시기상조인 상태"라는 말이 이미 시대에 뒤진 말로 느껴질 것이다.

컨설팅 사인 킨바움 사의 매니저 레쉰스키의 말처럼, 앞으로는 목표 대상 고객이 양분될 것이다. 젊은 소비자층이 한편에 서고, 60세 이상 노년층이 주요 소비층으로 다른 한쪽을 점령할 것이다.

또 앞으로 실버 시장의 중요함을 주장하는 각종 논의가 쏟아질 것이다. 관심이 커지고 정보가 널리 알려짐에 따라 그에 대한 유인력도 커지는 법이다. 지금도 많은 변화가 일어나고 있는 중이다. 다양한 연구서가 나왔고, 노년층 혹은 50세 이상의 노년층에 대한 이미지가 많이 바뀌었다. 많은 기업들이 노년층을 집중적으로 다루는 것이 중요하다는 사실을 인식하고 있다. 우리 모두가 나이 들면서 더욱 더 노년층이라는 목표 그룹으로 변해간다. 지금 우리가 수동적이고 삶에 대해 무관심한가? 지금 우리 세대는 과도기 세대이다. 의무감과 자아실현 사이에서 우리는 줄다리기를 하고 있다.

성공적인 실버 마케팅의
14가지 황금 법칙

제2부

제2부 성공적인 실버 마케팅의 14가지 황금 법칙
-크리스티네 크리프-

서론: 나이가 들면서 나타나는 변화는 무엇일까?

"산에 가서 소리를 지르면 메아리가 되어 돌아온다"는 속담이 있다. 우리가 타인을 대하는 태도 역시 메아리가 되어 우리에게 그대로 되돌아온다. 우리가 친절하면 상대도 친절할 것이고 우리가 긴장하고 화를 내면 상대도 기분이 상해 인상을 찌푸릴 것이다.

대중을 상대로 하는 소통(커뮤니케이션)인 광고의 경우 특히 이런 원칙을 잊지 말아야 한다. 고객을 만족시키고 그들로 하여금 기업이 제공한 상품과 서비스에 좀더 가까이 다가갈 수 있도록 해야 한다. 다시 말해 목표로 삼은 고객에게 맞는 방식으로 그들에게 접근해야 한다. 전체 소비자를 목표 그룹들로 세분한 다음 각 그룹에 맞는 방식으로 접근하고 그들의 욕구를 만족시켜야 한다.

그런데 노년층들은 목표 그룹으로 세분되지 않고 있는 실정이다. 따라서 그들에게 적합한 소통이 이루어지지 않는 것은 말할 필요도 없다. 50세에서 90세까지의 노년층은 '노인'이라는 하나의 개념으로 뭉뚱그려 취급되고 있다. 수많은 마케팅 연구들에서 대체로 연구 대상 그룹이 50세에서 멈춰버리고 만다. 그 이상의 나이에 속하는 그룹들은 판단의 대상조차 되지 못하고 있다. 이와는 반대로 청소년 대상 마케팅에는 모두가 혈안이 되어 있다. 심지어 "오늘의 아동은 내일의 고객"이라는 표어를 내걸고 아동 마케팅이 한창이며, 머지않아 유아 마케팅까지도 성황을 이룰 것이다. 가능한 인생 전체를 두고 마케팅 대상으로 삼으려 하는 것이다. 이런 마케팅 전략이 성공을 거둘지는 앞으로 두고볼 일이다.

그런데 과연 두 그룹을 대상으로 하는 마케팅이 서로를 배제하는 것일까? 눈앞에 있는 오늘의 고객을 등한시하지 않으면서 내일의 고객을 사로잡을 수는 없을까? 평소엔 온갖 유혹을 행사하는 광고들이 노년층에 대해서는 갑자기 점잖을 빼면서 말투까지 바꾼다. 아무도 노년층을 목표 그룹으로 상정하여 연구한 적이 없기 때문에 그들이 정말 좋아하는 것이 무엇인지, 어떻게 하면 그들에게 다가갈 수 있을지를 아는 이가 아무도 없다.

"산에 가서 소리를 치면 메아리가 되어 돌아온다." 하지만 아무도 소리를 치지 않기 때문에 어떤 소리도 돌아오지 않는다. 스스로 관심 대상이 아니라고 느끼는 사람들은 어떤 반응도 보이지 않는다. 관심을 잘못 보였을 때에 반응이 나타나지 않는 것과 마찬가지다. 그런데도 많은 기업들이 젊은 소비자들을 대상으로 관심을 보이면 노년층은 자동적으로 반응할 것이라고 믿고 있다. 정말 잘못된 믿음이다.

50세 이후 세대야말로 극도로 민감한 그룹이다. 첫째 소비 경험이 풍부하기 때문에 쉽게 속지 않으며, 둘째 의욕 없는 노인으로 취급당하고 싶어 하지 않기 때문이다. 실제로 그들은 의욕 없는 노인들이 아니다.

그렇다면 우리 사회의 노년층의 모습은 실제로 어떨까? 그들이 원하는 제품은 어떤 것일까? 어떻게 해야 그들에게 가장 잘 다가갈 수 있을까?

가장 기본이 되는 규칙은 노년층도 여러분이나 나와 같은 똑같은 인간이라는 것이다. 하지만 대부분 이 사실을 경시한다. 다른 나이층과 마찬가지로 노년층도 인생을 즐기고 싶어 하고 생각이 같은 친구들을 만나고 싶어 한다. 하지만 분명 그들의 욕구는 젊은이들과 다르다. 나이가 들면서 변화가 따르며, 이것은 아무도 거역할 수 없기 때문이다. 바로 이런 변화를 마케팅에서 고려해야만 한다.

여기서는 노인에게 다가갈 수 있는 성공적인 소통(커뮤니케이션)의 기본 법칙 14가지를 다루어 볼 텐데, 그에 앞서 노화가 수반하는 생물학적 변화들을 먼저 살펴보도록 하겠다.

나이가 들면 신체뿐 아니라 인식 능력에 변화가 생긴다. 태어나면서부터 늙기 시작한다는 재미있는 말도 있기는 하지만, 사람은 통상 24세부터 늙기 시작하며 기능이 떨어지기 시작한다. 물론 평범한 사람들은 이를 잘 인식하지 못하며, 기껏해야 운동 선수들 정도나 느낄 수 있을 것이다. 가장 먼저 발견되는 변화는 역시 외모이다. 머리가 하얗게 세고 피부가 달라진다. 40세부터 눈에 띄는 변화가 시작된다.

📒 60대 노인들을 대상으로 한 설문 결과

청각과 시각에 아무 문제가 없다: 25%

청각과 시각 중 한 쪽에 문제가 있다: 50%

양쪽 모두 문제가 있다: 25%

사람마다 나이 들어가는 모습이 다르긴 하지만 노화 자체를 피해갈 수 있는 사람은 없다. 원칙적으로 청각, 시각, 후각, 미각, 촉각 등 모든 감각 기능이 저하되고 운동 능력과 기억력 역시 떨어진다.

📒 시각의 변화

시력이 떨어진다: 가까운 거리뿐만 먼 거리를 보는 시력이 80%까지 저하된다. 특히 조명이 안 좋을 경우 심각한 시각 장애를 겪을 수 있다. 또 눈 세포의 능력이 떨어지고 동공이 작아진다. 80대 노인의 동공의 크기는 20대 청년의 절반밖에 안 된다.

따라서 글을 읽는 데 어려움을 겪는다. 특히 글씨가 작을 경우 더욱 그렇다. 따라서 글자 크기가 최소 12포인트는 되어야 읽을 수 있으며, 5mm 정도 되어야만 읽기가 편하다.

눈부심이 심하다: 빛의 밝기가 떨어지면 시력도 약해지는데, 그 이유는 망막이 빛을 적게 받아들이기 때문이다. 그래서 노인들은 젊은 층에 비해 빛이 많이 필요하다. 65세 노인의 경우 20대의 망막이 받아들이는 빛의

30%밖에는 받아들이지 못한다.

하지만 빛이 많다고 무조건 좋은 건 아니다. 노인들은 눈부심에 민감하기 때문에 현란한 빛이나 네온 빛에서는 눈이 부시거나 아플 수 있다. 눈이 부시면 잘 안 보이기 때문에 정보를 인식할 수 없으며, 안전상의 문제가 발생할 수도 있다. 예를 들어 건물의 바닥이 너무 번쩍거리면 노인들은 방향 감각을 잃어버려 갈피를 못 잡는다. 종이를 선택할 때도 이 점을 고려해야 한다. 노인들을 대상으로 할 때에는 눈이 부시게 하는 흰 종이보다는 광택 없는 종이를 사용해야 한다.

어두운 곳과 밝은 곳에 대한 적응이 어려워진다: 45세부터는 눈의 적응력이 떨어진다. 밝은 곳에서 어두운 곳으로 들어가거나, 어두운 곳에서 밝은 곳으로 나올 때 눈이 적응하지 못한다. 70세 노인의 적응 시간은 25세의 젊은이에 비해 3배가 느리다. 따라서 광고에서 명암의 대조를 최대한 부각시키고, 번짐 효과로 표현된 그림들은 피하는 것이 중요하다.

색채 감각이 떨어진다: 나이가 들면 수정체가 흐려지며 노랗게 변한다. 따라서 보라색 빛을 더 많이 여과하여 청색이나 녹색과 보라색을 잘 구분하지 못하는 반면 적색이나 노란색은 잘 구별한다.

시야가 좁아진다: 55세부터 시야가 좁아진다. 정적 시야란 한 점에 눈을 고정했을 때 인식할 수 있는 공간을 말한다. 눈동자가 움직이면 시야는 넓어지는데, 정적 시야에서 동적 시야로 확대된다. 그런데 나이가 들면 눈동자를 위로 움직일 수 있는 능력도 떨어진다.

14세의 경우 눈동자의 수직 운동에서 움직일 수 있는 각도의 범위는 40%에 이르지만 75세가 되면 16%에 불과하다. 수평 운동 능력 역시 40세부터 감소한다. 입체적 시각 능력이 약해지기 때문에 45세 이후에는 시각적인 공간 인식 능력 역시 떨어진다. 이 능력은 특히 운전할 때 매우 중요하다.

나이가 들면 시력이 떨어진다는 것은 매우 분명한 사실이다. 그렇기 때문에 소통(커뮤니케이션)에서 눈이 아주 중요한 역할을 한다는 사실을 유의해야 한다.

눈은 광고를 받아들이는 통로다

눈은 30~90밀리초(1/1000초) 단위로 급격하게 움직인다. 이렇게 움직이는 동안 눈은 아무 정보도 받아들이지 못한다. 정보를 입수하려면 적어도 200~500밀리초 동안 눈이 고정되어 있어야 한다. 더구나 망막은 중심오목(fovea centralis)이라는 좁은 영역을 통해서만 또렷하게 볼 수가 있다.

직접 한번 실험해보라. 먼저 벽에 있는 한 점을 찾아 그 점에 눈을 고정시켜 집중한다. 다른 사람이 연필과 같은 물건을 하나 들어 옆으로부터 천천히 그 점을 향해 밀어넣는다. 이때 물건이 정확하게 가운데 점에 도달했을 때 비로소 또렷이 인식할 수 있을 것이다.

사람이 정확하게 바라볼 수 있는 것은 시축을 중심으로 약 2도 정도의 범위밖에 안 된다. 이것은 팔을 쭉 뻗은 상태에서 엄지손톱 정도의 크기이고, 보통 잡지를 읽을 때의 거리에서 50센트 동전 크기 정도이다.

이렇게 시각적 정보 인식 능력은 매우 한정되어 있다. 정보 인식 과정에서 눈앞에 벌어지는 일에 질서를 부여하는 것이 바로 눈이다. 이미지는 눈을 통해 순간적이고 전체적으로 파악되며 자동적으로 처리된다. 그리 복잡하지 않은 이미지는 1.5초~2.5초 내에 포착된다. 마케팅 전문가 크뢰버-릴은 "이미지는 뇌 속으로 빠르게 발사된 총알이다"라고 말한다. 또 뇌는 눈을 통해 들어온 이미지에 대해 더욱 빠르게 반응한다. 그래서 슈퍼마켓 같은 곳에 가면 소위 정신의 지도가 제작된다. 여기서 정보는 이미지나 언어의 단위로 저장된다. 아리스토텔레스조차도 "영혼은 이미지 없이는 절대 생각하지 않는다"고 했다. 반면 글은 감각의 단위로 분해되고 분석을 통해 처리된다. 그리 복잡하지 않은 이미지 하나를 인식할 수 있는 시간 동안에 인식할 수 있는 단어는 10개에 불과하다.

나이가 들면서 비언어 정보를 담당하는 오른쪽 뇌의 능력이 유난히 떨어지기 때문에 노인들에게 제공하는 이미지는 될 수 있는 대로 명확해야 한다. 특히 잡지에 실린 광고를 보는 시간이 매우 짧으며, 이 시간 안에 독자의 관심을 끌어야 한다는 사실을 생각해보면 더욱 유의해야 할 점이다. 전면 광고를 보고 기억하는 비율은 33%에 이르며, 작은 광고는 불과 19%밖에 안 된다.

반(半)면 광고의 경우 독자들의 평균 관찰 시간은 6.8초이고, 그보다 작은 광고는 2초에 불과하다. 몇 가지 요소로 축약되는 상징적 그림(pictograph)이 시각적 요소가 많은 이미지에 비해 훨씬 더 잘 기억할 수 있다는 사실은 광고에서 분명한 그림을 사용해야 할 필요성을 말해준다. 샌프란시스코 소재 오길비(Ogilvy) 연구개발소에서 이에 대한 연구를 자세히 한 바 있다.

주변 세계를 전부 다 파악할 수 있는 사람은 없다. 우리의 인식은 언제나 선별적이다. 우리의 뇌는 중요하다고 생각되는 것만을 골라 인식한다. 뇌 연구 결과에 다르면 한 시점에 인간이 파악할 수 있는 정보의 양은 최대 7가지이며, 2가지 정도 오차가 있을 수 있다고 한다. 정보 파악에는 물론 시각이나 청각, 촉각, 미각, 후각 등 다른 감각들도 자신의 역할을 한다.

그런데 사람마다 감각 능력의 정도는 다르며, 시각이나 청각, 감정 능력이 특별히 뛰어난 사람이 있다. 또한 미각이나 후각도 인식을 돕는다. 시각적 인간은 아무래도 시각적으로 다가오는 정보를 잘 파악한다.

그뿐 아니라 생활 상황에 따라 특정 감각이 더 발달되기도 한다. 그러나 일반적으로 볼 때 문명 사회에 살고 있는 사람들의 40%가 주로 시각적으로 인식한다.

📙 청각의 변화

나이가 들면 청각 능력 역시 감소한다. 그래서 소리가 커야만 인식할 수 있다.

고음을 잘 못 듣는다: 나이가 들면서 들을 수 있는 음역이 줄어든다. 고음이 잘 안 들리게 된다. 하지만 저음 인식에는 큰 변화가 없다.

정보 처리 속도가 느려진다: 말이 빠르면 각 음이 축약되어 음들이 서로 뒤섞여 들리기 때문에 말한 내용을 이해하기 힘들다.

여러 소리가 동시에 들리면 이해하지 못한다: 노인들의 경우 여러 가지 소리가 동시에 들리면 각 소리를 구별하여 알아듣거나 처리하지 못한다. 감각 기관을 자극하는 정도가 지나치기 때문이다. 이것을 파티 신드롬(party syndrome)이라 부른다. 이러한 경우 노인들은 가능하면 여러 개의 소음 중 하나만을 골라 집중한다.

📙 후각과 미각이 떨어진다

이 두 감각은 서로 밀접한 관련이 있다. 나이가 들면 이 두 감각 중 특히 미각 능력이 많이 떨어진다. 따라서 노인들은 맛을 잘 못 보거나 양념을 지나치게 많이 해야 한다. 나이가 들면 미뢰의 숫자가 감소하기 때문이다. 75세 노인의 경우 미뢰의 숫자가 30세의 35%에 불과하다.

📙 운동 신경과 체력이 떨어진다

나이가 들면 운동의 속도와 정확성이 떨어진다. 60세가 되면 20세에 비해 근력이 15~35% 줄어든다. 때문에 짐을 나를 때 힘이 든다. 또 관절이 뻣뻣해져 계단을 오르거나, 오래 서 있거나 뛰는 일이 힘들다.

30세에 비해 75세의 육체적 능력은,

➡ 손 근력은 55%
➡ 폐활량은 56%에 달한다.

📒 기억력이 감퇴한다

나이가 들면 기억력도 떨어지는데, 특히 단기 기억력이 많이 나빠진다. 그렇다면 기억력은 얼마나 저하되며 또 그 이유는 무엇일까? 이를 알기 위해서는 우선 뇌가 어떻게 활동하며, 기억력은 어떻게 작동하는지 알아야 한다.

뇌는 좌우 두 개의 반구로 구성되어 있는데, 오른쪽과 왼쪽의 기능이 다르다.

학자들은 오른쪽 뇌가 왼쪽 뇌에 비해 노화가 빠르다고 추정한다. 이 말은 언어적 메시지가 시각적 메시지에 비해 잘 보존된다는 뜻이다. 그 이유

오른쪽 뇌와 왼쪽 뇌

기능	왼쪽 뇌	오른쪽 뇌
시각	철자, 단어	이미지, 얼굴
청각	언어적 소리 리듬감 있는 복잡한 멜로디	비언어적 소리 단순한 멜로디
기억력	언어적 기억	시각적 기억
언어	언어적 사고	총체적 사고 음악성
정보 처리	분석적 연속적 정신적 에너지 소비 큼	총체적 종합적 정신적 에너지 소비 낮음
행동	합리적	감정적

출처: 1992년, 페더젤-리프, 실버 시장의 커뮤니케이션 정책

는 이미지가 삭제되기까지 시간이 더 오래 걸리기 때문이다. 즉 새로운 시

각적 자극을 받아들이기까지 더 오랜 시간이 필요하다는 의미이다. 이미지가 빠른 속도로 겹치면 뇌는 이를 제대로 처리할 수 없다.

이런 연구 결과는 노년층을 대상으로 하는 광고에 혁명적인 변화를 가져올 수 있을 것이다. 젊은 층을 목표로 하는 광고로 노년층의 마음까지 사로잡을 수 있을 것이라는 광고주들의 안이한 생각을 다시 한 번 고민하게 만들 것이기 때문이다.

커뮤니케이션의 원초적 형태는 이미지이다. 따라서 노년층을 대상으로 한 광고에도 당연히 이미지를 사용해야 한다. 인쇄 광고에서는 문제될 것이 없지만 텔레비전 광고에서는 이미지를 너무 빠르게 처리하면 노년층들이 정보를 받아들이는 데 어려움을 겪을 것이다. 우리가 이야기를 할 때는 단어별로, 글을 쓸 때는 한줄 한줄 쓰듯이, 언어적 정보는 순차적으로 처리되는 데 반해 이미지는 총체적으로 처리되어 그 속도가 더 빠르기 때문이다.

하지만 유감스럽게도 아직까지는 노인들의 이미지 처리 방법에 관한 포괄적인 연구가 제대로 되어 있지 못하다.

📙 정보 처리

광고의 성패는 고객들이 그 광고를 얼마나 잘 기억하느냐에 달려 있다. 광고의 메시지는 고객의 기억 속에 저장되는데, 기억은 통합적으로 이루어지는 것이 아니라 3단계 저장 시스템을 통해 이루어진다고 학자들은 말한다. 외부에서 들어 온 자극은 우선 초단기 저장소로 들어간다. 거기서 단기 저장소(작동 기억)로 넘어 간 다음 최후로 장기 저장소로 이동한다.

초단기 저장소: 언어적, 시각적, 촉각적으로 감각 기관을 통해 인식된 모든 자극들은 일단 초단기 저장소로 들어오는데, 이들은 단지 0.2~4초 동안 저장된다. 그러나 저장 기간이 짧기는 하지만 저장량은 방대하다. 이곳에서 여러 자극들이 처리되어 총체적인 하나의 이미지로 합성된다.

단기 저장소: 초단기 저장소에 저장된 중요한 정보들이 단기 저장소로 이동한다. 이곳의 저장량은 한정되어 있지만 전 단계의 정보들을 쉽게 끌어올 수 있다. 단기 저장소에서는 자세한 정보를 적극적으로 처리하기 때문에 종종 작동 기억이라 부르기도 한다. 이곳의 저장 기간은 훨씬 길어 약 10~15초에 달하는데, 기억을 통해 몇 분까지 연장될 수 있다.

장기 저장소: 이곳의 정보를 불러내기는 훨씬 어렵다. 저장된 지식의 양이 많기 때문이다. 하지만 정보가 입력된 당시의 상황에 대한 암시를 통해 기억을 불러낼 수 있다. 저장된 암시의 양이 많을 경우 다시 불러내기도 훨씬 쉽다. 장기 저장소의 저장량은 거의 무한대다.

장기 저장소의 중요한 점은 정보가 언어적으로나 시각적으로도 처리된다는 사실이다. 언어 정보의 경우 뇌가 정보를 작은 단위로 분해하여 순차적으로 처리하지만, 이미지의 경우 전체적으로 처리한다. 따라서 이미지는 훨씬 더 빨리 파악할 수 있다. 언어 정보를 포함한 대부분의 정보는 언어적 형태뿐만 아니라 이미지 형태로도 저장된다. 구체적인 단어는 이미지와 언어로, 추상적인 단어는 언어로만 저장된다.

🔖 다양한 통로를 이용할수록 정보를 잘 저장할 수 있다

우리가 기억하는 것은,

➡ 읽은 것의 10%

➡ 들은 것의 20%

➡ 본 것의 30%

➡ 듣고 본 것의 50%

➡ 직접 말한 것의 70%

➡ 직접 행동한 것의 90%

🔖 인식 능력이 변화한다

우리는 매일 매일 엄청난 양의 정보와 마주한다. 하지만 인간의 뇌는 한정된 양의 정보밖에는 소화하지 못한다. 광고와 같이 관심이 없는 텍스트를 바라보는 시간은 평균 2초 정도에 그치는데, 관심이 있는 텍스트의 경우에는 6초 정도까지 높아진다. 광고 화면은 그냥 지나쳐버리고 메일은 휴지통으로 직행하는 것이 보통인데, 그 이유는 정보가 너무 많이 쏟아져 나오기 때문이다. 전체 정보 중 그렇게 버려지는 정보는 97% 정도에 달한다.

정보는 날로 늘어나는 데 반해 정보를 처리할 시간은 점점 줄어들고 있다. 프라이부르크의 광고 전문가 울리히 가지자데는 이를 '자극 다원주의'라 불렀다. 정보의 도태 과정이 일어나고 있다는 것이다. 따라서 정보는 무엇보다도 이해하기 쉽게 만들어져야만 한다.

정보는 관심이 클 때 비로소 저장될 수 있다. 고객에게 감정적 관심이 없을 때는 정보의 형태가 결정적인 역할을 한다. 젊은 층조차도 매일 밀려드는 엄청난 자극을 처리하는 데 어려움을 겪는데 노년층이야 더 말할 나위 없다. 나이가 들면서 감각이나 운동 신경, 체력 등의 신체적 능력뿐만 아니라 인식 능력에도 변화를 겪기 때문이다.

노년층은 다음과 같은 어려움을 겪는다.

중요한 정보가 무엇인지 판단하지 못한다: 초단기 저장소는 중요한 정보를 걸러 단기 저장소로 보낸다. 그래서 매일 수많은 정보가 밀려들지만 그중 우리가 겨우 인식하고 처리할 수 있는 분량은 3%에 불과하다. 그런데 젊은이들은 재빨리 정보를 취사선택하지만 노인들은 중요한 정보와 중요하지 않은 정보를 동시에 받아들인다. 정보를 선별하는 데 많은 시간이 걸린다는 것이다. 노인들의 정보 선별 과정은 느리게 이루어질 뿐만 아니라 계획성도 부족하다.

다양한 자극을 동시에 인식하기가 힘들다: 시각 및 청각적으로 여러 자극을 동시에 받아들이기가 어렵다. 노인들은 한 감각 통로에만 집중하기 때문에 다른 감각 통로를 통해 들어오는 자극은 제한적으로 받아들인다. 가장 안 좋은 경우는 여러 감각 통로로 서로 다른 메시지들이 전달될 때이다. 예를 들어 청각 및 시각적으로 여러 종류의 수많은 정보가 동시에 밀려오면 자극을 인식하기가 극도로 힘들어진다. 나이 들면서 중요한 것과 중요하지 않은 것을 구분하는 일이 점점 어려워지기 때문이다. 그러나 경험에 바탕을 둔 업무는 젊은이 못지않게, 혹은 오히려 더 잘 처리한다.

단기 기억력이 떨어진다: 노인들의 학습은 젊은이들보다 덜 효율적이다. 특히 학습 내용의 전달 속도가 너무 빠르거나 형태가 조직적이지 못하거나 구체적이지 못할 경우 학습 능률이 더욱 떨어진다. 그런 경우 개별 형태나 대상을 빠르게 소화해내지 못한다. 하지만 노인들도 시간을 많이 주면 젊은이들과 같은 능률을 올릴 수 있다는 사실이 연구 결과로 확인된 바 있다. 때문에 노인들의 단기 기억력으로 기억할 수 있게 하기 위해서는 느린 속도로 조직적이고 구체적이며 경험에 바탕을 둔 형태로 정보를 제공해야만 한다. 무엇보다 여러 번 반복하는 것이 가장 좋은 방법이다.

정보 입수와 동시에 다른 활동을 하는 경우 노인들의 기억력은 현저히 떨어진다. 일반적으로 광고가 대표적인 경우이다. 정신을 집중하고 광고를 보는 사람은 없다. 딴 일을 하면서 광고를 보며 그 속의 정보를 받아들인다. 젊었을 땐 자동적으로 처리되던 정보도 노인이 되면 더 많은 집중력이 필요하다. 때문에 한 가지 정보에 집중하면 다른 정보 인식이 차단된다. 그 결과 정보를 오래 갖고 있지 못할 뿐만 아니라 새로운 정보와 기존 정보를 잘 결합시키지 못한다.

기억력 역시 떨어진다. 숫자나 단어, 문장, 음절 등을 기억하는 양이 젊은이에 비해 30% 감소한다. 공간적 정보에 대한 기억력 역시 감소한다. 하지만 장기 기억 능력이 떨어지지는 않는다.

장기 처리 시간: 뇌는 정보를 처리하기 위해 특별한 전략을 개발한다. 정보를 체계적으로 분류하고 서로 결합시킨다. 그런데 나이가 들면 신경 활동의 속도가 떨어지며, 신경 섬유의 숫자 역시 줄어들기 때문에 노인들은 자극에 늦게 반응한다. 60세의 노인은 20대의 청년에 비해 20% 낮은 속도로 반응한다.

청각적이거나 시각적인 자극을 포함하여 모든 자극이 너무 빠른 속도로 밀려들면 서로 뒤섞이거나 겹쳐진다. 그러면 개별 형태나 대상을 빨리 인식하지 못한다. 따라서 노인들은 정보의 속도를 스스로 조절할 수 없어 부담스럽다고 느끼면 스스로 정보를 차단해버린다.

📋 30세와 비교한 75세의 정보 처리 잠재력

➡ 신경 섬유의 숫자 63%
➡ 신경 활동 속도 90%

노인들에게 인쇄물 광고의 효과가 더 큰 이유가 바로 이 때문이다. 인쇄물의 경우 정보를 관찰하는 시간과 빈도를 스스로 정할 수 있다. 또 지금의 50세 이후 세대는 텔레비전을 보며 성장하지 않았기 때문에 인쇄물 광고보다 텔레비전의 광고에 대한 선호도가 낮게 나타난다.

📋 노인의 지능

부분적으로 정보 처리 시간이 많이 걸리기 때문에 노인들의 지능이 젊은

이들보다 뒤떨어진다고 여겨져 왔다. 나이가 들수록 지능이 떨어진다는 말이다. 그러나 이는 지능을 매우 협소하게 정의 내리기 때문에 생기는 사고 방식이다. 오늘날엔 지능도 여러 종류가 있다는 것이 밝혀졌다.

➡유동 지능: 민첩성, 조합 능력, 새로운 상황에서의 적응 능력 등을 포함하는 지능이다. 이 지능은 20세부터 천천히 낮아진다.

➡결정 지능: 일반 지식, 경험 지식, 어휘력, 언어 이해력 등의 능력을 말하는 지능이다. 이 지능은 나이가 들어도 줄지 않고 그대로이거나, 더 증가하기도 한다.

어쨌거나 교육 수준이 높고, 새로운 지식을 습득하여 적용하는 능력이 높을수록 노인이 되어서도 지능이 높다.

📙 감정

감정 인식 역시 세월이 흐르면서 변한다. 감정의 활성화, 즉 흥분의 강도가 변하기 때문이다. 미국 심리학자 마빈 추커먼은 이 문제를 연구하여 감각추구 스칼라(sensation seeking skala)를 개발했다. 이에 따르면 나이가 들면서 감정 활성화의 정도가 점점 낮아진다. 다시 말해 작은 흥분도 강한 감정을 불러일으킨다. 때문에 노인들은 낯선 상황을 피하려고 한다. 모험을 꺼리고 안전을 선호하게 되는 것이다.

복잡한 정보는 강한 감정의 활성화로 이어지기 때문에 노인들은 가능하면 복잡한 정보를 마주하려 하지 않는다. 노인들이 복잡하다고 느끼는 정보란, 한꺼번에 갑자기 쏟아져 들어오는 정보, 정돈이 잘 되지 않은 정보, 자신의 생활과 관련이 없는 정보를 말한다.

재빠른 결정 역시 강한 감정의 활성화와 연관되어 있다. 따라서 나이가 들면서 즉흥적인 구매가 줄어든다. 소비재의 경우 인식력을 사용하지 않고 습관적으로 구매 결정을 내리며, 내구재의 경우 대부분 사전에 정보를 철저하게 조사한 후에 구매한다.

물론 젊은 사람들은 노인들의 처지를 쉽게 이해하지 못 한다. 서른 살 된 제품 담당 과장이 어떻게 환갑이 된 소비자의 심정을 이해할 수 있단 말인가? 갈수록 눈은 침침해지는데 읽어야 할 정보의 양의 끝이 없고, 잘 들리지 않는다는 이유 하나만으로 심한 소외감에 시달리는 노인의 심정을 겪어보지 않고 어떻게 알겠는가?

미시건 대학의 국립 노인 주택 생활 연구소에서 활동 중인 레온 파스탈란 교수는 노인들의 시력을 모의실험할 수 있는 '감정이입 렌즈'(emphatic lens)를 개발했다.

오래 전부터 실버 마케팅을 연구한 군돌프 마이어 헨첼과 그의 아내는 '나이 실험 장치'(age simulator)를 개발했다. 이것은 노인들의 신체적인 변화를 직접 체험해볼 수 있도록 고안된 투구가 달린 옷으로, 관절이 뻣뻣해지고 시력과 청력이 떨어지는 것이 어떤 상태인지를 잘 느끼게 해준다.

📙 요약

나이가 들면 눈과 귀, 운동 신경과 기억력이 모두 떨어진다. 이러한 사실을 외면하는 광고는 노년층 소비자들과 소통할 수 없다. 반대로 노인들의 생물학적 변화를 충분히 고려한다면 노년층과의 소통에 성공할 수 있는 열쇠를 손에 쥐고 있다고 하겠다.

1 첫 번째 법칙-진지하게 대하라

진부하게 들릴지 모르겠지만 언론 매체들이 노년층을 다루는 대부분의 방식을 생각해본다면 결코 진부한 규칙이 아니다. 우수한 마케팅의 기본 규칙은 훌륭한 인간관계를 맺는 기본 조건과 다르지 않다. 상대를 진지하게 대하는 것, 그것이 바로 기본 조건이다. 왜 다른 모든 고객 연령층에 대해서는 아주 훌륭하게 진지한 모습을 보이면서 노년층에 대해서는 그렇지 않은 걸까?

1996년 '신시장'이라는 이름을 가진 연구 모임이 45세 이상 연령층에 대한 연구를 했다. 집단 토론과 개인 인터뷰를 통해 황금 연령층 노인들은 자신들의 불만을 토로할 수 있었는데, 실제로 많은 불만을 드러냈다. 그들의 주요 불만은 다음과 같았다.

➡소비자로서 진지하게 대접받지 못한다고 느낀다.

➡자신의 관심사를 고려하지 않는다고 생각한다.

➡상품들이 편리하지 못하다. 불편한 점에 적응하며 생활하지만, 늘 편리한 제품들을 바란다.

➡고객 접근법이나 상담, 근무 시간 등을 포함한 고객 서비스가 마음에 들지 않는다.

그들이 원하는 것은,

➡상품이 더욱 인간 공학적으로 설계되고 사용이 간편해야 한다. 예를 들면, 자물쇠의 버튼이 큼직하여 조작하기 쉬워야 한다.

➡사용 설명서는 이해하기 쉬워야 한다.

➡제품은 최신의 것이어야 한다.

➡나이를 들먹이지 않았으면 한다.

➡특별 카탈로그에서나 볼 수 있는 것처럼, 광고에서 따로 취급하는 제품이 아니어야 한다.

노년층이 싫어하는 것

상품/포장 -생산자

46%의 노인이 유통 기한 표시가 눈에 잘 띄었으면 좋겠다고 응답했다.

27%가 번쩍거리는 포장재가 눈에 거슬린다고 대답했다.

25%가 작고 개봉이 쉬운 포장을 원했다.

가게 구성과 판매원 -상인

61%가 애용하는 생필품 가게를 비판했다.

29%가 보다 나은 고객 안내 시스템을 원했다.

29%가 노년층을 위한 계산대가 따로 있으면 좋겠다고 답했다.

24%가 낮은 제품 진열대를 원했다.

21%가 판매원들이 좀더 친절했으면 좋겠다고 답했다.

19%가 좀더 편리한 쇼핑 카트를 원했다.

출처: 마이어 헨첼 경영 컨설팅 사, 자브뤼켄

기업 경영 자문회사인 마이어-헨첼 경영 컨설팅 사의 표본 조사 결과 고객들의 불만은 읽기 힘든 유통 기한 표시에서부터 불충분한 서비스, 인간 공학을 응용하지 않은 디자인이나 제품의 복잡함에 이르기까지 다양했다. 이들 불만은 모두 노인들의 기동력 부족으로 설명될 수 있는 것들이 아니다. 젊은 소비자층 역시 특히 기술 제품의 경우에는 많은 제품이 손쉽게 다룰 수 없다는 불만을 분명 표출할 것이다. 〈슈피겔〉 잡지도 1997년 제48호에서 '예정된 절망'이라는 제목으로 이미 이 문제에 관해 긴 지면을 할애하여 다루었다. 그러나 제품 자체의 결함뿐만 아니라 포장 역시 고객을 생각하지 않은 경우가 많다. 영국에서는 매년 5만 명이 포장을 여는 중에 부상을 당해 병원 치료를 받는다고 한다.

하지만 분명한 것은 젊은 소비자 층이 겪는 문제를 노년층은 두 배의 어려움으로 겪는다는 점이다. 이렇게 노년층을 진지하게 대해야 하는 내용에는 수많은 분야가 존재한다.

노년층은 광고 역시 자신들을 진지하게 대하지 않는다고 생각한다. 뒤셀도르프 소재 그레이 광고 대행사가 1993년에 실시한 설문 조사에서 나타났듯이 노년층은 광고가 젊은이들만을 대상으로 하고 있다고 불평했다. 너무 시끄럽고 속도가 빠르며 이해할 수 없는 언어로 전달된다고 하면서 광고에서 노년층이 나오는 경우를 보지 못했다고 했다. 1998년에 실시한 연구 조사인 〈지배적 소비자(master consumer)-숨어 있는 구매력〉에서도 이러한 사실이 또 한번 확인되었다. 뉘른베르크 소비 연구 협회가 1999년에 실시한 연구 조사인 〈50세 이후 세대〉에서도 같은 결과가 나왔다. 이 연구에서는 노인에 대한 이해심 부족에 대한 비판이 나왔다. 50~59세 노인의 50%, 60~69세 노인의 46%가 광고주들이 노인들의 관심사를 도무지 모른다고 대답했다.

독일 광고협회(ZAW) 회장 폴커 니켈은 그의 글에서 "광고는 사회의 현 주소를 반영하는 거울이다. 현 사회의 상태와 희망, 그리고 이상을 반영한다"고 말했다. 왜 노년층 인구가 이미 전 국민의 상당한 부분을 차지하고 있음에도 불구하고 언론은 노인들의 모습을 비추지 않는 것일까?

현 사회는 청춘에 대한 집착이 지배하고 있다. 독일은 다른 나라에 비해 그 정도가 더욱 심하다. 미국 사람들은 나이 들어가는 것을 별 강박 없이 대한다. 그러나 독일에서는 다르다. 간혹 노년층을 표현한다 하더라도 사실대로 보이지 않고 왜곡된 모습으로 드러낸다.

킬 대학 인류학 연구소에서 일하는 위르겐스 교수는 언론에 비친 노인의 이미지를 연구하여 노인들의 전형적인 모습이 드러나는 역할들을 확인했다(그의 연구 결과는 1994년 〈포럼〉에 '전자 매체에 드러난 노년층의 모습'이라는 제목으로 요약되어 실렸다).

광대: 노인들이 과장된 모습으로 표현된다. 뚱뚱하거나 심지어 비대한 모습에 어울리지 않는 옷을 입고 등장하는 경우가 많다. 30.6%가 그런 식으로 우스꽝스러운 인물로 묘사된다. 또한 다른 분야에서와 마찬가지로 대부분이 남성으로 25%에 달하고, 여성은 5.6%에 불과하다.

아직 직업 활동 중인 사람: 현재 독일에서는 대부분의 사람들이 58세에 퇴직하지만, 60세가 넘은 노인 중 24%가 아직도 일을 하고 있는 것으로 등장한다. 그중 남성이 15.1%, 여성이 8.8%로, 언론에 비친 일하는 남성 노인의 비율이 여성의 거의 두 배에 이른다.

할머니, 할아버지: 노인들이 주로 등장하고, 노년층이 스스로 좋아하는 역할이기도 하다. 노인들은 이 역할을 통해 가족, 그리고 더 나아가 사회와 연결된다. 언론에 등장하는 노인의 19.4%가 할머니, 할아버지의 역할을 한다. 노년층에서 여성이 차지하는 비율이 매우 높은데도 불구하고 여기서 도 역시 남성(11.1%)이 여성(8.3%)보다 더 많이 표현된다.

특이한 사람: 노인들이 기이한 인물로 표현되는 경우로, 광대의 이미지 와 바로 연결된다. 사람은 오랜 시간을 살아가면서 기이한 습성을 갖게 되 며, 또 어떤 특정한 성격은 살아가면서 몸에 밴 것이다. 그런 점들을 내보이 면서 노인들을 우스꽝스러운 인물이나 이방인으로 표현한다. 11.2%가 이 런 유형으로 등장하는데, 여기서도 남성이 등장하는 비율이 높다(남성 9.3%, 여성 1.9%). 남성에게서 전형적으로 볼 수 있는 점이라고 여겨지는 것 같다. 광대로 등장하는 노인의 비율(30.6%)과 합하면 우스꽝스러운 사 람으로 등장하는 노인의 비율은 41.8%에 달한다. 정말 놀라운 숫자가 아 닐 수 없다.

귀족: 돈 많은 노인들로 비쳐진 모습이다. 이러한 모습의 노인들은 총 6.5%에 달하는데, 그중 남성이 3.7%, 여성이 2.8%를 차지한다. 귀족적인 모습으로 등장하여 과거에 대한 향수를 불러일으키거나, 함께 등장하는 젊

은이들의 행복한 모습을 바라보면서 젊은 시절을 회상하는 장면들이 종종 나온다.

전문가: 오랜 인생 경험에 비추어 보면 당연한 역할이며, 노년층 스스로 자신을 평가하는 역할임에도 불구하고 노인이 전문가로 등장하는 경우는 매우 드물다(총 4.6%). 그나마 대부분이 남성이다. 연구 결과를 다루는 광고에서 여성이 전문가로 등장하는 적이 없는 걸 보면 아마도 전문가는 모두 남성인가 보다. 한편, 머리가 희끗희끗하고 진지한 눈빛을 한 남성 노인을 주인공으로 한 칫솔 광고는 노년층에게도 설득력을 발휘했다.

주부: 주부로 등장하는 노인들은 전체의 3.7%에 달했다.

연구 결과를 보면 다음과 같다.

➡️언론에 비친 노인의 이미지는 현실과 맞지 않다

➡️언론에 비친 노인들은 다른 세대의 눈으로 본 모습이므로 왜곡되어 있다.

➡️특히 남성이 많이 등장하는데, 남녀 비율은 3:1이다. 그러나 현실을 보면 60세 이상 노인 중 60%가 여성이다.

➡️비정상적인 광대나 우스꽝스러운 모습으로 비치는 노인들의 모습이 다반사이다. 이런 모습 때문에 노인들이 이방인이 되어버린다.

➡️노인들이 오랜 인생 경험을 바탕으로 한 전문가의 모습으로 등장하는 경우가 거의 없다.

120명의 노인을 대상으로 개별 심리 인터뷰를 실시한 AC 닐슨의 조사 결과에서도 볼 수 있듯이 노인들은 사회적으로 비쳐지는 이미지에 대해 민감하게 반응한다. 그들이 원하는 것은 노인들의 세계와 직접 관련 있고, 노인들을 진지하게 다루면서도 재미있으며, 많은 정보가 많이 담겨 있는 동시에 믿을 수 있는 광고이다.

니베아로 유명한 바이어스도르프 사는 수잔네 쇤보른을 모델로 결정하기 전에 다른 내용으로 소비자들을 미리 시험해보았다. 나이가 든 여자 두 명이 카페에 앉아 수다를 떠는 내용으로 광고를 만들어본 것이다. 그런데 소비자들은 광고의 여자들이 너무 수동적이라는 이유로 이 광고를 좋아하지 않았다. 카페에 앉아 수다를 떠는 건 매우 늙은 '노인네'들이나 하는 일이라고 생각하는 것 같았다. 시험 대상 소비자들은 활동성을 중요하게 생각한 것이다.

바이어스도르프 사는 당시만 해도 다른 기업들이 감히 하지 못했던 과감한 일을 감행했다. 50세에서 60세 사이의 나이든 여성들을 대상으로 아름다움과 노화에 대한 의견을 설문 조사했던 것이다. 결국 광고가 성공을 거둠으로써 바이어스도르프 사의 결단이 옳았음이 입증되었다. 그후 이 기업은 화장품 부문에서 세계 5위 안에 드는 브랜드가 되었다.

2 두 번째 법칙-도깨비감투를 벗겨라

두 번째 규칙은 첫 번째 규칙과 직접 관련되어 있다. 노년층의 숫자는 계속 늘어나고 있지만 이들은 여전히 사회로부터 의붓자식 취급을 당하면서 마치 사회에 없는 존재처럼 살아가고 있다. 광고 대행사인 그레이 사가 노년층을 일컬어 '보이지 않는 세대'라고 부르는 것도 다 그런 이유에서이다. 50세 이후 세대는 마치 존재하지 않는 것처럼 생각된다.

마케팅 기업들은 50세 이후 세대에 관심을 보인다: 노년층에 대한 호칭

바쁘고 건강한 노년층	욜리족(젊음과 여가를 즐기며 사는 노년층, Yollies-young old leisure living people))
50세 이후 세대	그럼피족(성숙한 노년층, grumpies-grown up mature people)
지배적 소비자	그램피족(퇴직하여 돈이 많고 적극적이며 여유 있게 사는 노년층, grampies-growing retired active moneyed people in an excellent state)
성숙한 소비자	회색 세대(graying world)
노년층 소비자	실버 시장(silver market)
노년층 시민 셀피족(제2 인생 세대, selpies-second life people)	회색 시장(gray market) 황금 시장(golden market)
우피족(부유한 노년층, woopies-well-off older people)	우후족(100세 이하 노년층, uhus-under hundred years)
월리족(높은 수입과 여가를 즐기는 노년층, wollies-well income old leisure people)	신 노년층 상속 세대[8]
젊은 노년층	활동적 노년층

8) 오늘날에는 점점 더 많은 재산을 물려받는 세대가 중년층이라는 사실에서 붙여진 이름. (옮긴이)

이런 상황을 배경으로 하여 두 번째 규칙은 노년층으로부터 도깨비감투를 벗겨주자는 것이다. 노년층을 그저 특별한 호칭을 붙여 거론함으로써 그들의 존재를 인정하는 것이 아니라 노년층에 대한 호칭은 이미 수없이 많다 -그들의 욕구와 희망 사항에 귀를 기울여야만 한다.

위의 호칭 중에는 영어식 호칭이 대부분이다. 다른 나라에서 노년층을 이미 오래 전부터 목표 고객 대상으로 바라보고 있다는 증거이다. 미국에서는 벌써 오래 전부터 황금 시장이 거론되고 있다.

설문 조사에서 나타나듯이 노년층은 광고에서 젊은이들뿐만이 아니라 자신과 같은 노년층의 모습을 보고 싶어 하며, 자신들의 현실 그대로의 모습을 보고 싶어 한다. 힘이 넘쳐나는 젊은이의 모습만 보는 것도 원치 않으며, 괴짜 같은 사회적 이방인으로서의 노년층의 모습을 보는 것도 원하지 않는다.

사람은 자신에게 말을 건다고 생각해야만 반응을 보이는 법이다. 자기 자신이나 자신이 속한 부류가 확인되어야 반응을 하는 것도 마찬가지이다. 아이 카메라(eye camera)를 이용한 연구를 통해 사람 혹은 머리나 눈, 손, 얼굴 등 신체의 일부가 다른 이미지나 텍스트에 비해 월등히 높은 관심을 불러일으킨다는 것이 증명되었다.

화장품 기업인 레블론 사는 유행이 나이와는 상관없다는 사실을 보여주었다. 레블론 사는 이미 1973년에 50대 중반의 로렌 허턴을 모델로 삼았으며, 그로부터 20년 후에는 피부 보호 제품 '리설츠'(Results) 시리즈 제품의 모델로 그녀를 다시 한 번 기용했다. 레블론 사는 그녀를 모델로 기용

한 것이 사람들이 그녀의 나이든 모습에서 훌륭한 모범을 찾기 때문이라고
했다.

독일에서 노화방지만을 겨냥한 것이 아닌 제품의 모델로 과감하게 노년
층을 기용한 최초의 기업 중 하나이다. 활짝 웃는 모습의 50대 모델이 등장
하여 나이든 피부 관리를 위해 니베아 바이탈을 써보라고 권하는 광고였다.

사람들은 자신의 모습을 한 모델을 원한다. 그럼으로써 자신과 모델을
동일시할 수 있다고 바이어스도르프 사의 마케팅 부장은 설명한다. "장미
가 대단히 호소력을 발휘하는데, 그것은 나이든 사람들이 장미를 존경, 숭
배, 여왕과 같은 개념들과 연관시키기 때문"이라고 그는 말한다.

바이어스도르프 사의 니베아 바이탈의 뒤를 이은 것이 슈바르츠코프 사
의 클리스 쿠어이다. 슈바르츠코프사는 "까다로운 머리카락"을 위해 처음으
로 총체적인 머리카락 보호 제품 시리즈를 개발했다. 제품 설명서와 광고의
제일 앞면에는 희끗희끗한 머리의 나이 들고 잘 생긴 모델이 등장한다.

하지만 광고는 여전히 젊은 얼굴을 원한다. 유명 모델이나 인사들도 40
세 문턱만 넘었다 하면 인정사정없이 퇴출당하는데, 특히 여성들이 그렇
다. 한편, 남성은 "황혼기의 마력"을 먹고 산다. 나이가 들면서 매력이 더욱
강해진 한 유명 남성 배우를 표지 모델로 쓴 〈보그〉지의 1996년 기사 제목
이 바로 "황혼기의 마력"이었다. 반면에 이사벨라 로셀리니 같은 미인조차
도 나이 때문에 퇴출당하는 데서 벗어날 수 없었다. 화장품 대기업 랑콤은
너무 늙었다는 이유로 1998년 초 그녀와 결별했다. 아름다움은 여전히 젊
음과 연결되어 있는 것이다.

로저 빌렘센은 자신의 토크쇼 〈빌렘센의 한주〉에서 이 주제를 다룬 적이 있다. 그런데 이사벨라 로셀리니는 그 사이 지금까지 젊음의 상징으로 여겨져 온 스웨덴 의류 대기업인 H&M(Hennes&Mauritz)의 광고에 등장하고 있다. H&M 사는 이사벨라를 노년층으로 보지 않은 것이다. 이사벨리 로셀리니의 광고가 좋은 효과를 내는 것을 보면 소비자들 역시 그렇게 생각하는 듯하다. 광고의 목적은 딸을 따라 옷을 사러 가는 어머니들이 H&M에서도 자신에게 어울리는 옷들이 있다는 것을 확신시키고자 하는 것이다. "우리 기업은 고객에 맞추어 나이를 먹습니다. 기업이 진출한 지 51년이 되는 스칸디나비아 반도의 나라에서는 이런 사실이 이미 오래 전부터 잘 알려져 있습니다. 반면에 독일에서는 이런 점을 좀더 널리 알려야만 합니다. 우리 기업은 가족 모두가 입을 수 있는 의류를 만들고 있기 때문입니다. 우리는 의상 감각이나 유행 감각이 뛰어난 여성들을 대상으로 옷들을 만들며, 60세가 넘은 여성일 수도 있죠." H&M 대변인 카롤린 슈미트의 말이다.

H&M 역시 로렌 허턴을 모델로 기용했는데, 벌써 세 차례에 이른다. "로렌 허턴을 모델로 쓰고 난 후 캠페인을 벌일 때만큼 광고 현수막 수요가 늘었다. 그녀의 광고 효과는 확실하다. 그렇지 않았다면 우리가 두 번, 세 번 그녀를 기용했을 리 없다"고 카롤린 슈미트는 말한다.

스타킹 제조 회사인 파터 사도 엘베오 컴포트라는 상품 광고에 나이 든 모델을 기용했다. 스타킹 구매자의 74%가 45세 이상이기 때문에 대상 고객층을 이 연령층으로 맞추는 것은 당연한 일이다. 엘베오 컴포트는 무엇보다 나이든 여성들을 겨냥했다.

또 영국의 디자인 여왕인 비비안 웨스트우드는 1997년 9월 12일의 〈차이트마거진〉에서 잘 생긴 베루쉬카라는 중년 모델의 멋진 포즈를 이용해 최신 컬렉션을 선보였다.

그러나 언론 매체에서는 예나 지금이나 노년층이 배척당해 왔으며, 특히 광고에서는 더욱 그러하다. 광고주들은 노년층 모델을 기용하려 하지 않는다. 노인들을 모델로 쓰면 자기 회사의 상표가 시대에 뒤떨어지거나 지금까지 쌓아온 젊은 이미지를 잃어버릴까 두려워하기 때문이다. 그래서 주로 젊은 사람을 등장시키거나 아니면 모델을 쓰지 않고 순수하게 상품 설명만 내세워 광고를 만든다.

고객의 대다수가 35세 이하이기 때문에 지금까지 젊음의 상징으로 여겨져온 기업들이 많이 있다. 그중 하나가 맥도날드 사인데, 기업 광고에서뿐만 아니라 상품 개발에서도 서서히 노년층으로 방향을 전환한 전형적인 사례로 손꼽히는 기업 중 하나다. 맥도날드의 경우 35세 전후로 벌써 노년층이 시작된다. 미국 맥도날드의 '골든타임' 광고에는 나이든 부부가 함께 식사하는 모습이 보인다. 또 노년층의 입맛을 위해 얼마 전부터는 '디종 겨자' 같은 특별한 향신료를 첨가한 디럭스버거를 선보였으며, 이후 디럭스버거 시리즈가 나왔다.

황금 연령층은 적극적이다

우리는 고정관념으로 노년층을 바라보는데, 이 점은 광고에도 그대로 반영되어 나타난다. 젊은 시절 열심히 일해 얻은 월계관을 쓰고 편히 쉬는 모습을 노년층의 전형적인 모습으로 여기는 것이다. 특히 은행과 보험사들은 광고에 이런 모티브를 즐겨 활용했다. 흔들의자에 앉아 노동의 단 열매를 즐기고 있는 노인들의 모습, 특히 남성들의 모습들이 주로 등장한다. 이제 일하는 것은 그들이 아니라 그들의 돈이다. 하지만 언제부터인가 노년층의 수동적 이미지가 서서히 빛을 바래더니 갑자기 정반대의 모습으로 바뀌었다. 노인들이 낙하산에서 뛰어내리고 행글라이더를 타고 날아다니는 등 위험한 활동을 즐기는 모습들을 볼 수 있다. 마치 모험을 감행함으로써 그토록 그리던 자유를 쟁취할 수 있기를 바라는 듯하다.

스포츠용품 제조사인 나이키는 나이와 활동성이 서로 연관이 없다는 사실을 이미 인식하고, 마라톤 대회에 출전한 한 노인을 현수막에 커다랗게 그려놓고 그의 이름을 따 "블룸헨의 정력"이라는 모토를 내걸었다.

물론 노인들은 하루 종일 흔들의자에 앉아 건강 식품이나 먹고 있지는 않는다. 때문에 그들은 수동적인 노인들이 광고에 등장하는 걸 원치 않는다. 하지만 지나치게 정력적인 노인의 이미지 역시 달갑게 여기지 않는다. 광고의 본연의 임무란 당연히 본질을 응축시키고 과장을 섞어 뜻을 분명하게 전달하는 기능을 발휘하는 것이다. 하지만 도가 지나친 광고들이 있다. 그러한 광고들은 제 역할을 제대로 하지 못한다. 광고에 등장하는, 과도하게 힘이 넘치는 모습들은 거부감을 불러일으킨다. 한편으론 현실과 다르기 때문이며, 다른 한편으론 보는 사람으로 하여금 그런 모습에 미치지 못하는 자신에 대해 불안감을 갖게 만들기 때문이다.

예를 들면, 미국에서는 노인의 이미지가 눈에 띄게 다양한 모습을 하고 있다. 그건 아마도 미국의 사회적 상황과 관련이 있을 것이다. 미국의 노인들은 변화무쌍한 삶을 살아 왔고, 또 지금도 그렇다. 처음 시작한 직업을 버리고 전혀 다른 직업으로 전환할 수 있다. 또 노인 복지 제도가 충분하지 못하기 때문에 퇴직 후에도 일을 하는 노인들을 종종 볼 수 있다. 노인들도 직업을 갖고 사회적 기능을 발휘하고 있는 것이다.

📖 노인들은 자신을 실제보다 젊다고 생각한다

노인들은 같은 연령층이 등장하는 광고를 원한다. 그렇다면 60대 노인들은 60대 노인이 등장하는 광고를 원한다는 것일까? 그건 아니다. 생물학적 나이보다는 주관적으로 느끼는 나이를 말하는 것이다. 황금 연령층은 겉으로 보이는 모습대로 만족하고 싶어 하지 않는다. 게다가 누구든지 자신이 느끼는 대로 나이를 먹는 법이다.

연구 결과를 보면 대부분의 노인들은 실제 나이보다 젊다고 느낀다. 그것도 평균 13세에서 15세 정도 젊다고 생각한다.

따라서 황금 연령층이 광고에서 자신의 모습을 보고 싶다고 할 때 실제 나이는 중요하지 않다. 그들이 느끼는 나이가 중요하다. 황금 연령층이 느끼는 나이는 실제 나이보다 훨씬 젊기 때문에, 60대를 목표로 한다면 45세 연령층의 모델을 등장시켜야 한다.

🍂 여자가 오래 산다

한편으로는 전쟁에 따른 결과로, 또 다른 한편으로는 여자의 평균 수명이 긴 이유로 노년층의 남녀 비율은 여성이 압도적으로 우세하다. 60세 이상의 노인들 중 여성의 비율은 63%에 달한다. 따라서 노인들이 요청하는 대로 노인들의 현실을 반영하려면 광고에는 주로 할머니들이 등장해야 한다. 그러나 현실은 전혀 다르다. 노인이 등장하는 경우 화장품이나 피부 관리 제품 등 소수의 여성 전용 제품을 제외하면 주로 남성들이 등장한다. 성숙한 피부를 위한 니베아 비탈 광고에 50세의 모델이 등장하며, 여배우 한네로레 엘스테트는 마버트 사의 피부 보호제 셀 액티베이션 시리즈의 홍보에 등장한다. 그녀는 광고를 통해 나이 들어서도 여전히 매력을 잃지 않은 여성을 대표하고 있다.

한편 이런 현상과는 아주 다른 예가 있다. 그 사이 환갑의 나이가 되어 눈가에 주름이 가득하지만 아직도 매력을 발산하는 여배우 센타 베르거는 페어아인스 방크 은행 광고를 통해 유로화를 홍보했고 좋은 호응을 얻었다. 나이 든 그녀는 경험을 상징하며, 50세 이상의 독일 노년층들로부터 큰 사랑을 받고 있다. 금융 투자란 현재의 노년층에서는 여전히 남성들만의 일로 생각되고 있다. 그렇기 때문에 여성이 금융 투자를 홍보하는 일은 더욱 놀라운 일로 받아들여진다.

그렇다고 해서 노년층을 향한 광고에 모두 노인을 모델로 써야 한다는 말은 아니다. 광고 대행사 슈프링거&야코비사의 연구 조사에서 바로 이런 결론이 나왔다. '제3의 사회 구성원 3분의 1'에 관한 조사에서 6000개의 설문지를 보내고, 그중 25%에 해당하는 답변을 받았는데, 이로부터 4가지 유형을 나눌 수 있었다. 가족형, 전통형, 의식형, 이기주의형이 바로 그 네 유형이었다. 그러나 보다 흥미로웠던 것은 이 네 가지 심리 유형이 결코 젊은이들의 유형과 크게 다르지 않았다는 점이다. 설문 조사 결과를 보면,

- ➡ 노인들은 무엇보다 존중받기를 원하며,
- ➡ 육체적으로 더 이상 따라갈 수 없다는 두려움을 갖고 있고,
- ➡ 행복을 추구한다.

이 결과에서 보면 노년층이 지향하는 기본 가치들은 젊은이들의 가치들과 다르지 않았다. 그래서 스프링거&야코비 사는 노년층만을 위한 접근 방식이 필요하지 않다고 주장한다. 노인들은 자신들을 분리시켜 취급하거나 편협하게 표현하는 것에 예민하게 반응하며, 오히려 노인들이 사회의 일원으로 편입되고자 한다는 것이다. 예를 들어 '행복한 할머니'와 같은 상투적인 이미지의 광고를 결코 좋아하지 않는다.

3 세 번째 법칙–세대의 벽을 허물어라

노인들은 적극적이고 활동적이다. 때문에 광고에서도 그런 노인을 보습을 보고 싶어 한다. 즉 활동적인 노인이나 다른 세대와 함께 있는 노인들을 보고 싶어 한다. 노인을 등장시키면 상표의 젊은 이미지가 훼손될까봐 두려워하는 기업들에게는 이러한 사실이 도움이 될 것이다.

그저 다른 세대와 함께 어울리는 노인들을 등장시키면 된다. 즉, 모든 세대가 함께 어우러진 광고를 보여줘야 한다. 이렇게 함으로써 노인들을 사회의 한 귀퉁이로 몰아내지도 않고 동시에 상품의 영역도 제한시키지 않을 수 있다. 노인들은 아웃사이더가 아닌 사회의 적극적인 일부가 되고 싶어 하기 때문이다.

대표적인 사례로 로덴스톡 사의 안경 광고를 들 수 있다. 이 광고에서는 시력의 문제가 나이와 상관이 없다는 내용이 나온다. 신문을 읽기 위해 안경을 쓰는 노인과 한 꼬마가 등장하는데, 꼬마는 안경을 쓰지 않고 있지만 안경 쓴 할아버지가 신기한지 손가락으로 안경 모양을 만들어 본다. 그 모습을 비추는 카메라는 자연스럽게 한 세대에서 다른 세대로 넘어가고 있는 것이다.

메디아 마르크트 사의 역시 노인과 젊은이를 번갈아 보여주면서 목표 대상 고객에 맞게 광고 내용을 구성했다. 예를 들어, 마트에서 카트를 끌고 가면서 옛 생각에 잠겨 있는 나이 많은 할머니를 보여주는 동시에 배경 음악으로 차라 레안더의 노래를 들려준다. 이렇게 함으로써 메디아 마르크트 사는 모든 세대에게 필요한 다양한 상품들을 내놓고 있다는 것을 알리고자 한 것이다.

스위스 마이크로 콤팩트 사가 선보인 소형 자동차 스마트의 광고에서는 흔히 볼 수 있는 거리의 모습이 보이는데, 이 광고 역시 눈여겨볼 만하다. 텔레비전 광고와 15가지 광고 표지에 자동차를 자세히 보려고 자동차 너머로 몸을 숙인 사람들이 등장한다. 자동차를 도로에 세워놓고 연출한 장면이다. 이 광고의 의도는 자동차의 매력은 연령을 초월한다는 점을 보여주는 것이다.

또 1997년 아미카 잡지에는 여러 면에 걸쳐 세 명의 여배우의 사진을 실었다. 이미 나이가 많이 든 호르스트 부흐홀츠와 오토 샌더스, 그리고 성공 가도를 달리고 있는 여배우 세대인 벤 베커가 모델이었다. 이렇게 다양한 세대가 등장하는 모습은 시티 은행의 텔레비전 광고에서도 볼 수 있다.

봄머룬더 사는 미식가들을 위한 새 제품을 출시한 후 할아버지가 손녀에게 200년이 넘는 봄머룬더 사의 역사를 들려주는 텔레비전 광고를 내보냈다.

신선한 맛을 자랑하는 벨틴스는 지금까지 맥주의 좋은 맛을 앞세우는 광고를 해왔지만, 이제는 노년층과 젊은 세대를 함께 아우르려고 하고 있다. 벨틴 상표가 갖고 있는 편안한 이미지를 넘어 신선한 맥주가 인간의 정신까지도 신선하게 해준다는 점을 전달하려고 한다. 벨틴의 광고에는 대표적 맥주 애호가로 45세 이상의 모델이 등장한다. 젊은이뿐만 아니라 노년층도 등장시키려는 의도인데, 여기서는 매력적인 중년 여성을 모델로 선보이고 있다.

다농 사 또한 텔레비전 광고와 대형 플래카드 광고에 유명 인사의 추천을 적절히 이용해 세대를 아우르는 내용을 선보였다. 다농 과일 요구르트 광고에 등장한 수영 선수 프란치스크 판 알름시크, 가수 네나, 영화배우 귄터 피츠만은 세 세대를 대표함으로써 활력이 나이와는 아무런 관련이 없다는 점을 보여주었다.

동물 사료 또한 세대를 뛰어넘는 마케팅으로 판매를 촉진할 수 있는데, 비타그라프트를 좋은 예로 들 수 있다. 전체 가정의 3분의 1이 동물을 키우고 있어 그 수가 2300만 마리에 달하니 사료 시장은 참으로 거대하다고 볼 수 있다. 소비자들이 동물 사료에 지출하는 돈은 일년에 22억5000만 유로에 이르며, 그중 16억 유로가 완제품 동물 사료의 구매에 쓰인다. 그런데 동물을 키우는 사람들은 젊은 층이나 노년층이나 그 수가 비슷하다. 그래서 광고에는 7살짜리 손녀부터 시작하여 할머니에 이르기까지 모든 세대의 모델이 등장한다.

다른 나라의 경우를 잠깐 살펴보기로 하자. 독일에서는 상상하기 힘든, 세대를 아우르는 광고로 성공한 기업으로 미국의 속옷 제조 업체인 조커 사를 들 수 있다. 조커 사의 광고에는 세대가 다른 세 여성이 등장하는데, 할머니, 엄마, 손녀가 같은 상표의 속옷을 입고 있다. 할머니와 엄마는 흰색, 손녀는 젊은 세대의 유행에 맞게 검은색을 입었지만, 세 사람 모두 나름의 매력을 발산하고 있다.

한때 벨기에서는 자전거 타는 사람들을 위한 캠페인이 벌어졌다. 고속도로 옆에 자전거 타는 사람을 그린 커다란 광고 표지판이 세워졌는데, 자전거 타는 사람들을 조심하여 운전하라는 내용이었다. 세대의 벽을 허문 광고라는 것은 여러 세대가 동시에 한 사진에 등장해야만 하는 것은 아니다. 벨기에의 이 광고에는 여러 세대가 번갈아 가며 등장한다. 땋아 내린 머리를 뒤로 날리며 달리는 소녀가 등장하기도 하고, 백발의 남자가 바람에 넥타이를 휘날리며 달리는 모습이 등장하기도 한다. 이런 식으로 계속 여러 세대의 모습이 이어지며 나타난다.

세대의 넘어선 광고를 통해 누구도 제외시키지 않고 모든 고객 연령층에 다가갈 수 있다. 노인들만 등장하는 것이 아니기 때문에 많은 기업들이 우려하는 것처럼 상표의 젊은 이미지가 훼손될 걱정을 할 필요가 없다. 그레이 사의 이사 베른트 미하엘 씨 역시 나이든 소비자를 위한 특별 캠페인이 필요하지 않다고 주장한다.

그러나 세대의 벽을 넘어선 제품 홍보는 단순히 접근 방식에만 해당되는 것은 아니다. 상품 형태나 상점 구성 또한 모든 세대에게 호감을 주어야 한다. 그 이상의 내용에 대해서는 뒤에서 더 다루도록 하겠다.

또 제품이 중심 역할을 하는 광고에서도 역시 제품의 몇 가지 특성에 초점을 맞춤으로써 대상 고객층에 맞게 구성할 수 있다. 대표적인 예로 사브 자동차 회사 광고나 퓨어스트 비스마르크 샘물 사의 광고를 들 수 있다. 여기서 중요한 것은 장점이 되는 중요한 특성을 강조해야 한다는 점이다.

4 네 번째 법칙-올바른 방식으로 접근하라

고객들로 하여금 자신의 나이를 잊게 할 수 있는 모든 방법을 동원해야 한다. 노인들은 스스로 나이가 들면서 생기는 여러 가지 장애를 잘 알고 있다. 그러나 광고 주체들은 계속 그들의 장애와 부딪쳐야만 한다. 따라서 제품 자체가 노년층 소비자들의 그런 두려움을 부각시켜서는 안 되며 오히려 그에 대한 해결책을 제시해야 한다. 뮌헨의 실버 시장 전문가 베르너 헤르베르트의 말처럼 노인들은 "노인으로 취급하기보다는 특별한 방식의 접근을 필요로 하는 사람들로 보아야 한다."

그런데 이런 점을 정확히 인식하지 못하여 특히 언어 사용에서 많은 잘못을 저지르게 된다. 노인들도 다른 계층과 똑같은 욕구를 느낀다. 여행을 하고 싶어 하고 오락을 즐기며 맛있게 먹고 마시며 취미를 즐기고 싶어 한다. 물론 건강하고 싶은 마음이야 두 말할 나위가 없다. 인생을 즐기자면 무엇보다 건강해야 한다. 건강에 대해 말하자면 젊은 사람들에 비해 노인들에게 문제가 많은 건 사실이다. 하지만 그렇다고 해서 노인들을 대할 때 무조건 노화나 그로 인한 질병과 신체적 나약함, 이를 위한 건강식품 및 약품에 대해서만 이야기할 수는 없다.

1998년 그레이 사 연구에서도 생물학적인 나이보다는 노인들의 정신적 나이에 맞추어 접근하는 편이 옳다는 결과가 나왔다. 사실 정신적인 면에서 상당히 젊게 사는 노인들을 자주 찾아볼 수 있다.

📒 '노인'이라는 표현을 거부한다

목표 대상이 되는 노년층을 직접적으로 '노인'이라 불러야 한다고 생각하는 사람은 잘못된 전략을 갖고 있다. 적어도 독일에서 '노인'이라는 표현은 거부당한다는 연구결과가 나와 있다. 반면, 미국에서는 광고에서 노인이라는 표현이 자주 쓰인다. 그러나 영어권에서는 노인이라는 말이 독일과 다른 의미로 사용되고 있다. 즉, 영어권에서 노인이란 젊은이와 상대되는 말로서 인생의 경험을 표현하는 데 반해 독일에서는 부정적인 의미가 담겨 있다.

광고 문안을 책임지는 사람이라면 꼭 피해야만 할 부정적인 의미의 단어나 개념을 먼저 골라내야 할 것이다. 그중에서도 가장 안 좋은 것은 직접 나이를 연상시키는 표현들이다. 크벨레 보험사는 설문 조사 기관인 엠니트와 함께 2000년 45세 이상 된 사람들이 어떤 호칭을 왜 싫어하는지에 대해 자세한 연구를 시행했다.

또 독일의 대 여행사인 TUI는 고객들을 대상으로 설문 조사를 해본 결과 노인들의 80%가 노년층 전용 숙소를 원치 않는 사실을 알아냈다. 노인들이 원하는 숙소는 조용하고 널찍하며 독일 방송이 나오고 식사가 좋은 곳이었다. 다른 말로 표현하면 편안하면서도 연령층이 적절하게 안배되어야 한다는 말이다.

이런 점에서 성공한 광고 사례는 바로 헬레나 루빈스타인이다. 이 회사의 2면으로 구성된 피부 관리제 포스 시(Force C) 시리즈 광고의 제목은 "지친 피부를 위한 대책!"이었다. 여기서 "지친"이란 표현은 나이든 피부를 말할 수도 있지만 생활에 지친 피부를 의미하기도 한다. 젊은이들도 디스코장에서 밤새 춤을 추고 나면 지치는 법이다. 제목 다음으로 나오는 광고 내용은 "보다 싱싱하게, 보다 윤기 있게, 보다 탄력 있게"였다. 이 표현들은 나이든 여성을 의미하는 것이 분명하게 느껴진다. 또 "지친" 사람도 피로를 풀어주어야 원기를 회복할 수 있다. 따라서 포스 시 제품을 이용하면 문제가 해결될 수 있다는 사실을 암시한다.

글리스 쿠어 광고 역시 나이든 모델을 쓰고 있지만 나이에 대한 언급을 재치 있게 피하면서 "까다로운 머리카락"을 위한 제품이라고 제시했다. 까다롭다거나 민감한 머리카락이라는 표현에 거부감을 갖는 사람이 어디 있겠는가? 이 광고에서는 본문에 들어서야 비로소 나이에 대해 언급하는데, 그것도 젊음과 연관시켜 표현하고 있다. "지금까지 아름다운 머리는 나이의 문제였다. 나이가 들면 정신이나 피부가 성숙해질 뿐만 아니라 머리카락도 성숙해진다." 즉, 나이는 성숙함의 상징이다. 그리고 광고 맨 마지막에 나이를 직접 거론하지만 영어로 표현하고 있다. "재생이 필요한 40세." 즉, "시간이 지나면서 머리카락이 잃어버린 것"을 자사 제품이 원상 복구시켜준다는 것이다. 이 광고가 사용한 주요 개념은 까다로움, 성숙함, 시간이었다. 대상 고객을 신중하게 생각하고 선택한 언어의 좋은 표본이다.

특정한 광고 문구들은 보는 즉시 높은 관심을 불러일으키기도 하지만 반대로 거부감을 자아내기도 한다. 사람의 감정이나 동기를 자극한다는 말이다. 인간의 감정을 연구하는 로버트 플루트칙은 인간의 기본적인 감정 중의 하나를 두려움이라고 보았다. 그리고 진화 과정을 거치면서 그에 대한 적응 방식이 만들어진다고 했다. 즉, 두려움은 도피 행동 양식을 불러일으킨다. 반대로 호기심은 접근 행동 양식을 불러일으킨다. 이러한 기본적인 감정은 유전적이다. 사람들이 수많은 감정적 자극에 대해 거의 무의식적으로 반응하며 그러한 반응들이 상당히 통일적인 것도 바로 이런 이유에서이다. 감정 연구가들은 인생에서 감정과 관련된 결정이 모든 결정의 90% 이상을 차지한다고 평가한다.

노인들은 노년층 카드나 노년층을 위한 메뉴처럼 분명히 자신에게 이득

이 되는 부분에서도 노년층으로 대우받기를 종종 거절한다. 그런데 미국에서는 이러한 현상이 다르게 나타난다. 미국에서는 노년층임을 분명하게 드러내주는 셔츠를 즐겨 입기도 한다. 이런 셔츠에는 가슴에 "노년층 시민"이라는 문구가 적혀있기도 하다. 미국 노인들은 자신의 나이를 거침없이 드러낸다는 이야기다. 또 식당에서는 사람들이 밀려드는 분주한 식사 시간을 피해 식당을 찾는 노년층에게 얼리 버드(early bird)라는 할인 서비스도 제공하며, 백화점에서는 특정한 날을 정해 할인 가격으로 물건을 팔기도 한다.

사브 자동차 광고 역시 목표 고객에 알맞은 접근 방식을 쓴 좋은 본보기이다. 이 광고는 노인들이 아주 중요하게 생각하는 '안전'이라는 개념을 강조하여 성공을 거두었다. 광고 문안은 완벽한 제어, 즉 안전을 약속한다. 종종 노인들은 젊은 층에 비해 불안을 많이 느낀다. 이것은 신체적 능력이 퇴보하기 때문이기도 하며, 오랜 세월의 경험을 바탕으로 어떤 일이 발생할지 미리 예견할 수 있는 경우가 종종 있기 때문이기도 하다. 그래서 노년층은 맹목적으로 믿지 않으며 미리 확인함으로써 안전성을 추구한다. 사브 자동차는 바로 그런 '안전'을 약속한다. 또 안정성과 더불어 인체 공학적으로 설계된 좌석을 통해 건강과 편안한 승차감을 약속한다. 노년층의 핵심 개념인 안전과 편안함, 건강을 재치 있게 조화시킨 것이다.

사브 만큼이나 민감한 고객 접근 방식을 통해 성공한 또 다른 예로 잡지 〈편안한 집〉1997년 8월호의 부록 〈활기찬 삶〉을 들 수 있다. 공무원 주택 조합과 드레스드너 은행, 주방자재 산업 연합, 독일 전화국의 지원을 받아 제작된 이 부록은 언어뿐만 아니라 그림에서도 적절한 방식으로 목표 고객에게 접근하고 있다. 노년층에 적합한, 그러나 결코 구태의연하지 않은 주거 형태에 대한 실용적인 정보를 담고 있는 동시에 한눈에 보아도 노년층을 위한 것임을 보여준다. 부록에 나온 그림들은 서로 잘 조화를 이루고 있으며, 안락한 모습의 집들은 결코 노년층 주거공간으로 보이지 않는다. 또 노년층에 알맞은, 활동의 장애를 주지 않는 주거 환경을 갖추고 있다. 부록 본문에는 혼자 살거나 혹은 부부가 함께 사는 노년층들이 필요로 하는 것들을 가족 구성이나 취미, 주거 형태와 관련하여 다양하게 설명하면서 해당 주거 시설의 장점을 알려준다. 소박한 형태에서 시작하여 초소형에 이르기까지 화장실부터 침실에 이르는 모든 공간을 다양한 디자인으로 차례차례 선보이고 있다.

퓨어스트 비스마르크 크벨레 사 역시 목표 고객에게 알맞은 방식으로 접근하려는 기업의 대표적인 예에 속한다. 1997년에 소비된 총 3억 4000만 병의 무탄산 식수 중 80%가 노년층에게 팔렸다. 광고의 내용은 매우 단순하며 분명했다. "거품이 없는"이라거나 "중성수" 혹은 "가벼운 탄산수" 등과 같은 복잡한 꾸밈말을 일부러 피하고 "탄산이 적게 들었음"이라는 아주 간단한 문구를 광고 제목으로 삼았다. 이 광고 제목은 고객에게 확신을 주지 못했다. 그러나 프로 골퍼인 스벤 슈트류베르를 인쇄 광고와 현수막 광고에 등장시킴으로써 퓨어스트 비스마르크 사의 식수는 날개 돋친 듯 팔렸다. 골프는 특히 노년층 소비자를 유혹하는 운동이었다.

크벨레 보험사 역시 노년층 고객을 대상으로 활동을 벌인 기업이다. 고객의 60% 이상이 50세가 넘은 사람들로, 노년층은 이 보험사의 주요 고객층이다. 바로 이 노년층을 대상으로 한 100여 쪽에 달하는 안내서 〈보장된 노년〉에는 제3의 인생 시기를 위한 정보들, 즉 연금이나 노년 대비책, 노년의 보장과 주택 등에 관한 정보가 담겨 있으며, 그와 관련된 주소록도 실려 있다.

5 다섯 번째 법칙-노인들은 전문가임을 잊지 마라

노인들은 젊은 사람들이 비해 경험이 풍부하다. 광고나 제품과 관련해서 뿐만 아니라 인생의 모든 분야에서 풍부한 경험을 자랑한다. 이 중에는 일반 지식, 경험 지식, 어휘력, 언어 이해력 등 결정 지능과 연관된 능력이 포함된다.

따라서 그들의 경험과 연결시켜 노년층에 접근해야 한다. 젊은 세대와 노인들의 모습을 함께 보여주며 노인들에게는 그들이 특히 좋아하는 자문 역할을 배당하도록 한다.

전문가는 긍정적 이미지를 자아낸다. 따라서 젊은 세대에게 그들의 인생 경험을 전달하는 노인들의 모습을 보여주어야 한다. 그러나 자문 역할은 분명하게 표현되어야 한다. 따라서 사진이나 화면에 노년층만이 아닌 젊은 세대를 함께 등장시키는 것이 중요하다. 가장 좋은 방법은 여러 세대를 동시에 보여주는 것이다. 또 한 가지 중요한 것은 어린이가 아닌 노인이 주인공 역할을 맡아야 하는 점이다. 나이는 인생의 경험을 의미한다. 따라서 노년층을 제품 전문가로 등장시킬 수 있다.

독일 백과사전 브록하우스는 경험을 암시하는 매개체로 독특한 얼굴 표정을 지닌 독일 정치가 하이너 가이슬러를 기용했다. 옆모습이 담긴 흑백 사진을 보여주었는데, 그의 백발은 경험을 상징했다. "지식은 힘이요 무지는 무기력이다"가 광고의 제목이었다. 이 광고는 1997년 13번째 페가수스 광고 대상에서 은상을 받았다.

모든 인간은 나이가 들며 경험을 쌓는다. 하지만 이러한 경험들이 전달되는 경우는 매우 드물다. 그럼에도 불구하고 인류는 경험을 바탕으로 상당한 진보를 이루었다. 애플 사는 바로 이 점에 착안하여 광고를 만들었다. 피카소, 간디, 히치콕, 아인슈타인, 무용가 마르타 그래햄 등 유명 인사들로 광고를 장식한 것이다. 사진은 모두 흑백으로 처리했으며 "다르게 생각하라!"는 문구를 사용했다. 이들은 대부분 젊은 나이에 유명해졌지만 애플 사는 의도적으로 나이 든 사진을 사용했다. 그들의 모습은 경험과 창의력의 종합을 상징했다.

뮌헨에서 자신의 이름으로 광고 대행사를 운영하는 베르너 헤르베르트는 "고객의 능력과 자기가치에 대한 긍정적인 생각을 키워주는 실버 마케팅만이 성공할 수 있다"고 말한다.

📒 정보에 대한 욕구가 강하다

노년층은 자세한 정보를 원한다. 구매하려는 제품에 대해 좀더 자세하게 알고 싶어 하는 것이다. 이는 살아오면서 여러 가지 안 좋은 경험을 했기 때문이기도 하다. 종종 퇴직한 남성들이 쇼핑의 주도권을 장악하는 경우를 볼 수 있다. 지금까지 여성이 전적으로 담당해온 상품 구매를 이제 남편들이 떠맡는 것이다.

이러한 현실에도 불구하고 상품 광고는 퇴직한 남성들을 직접 목표로 삼지 않고 있다. 퇴직한 남성들은 상품에 대해 아는 바가 적기 때문에 불안하면서도 개방적이며, 이들은 진정으로 도움을 필요로 한다. 적어도 일상생활에 필요한 소비재의 경우는 더욱 그렇다.

내구재의 경우 보통 아내와 남편이 공동으로 구매 결정을 내린다. 하지만 이 경우도 상세한 정보를 근거로 삼는다. 퇴직 전에는 회사의 동료들을 주요 정보원으로 생각했다면 퇴직 후에는 가족들이 그 자리를 대신한다. 또 제품 안내 카탈로그나 인쇄물 등 문자 정보가 큰 역할을 담당하게 된다.

그레이 사 대표 베른트 M. 미하엘 씨는 노년층 소비자들이 객관적 정보를 더 원하고 있다는 이전의 다른 연구에서 나온 결과를 인정했다. 노인들은 상품의 품질과 특성에 대해 알고 싶어 하며, 확실한 정보를 원한다. 노년층은 생활방식이나 유행에 따른 유혹적인 치장보다는 탄탄한 정보에 더욱 빠져든다. 아마도 노년층이 텔레비전 광고보다 인쇄물 광고를 더 선호하는 이유도 그 때문일 것이다. 카탈로그엔 제품이나 기업에 관한 정보가 더 많이 담겨 있기 마련이며, 노년층은 그런 기회를 충분히 이용한다.

📎 수준 높은 소비자이다

많은 경험을 통해 상품을 비교할 수 있는 소비자라면 당연히 요구 사항의 수준도 높을 수밖에 없다. 따라서 노년층은 젊은이들보다 수준이 높다고 할 수 있다. 노년층은 자신이 원하는 것을 정확히 알고 있으며, 품질을 중요하게 생각하고 과감하게 자신의 요구 사항을 제시한다.

노년층 소비자들이 얼마나 중요한 고객인지를 깨달은 선두 기업 중의 하나가 바로 히포 은행이다. 히포 은행은 노년층의 중요성을 인식하고 이를 노련한 감각을 이용해 알맞은 정책으로 실현했다. 1996년부터 매해 가을 50세 이상의 노년층을 대상으로 열고 있는 '자기 능력 관리를 위한 회의'가 바로 그것이다. 이 회의에서는 가족에서 시작하여 건강, 운동, 주거, 휴가, 운전, 자산 등 다양한 생활 영역을 망라하여 다룬다. 약 1500명에 이르는 설문 조사에 응한 참여자 중 97%가 회의에 대해 만족하고 있으며 다음 해에도 참여하겠다는 반응을 나타냈다. 히포 은행 이사인 마틴 쾰쉬 씨는 "그 어떤 연령층도 노년층만큼 다양한 개인들로 구성되어 있지 않다. 다시 말해, 서로 다른 행동 양식과 인생 경험, 능력을 나타내는 고객층이 바로 노년층이다"라고 말한다.

이 회의 책임자인 헬무트 빌헬름 씨는 이 회의가 갖고 있는 사회적 역할에 대해 이야기한다. 50세 이상의 연령층이 성공적인 황혼기를 준비하는 것을 어떻게 도와야 할 것인지에 대해 이야기하는 것이다. 그는 다음과 같은 말을 덧붙였다. "자산 관리 정책을 중심으로 한 모임을 열 수도 있었겠지만, 사실 그것 말고도 중요한 것이 더 많이 있습니다." 그래서 나름대로의 고유한 기획으로 회의를 준비한 바, 정보 증시나 토론회도 함께 구성했던 것이다.

히포 은행의 이런 노력은 회의 참석자뿐만 아니라 은행 고객이 아닌 사람들로부터도 매우 좋은 평가를 받았다.

6 여섯 번째 법칙—목표 고객의 입장을 생각하라!

모든 세대는 각기 다르다. 각 세대마다 자기만의 역사와 경험이 있기 마련이다. 현재 60세 이상의 세대는 전쟁과 전후의 궁핍한 시절을 경험했다. 따라서 근면, 책임, 노동 의식을 최고의 덕목으로 삼고 살아왔다. 반면, 60대를 향하고 있는 세대는 그들과 전혀 다른 경험을 거치면서 다른 가치관을 갖고 있으며, 전후 세대는 그 두 세대의 중간 정도에 위치한다. 이들은 과도기 세대이다. 따라서 오늘의 노년층에게 해당되는 사항이 다음 세대의 노년층에서는 전혀 달라질 수 있다.

고객이 원하는 것이 무엇인지 알기 위해서는 먼저 그들의 삶을 알아야 한다. 즉, 그들의 인생관과 가치관, 경험, 욕구를 이해해야 한다. 나이란 사람이 살아오면서 쌓아온 경험의 총체이다.

오늘날의 젊은 노년층에게 영향을 준 사건들

1939~1945년	일제 시대와 태평양 전쟁
1950년	한국 전쟁
1961년	4 · 19 혁명, 5 · 16 군사 쿠데타
1939~1945년	2차 세계 대전
1948년	화폐 개혁
1961년	베를린 장벽 건설
1968년	68 학생 운동

심리학을 공부한 사람이라면 개인에게 아동기와 청소년기의 경험이 특별히 각인된다는 점을 잘 알 것이다. 따라서 현재 60~70세 세대는 전쟁과

그로 인한 가난하고 혼란한 시절, 전후의 근면 정신과 느린 경제 성장의 경험이 주로 지배했다. 그리고 이러한 경험과 연관되어 노동의식이나 책임감 등의 가치관을 갖게 되었다.

따라서 이들 노년층의 가치관에서 상위에 자리 잡은 개념들은 안전에 대한 욕구와 관련된 것들이다. 1992년과 1994년에 나온 알렌스바흐 시장 및 광고 매체 분석과 부르다 사가 1987년에 행한 〈인생의 절정〉이라는 시장 조사에서는 다음과 같은 가치 선호도가 나왔다.

- ➡ 법과 질서
- ➡ 신용
- ➡ 안정
- ➡ 청결
- ➡ 가족 의식

노년층(1920~1940)	과도기 세대(1941~1959)	현재 세대(1960년 이후 출생)
노동 의식	노동과 가족이 중추	여가 지향
대가족	소가족	자아실현
전쟁 경험	지속적 가치 형성	풍요로운 생활 경험
절약	생활 수준의 확보	채무 의식과 향유
미래 지향적		현재 지향적
관습	관습	개인주의
집단적인 삶	소집단	개인 지향적
교육은 특권	기본 교육	교육은 의무
구멍가게		거대한 슈퍼마켓

도처에 궁핍이 지배하는 시기를 겪고 지하실이나 폐허에 묻혀 살면서 매일 죽음을 목격한 사람들은 안전과 청결을 중요하게 생각할 수밖에 없다. 또 이런 시기에는 종종 가족끼리 뭉쳐야만 살아남을 수 있었기 때문에 가족은 안전을 보장하는 매우 중요한 개념이었다.

📄 독일 사회의 가치 변화

구매 양식도 매우 달라졌다. 전쟁 세대는 아직도 구멍가게에서 물건을 사는 일에 익숙하다. 상품들이 손쉽게 찾을 수 있도록 진열되어 있고 가게 주인도 친절하고 가깝게 느낀다. 구멍가게는 단지 물건을 사는 곳이 아니라 사회적 관계가 이루어지는 장소였다. 노인들에게는 상품 구매가 사회적 관계를 형성함으로써 사회에 참여하는 기회이다. 노인들이 사람들로 붐비는 복잡한 시간에 물건을 사러 가기를 좋아하는 현상을 다른 이유로는 설명할 수 없을 것이다. 노인들은 사람들이 가장 많이 기다리고 있는 계산대를 골라서 줄을 선다는 결과가 연구를 통해 밝혀졌다. 그렇게 함으로써 더 오래 가게에 서 있을 수 있는 것이다.

물질적 풍요가 결코 중요하지 않은 것은 아님에도 가치 선호도의 맨 윗자리를 차지하지는 않는 사실은 참으로 놀랍다. 물질적 풍요는 위에서 언급한 가치들과 가족 소속감 다음으로 중요하게 여겨진다. 또 자립이나 자아실현, 향유와 같은 가치들은 아무 미미하게 여겨진다. 그러나 어떤 세대도 타인의 생활양식과 별개로 살지는 않는다. 즉, 젊은 노년층의 가치관은 노년층에게 전달된다. 독립이라고까지는 할 수 없어도 자립적인 삶이나 향유하는 삶은 만족스러운 삶의 중요한 기준이 되었다.

알 은행 또한 오늘날의 50세 이후 노년 세대에게 안정이 얼마나 중요한지를 인식한 기업이다. 알 은행은 노년층을 대상으로 집중적인 마케팅을 펼쳤고 슈피겔 출판사에서 발행한 연구서 『자산과 부채 4』에 나온 심리 유형 체계를 이용했다. 여기에 나온 여섯 유형 중 하나가 전통형인데, 50세에서 64세 사이 노인들의 26%가, 65세 이상 노인들 중 49%가 이 유형에 속한다. 이는 650만에 달하는 잠재 고객에 해당하는 비율이다. 이들의 인생 목표는 원활한 인간관계, 안정, 지속적인 가치 달성, 생활수준 형성이다. 그리고 자산 관리는 검증된 투자 대상을 선호한다. 일대일 상담을 중요하게 생각하며 온라인 은행 서비스는 신뢰하지 않는다.

한편, 젊은 노년층이 수익률이 높고 탄력적인 투자 대상에 관심이 높으며 유산에 관한 정보를 많이 원하는 반면에 나이든 노년층은 무엇보다 은행이 가까운 곳에 있을 것과 원활하게 대화할 수 있기를 바란다.

그래서 개발할 것이 55플러스 상품인데, 저축계좌 55플러스와 이체계좌 55플러스라는 매우 좋은 조건으로 구성된 상품이다. 저축계좌 55플러스를 통해 매우 빠른 속도로 많은 자금이 유입되어, 1991년에는 2억200만 마르크에 불과했던 것이 1996년에는 12억 마르크에 이르렀다. 비록 아주 소수의 사람들만이 실제로 이용하는 장점이긴 하지만, 언제라도 돈을 찾을 수 있다는 특성이 저축계좌 55플러스 고객들에게 중요한 조건으로 작용했다. 그밖에도 알 은행은 보험 회사나 주택은행과 같은 유사한 다른 금융 기업들과 연계된 서비스를 제공한다.

금융 상품에 관한 관심과 확실한 자산 관리에 쏟는 고객들의 관심이 얼마나 큰지는 1996년 여름 폴크스 은행과 라이프아이젠 은행에서 실시한 약 8000 항목에 달하는 설문 조사에서도 나타났다. 45세 이상 고객 중 20%가 금융 투자 형태에 대한 정보를 원했으며, 그보다 젊은 층은 자산 관리에 대해 훨씬 낮은 관심을 보였다. 그러나 50~60세 사이의 노인들 중 58%가 저축의 목적이 자식들을 위한 대비책이라기보다는 우선적으로 노년에 경제적으로 자립하기 위해서라고 대답했다. 자식들을 위해 저축한다는 사람은 47%에 달했다.

노년층에 접근하기 위해서는 올바른 매체를 이용해야 한다. 텔레비전은 비교적 최근에 등장한 매체로 현재 노년층이 텔레비전을 보며 자란 첫 세대이다. 연구 결과를 보면 노년층이 이용하는 통신 매체는 첫 번째가 신문이나 잡지 같은 인쇄 매체요, 두 번째가 텔레비전이다. 최근에 등장한 통신 매체를 통해서는 노년층은 아무 것도 할 줄 모른다. 노인들 중 3%만이 컴퓨터를 사용하고 있으며, 그중에서 인터넷을 연결하여 사용하는 사람은 극히 소수에 불과하다.

📙 젊은 시절을 떠올리는 이미지를 사용하라

사람들 머리에 가장 깊이 각인된 시기는 어린 시절이다. 가장 잘 기억하는 때도 바로 어린 시절이다. 그렇다면 어린 시절을 활용하고, 향수를 자극하는 이미지들을 사용해야 한다.

예를 들면, '베르테르의 원조' 사탕 광고는 세대 간의 교량을 이용한다.

어린 시절 맛있게 먹던 크림 사탕을 기억하는 할아버지가 손자에게 같은 사탕을 선물하는 광고이다.

또 권투 선수 막스 쉬멜링은 노년 세대에게는 의미 있는 인물이다. 이 권투 선수를 보여줌으로써 노인들을 옛날의 권투시합이 벌어지던 시절로 데려간다. 바로 이를 자사 광고에 이용한 기업이 오펠이다. 쉬멜링은 정정당당함의 대명사이다. 광고 중에 다른 운동 선수들도 볼 수 있다. 세대 간의 교량은 프란츠 베켄바우어와 메메트 숄을 걸쳐 현재 활동하고 있는 프란치스카 판 알름시크에까지 이른다. 모든 운동 선수들은 나름의 가치를 표현한다. 프란치스카 판 알름시크는 지구력을, 프란츠 베켄바우어는 완벽함을, 메메트 숄은 정열을 상징한다. 인쇄물에 들어 있는 이들의 사진은 유명한 사진 작가 페터 린트베르그가 찍은 사진이다. 앞으로도 계속 운동 선수들이 광고에 등장할 것이며, 세대 통합적인 형태의 광고도 등장할 것이다.

인간은 나이가 들면서 굳어진다. 살아가면서 특정한 습관이나 가치관, 선호도를 갖게 되는데, 이런 과정은 40세까지 진행된다. 그러나 40세가 지나면 많은 것이 이미 결정되어 버리며, 나이가 들수록 변화에 대한 거부감이 커진다. 바로 이러한 점을 적극 활용해야 한다. 고객이 전통으로 삼고 있는 것에 호소하고, 고객의 젊은 시절에 중요했던 것들을 연계시켜야 한다.

노인들이 어린시절을 돌아보면서 즐거워한다면 다시 한 번 그 시절로 돌아갈 수 있도록 해주어야 하지 않을까? 장난감 산업은 이미 오래 전부터 노년층을 고객으로 찾아냈다. 장난감 기차나 인형 수집을 유도한 것이다. 물론 수집에 그치지 않고 놀이도 할 수 있다. 놀이는 정신적 건강을 증진시키면서 유연한 정신 활동을 유지시켜주며, 호기심과 긴장을 불러일으킨다. 그뿐만 아니라 놀이를 매개체로 하여 사회적 관계를 유지시켜주기도 한다.

🗂 가족이 중심이다

부모가 되면 자식이나 손자들을 돌보며 살아간다. 장을 보기도 하고 선물도 많이 사준다. 따라서 노년층은 자식들과 연관된 소비 영역에 큰 관심을 갖는다.

그렇다면 유모차나 장난감 생산 업체들이 노년층에 관심을 가져야 하는 것이 당연하지 않을까? 노년층은 이런 제품에 대한 관심뿐만 아니라 구매할 수 있는 돈과 시간도 많이 있다. 손자를 위한 교육 보험이든 장난감이든, 할머니, 할아버지라는 이유만으로도 노년층에게 많은 상품을 판매할 수 있다. 노년층 고객들에게 손자가 몇 명이나 있는지 자료를 살펴보고, 선물용으로 제품을 발송해보는 것도 좋을 것이다.

GfK가 1996년에 조사한 바에 따르면 황금 연령층은 다른 연령층보다 부활절 시기에 더 많은 돈을 지출한다. 50세 이상 노년층은 평균 약 25마르크를 소비한 반면 다른 모든 연령층은 17마르크밖에 소비하지 않았다. 상품 구매의 우선 순위는 자식이었고, 그 다음이 손자, 손녀를 위해서였다.

7 일곱 번째 법칙-건강과 안녕이 최우선

적극적이고 활발한 삶을 살아가기 위해서는 무엇보다 건강해야 한다. 따라서 노년층이 가장 중요하게 생각하는 것은 건강과 안녕을 위한 제품이다.

BBE 컨설팅 사의『기업의 성장 전략』연구서를 보면 노년층의 건강 의식이 남다르다고 나와 있다. 노년층에게는 건강이야말로 삶을 즐기는 데 가장 중요한 요소이기 때문이다. 따라서 의사 처방 없이 살 수 있는 의약품과 건강 강화제들에 대한 수요가 많으며, 식품 선택에서도 건강이 주요 요소로 작용한다. 노년층이 가장 최우선으로 생각하는 것이 '건강하게 오래 사는 것'이며, 그 다음으로는 '능력을 기르자', '질병을 없애자', '삶을 즐기자'의 순으로 중요시 되고 있다.

10가지 건강한 식생활 원칙

1. 과일과 야채를 많이 섭취한다.
2. 영양을 균형 있게 섭취한다.
3. 규칙적으로 식사한다.
4. 지방을 적게 섭취한다.
5. 소금을 적게 섭취한다.
6. 술을 적게 마신다.
7. 단 음식을 적게 먹는다.
8. 저녁은 적게 먹는다.
9. 고가(high quality) 지방을 섭취한다.
10. 가끔씩 다이어트를 한다.

출처: 1996년, BBE 컨설팅 사의 연구『기업의 성장 전략』

전체적으로 보아 노인들은 건강에 좋은 식품을 다양하게 구매할 수 있기를 바랐다. 노년층의,

➡ 46%가 자연 그대로의 식품을 원한다.

➡ 48%가 생산자와 직거래하는 가게에서 구입하고 싶어 한다.

➡ 건강식품이나 칼로리가 적은 식품, 다이어트 식품을 원하는 노인들도 있다.

노년층은 상품의 질을 중요하게 생각하는 비판적인 소비자층이다. 본에 소재한 독일 농업 마케팅 중앙협의회 광고에 영화배우 귄터 람프레히트가 비판적인 소비자로 등장한 바 있다. 그는 광우병이 퍼져 문제가 되었을 때 쇠고기에 대한 우려를 표명했다. 또 리하르트 폰 바이체커 전 대통령도 인쇄물 광고에 등장하기도 했다.

건강 의식은 환경 의식과 함께 한다. 노인들은 포장이 적을수록 좋다고 생각한다. 노인들은 기술과 소비가 지금처럼 삶을 완전히 지배하지 않던 시대를 살아온 세대에 속한다. 자연을 끊임없이 오염시키기보다는 자연과 조화를 이루며 살았던 세대이다.

젊은 세대와 마찬가지로 노년층에서도 환경 보호가 점점 더 중요한 요소가 되었다. 노인들은 건강에 좋은 식품, 환경 친화적 제품을 원한다. 다만 노인들의 경우 혁신적인 유기농 제품은 아직도 미심쩍은 눈으로 바라본다.

🔖 건강한 몸 관리

지난 몇 년 동안 몸 관리가 매우 중요한 일로 부각되었다. 70살에도 젊음과 건강한 몸을 유지하는 미국 노인들은 우리에게 본보기가 되고 있다. 미국 노인들은 노화를 지연시키기 위해서 모든 방법을 동원한다. 육체를 신성하게 생각해서라기보다는 젊은 육체를 간직하고 싶어 하기 때문이다. 아직도 아름다움이 젊음과 동일시되기에 성형 수술이나 주름살 제거 수술이 성행하며, 헬스클럽이 붐을 이룬다. 미국에서는 매력적인 몸매를 유지하며 오래 살 수 있는 방법을 이야기하는 책들이 베스트셀러가 되고 있다. 점점 더 수명이 늘어나고 노화가 지연된다. 의학과 건강을 위한 예방법들을 일구어낸 성과다. 건강한 마음으로 살기 위해서는 자신의 몸을 있는 그대로 받아들이는 것이 중요하다.

사람을 만났을 때 제일 먼저 눈에 들어오는 것이 겉모습인 만큼 외모는 아주 중요하다. 1993년 바우어 출판사에서 시행한 설문 조사를 보면 60~70세 사이의 노인들 중 80%가 외모를 중요하게 생각한다고 말했다. 60세 이상의 여성 노인들 중 외모를 가꾸는 일에 신경을 쓴다는 비율이 1982년 이후 약 30%나 많아졌으며, 점점 더 늘어나는 추세이다. 그러나 여자뿐만이 아니다. 외모에 신경을 쓰는 남자 노년층도 점점 많아지고 있다.

여자 노인들은 더 이상 노화 현상을 단순히 받아들이지 않으며, 영양크림이나 바디로션 등 미용제를 이용해 노화를 막아보려 한다. 50~60세 사이 여자 노인들 중 69%가, 60세 이상 중 60%가 파마를 하며 종종 염색을 하기도 한다. 60세 이상 된 여자 노인들 중 52%가 피부 보호 크림을 일주

일에 한번 사용하며, 향수를 사용하는 사람은 42%에 이른다.

　기업들은 이런 노년층의 관심 추세에 이미 발 빠르게 대응하고 있다. 예를 들어, 바이어스도르프 사는 노년층을 대상으로 니베아 바이탈 제품을 출시했을 뿐만 아니라, 멋진 외모의 나이든 모델을 제품 광고에 등장시켰다.

　일본의 화장품 회사 시세이도는 비누에서 피부 관리 제품, 선크림에 이르기까지 일체의 시리즈 제품을 출시하여 노년 여성층을 공략하고 있다. 글리스 쿠어 사도 까다로워진 머리카락을 위한 보호제 시리즈 '재생이 필요한 40세'를 선보였다.

📁 멋진 몸매

　노인들은 운동에 대해 관심이 높다. 노년층의 운동은 '격렬한' 종목에서 '유연한' 종목으로 바뀌고 있으며, 공공 클럽보다는 민간 클럽을 선호하는 추세다. 지구력과 유연성을 길러주는 운동이 특히 인기가 높다. 또 운동을 통해 멋진 몸매를 가꾸는 일 외에도 사교 활동을 중요하게 생각한다.

　60세 이상의 노인들이 가장 좋아하는 운동으로는,

➡산책이 54%
➡자전거 타기가 34%를 차지하고 있다.

📒 패션

알렌스바흐 시장 및 광고 매체 분석을 보면 노년층의 패션에 대한 의식이 분명하다는 사실을 알 수 있다. 60세 이상의 노인들 중 22%가 유행에 맞는 옷차림을 중요하게 생각하고 있으며, 70세 이상에서는 그 수치가 16%에 달한다. 쾰른 소재 BBE 컨설팅 사도 노년층의 패션 의식에 대해 조사한 바 있는데, 젊은 노년층의 50%는 패션에 대해 매우 개방적이고 개인주의적 성향을 나타냈다. 이들은 상품의 품질을 우선으로 생각했고, 이를 위해 의류를 구매할 때 조언을 받아야 한다고 생각했으며, 편안한 매장 분위기도 중요하게 생각했다. 그밖에도 60세~65세 여자 노인들 중 25%가 최신 유행에 따르고 있다고 응답했다. 그레이 사의 시장 조사에서도 그와 비슷한 결과가 나왔다. 65세 이상 노년층의 거의 80%에 달하는 노인이 외모 관리를 중요하게 생각했다. 이들은 유행에 맞는 옷으로 멋지게 치장하는 것을 즐겼다.

그렇다면 기업들은 이러한 노년층의 기호에 어떻게 반응해왔는가? 나이가 들면 신체가 변하기 때문에 젊은 여성들에게는 전혀 문제 되지 않는 디자인도 노인들에게는 어울리지 않을 수 있다. 독일의 통신 판매 회사인 크벨레 사는 바로 이런 점에 착안하여 여자 노인들을 위한 특별 패션 카탈로그를 만들었다. 하지만 나이가 들면 관절이 예전처럼 유연하지 못하다는 사실을 디자인에 반영한 것은 어떤 패션 기업이었을까? 런던의 '예술, 제조업, 상업 진흥을 위한 로열 소사이어티'의 수잔 휴어 씨는 지난 10년 동안 이 문제에 관심을 가지고 워크숍을 주최하고 '노인을 위한 신 디자인'이라는 이름으로 공모전을 열고 있다.

공모전에서 한 대학생이 수영복을 디자인했는데, 특이한 점은 가운데에 지퍼가 달려 있고 끈 대신 짧은 소매를 달았으며, 라이크라를 소재로 하여 착용감을 높였다. 이러한 디자인 덕분에 팔과 어깨를 마음대로 움직일 수 없는 사람도 수영복을 입는 데 어려움이 없었다. 한편, 노인들에게 편한 디자인은 종종 젊은 층에서도 좋은 반응을 보인다. 앞서 말한 비키니 수영복과 비슷한 디자인을 선보인 H&M 사의 수영복이 그 좋은 예이다. 비키니 윗도리에 지퍼를 달아 입고 벗기 편하게 만들고, 화려한 색상을 이용하여 젊은 층의 취향을 반영했다. 편리함(노년층을 위한)과 현대적 디자인을 동시에 갖춘 제품인 셈이다.

60세 이상의 여성을 대상으로 패션에서 가장 중요한 점을 물었더니 다음과 같이 대답했다(1992년 알렌스바흐 시장 및 광고매체 분석 조사).

➡ 75.8%가 편안한 디자인
➡ 63.3%가 실용적이며 용도에 적합한 디자인
➡ 25.7% 활동이 편한 디자인

우아함을 꼽은 사람은 19.6%에 불과했다. 편안하고 실용적인 의상을 선호하는 추세로 변하고 있다는 증거이다.

로젠하임 소재 의류 기업인 클레퍼 사는 의식적으로 황금 연령층을 목표로 설정했다. 클레퍼 사의 콘셉트는 '패션과 기능의 조화'로, 편안함과 기능성, 장식의 유용성, 빼어난 가공, 아름다움, 혁신적인 디자인이 중요 사항이었다. 클레퍼 사의 외투는 황금 연령층이 즐기는 모든 활동에 적합하게 만들어졌다. 마케팅 이사인 잉가 뢰슬러 씨는 "황금 연령층을 주 목표 고객으로 잡고 전체 의류 제작과 광고 재정을 기획하고 있다"고 말한다. 클레퍼 사는 이런 정책으로 성공을 거두고 있는 것으로 보인다. 연 매출액이 200만 유로에서 600만 유로로 3배 증가했다. 뮌헨 소재 남성 의류 기업 코넨 사의 홍보 책임자인 피터 엘페르트 씨는 "총 매출의 90%가 황금 연령층 고객을 통한 것이다"라고 말한다. 그리고 덧붙이길, "5, 60대는 아직 늙거나 비활동적이라고 볼 수 없으며, 30대만큼이나 말끔한 옷차림을 중요하게 생각한다"고 했다.

헤르포르트 소재 남성 의류기업인 부가티 사 또한 노년층 소비자들의 패션 의식에 대해 확신한다. 부가티 사 소식지에 따르면 "양복이나 재킷 구매 고객 중에는 50~69세 사이의 소비자들이 가장 많았다. 노년층의 상표 의식도 증가하고 있는데, 남성 노인 중 22%가 상표를 중요하게 생각하고 있다. 이는 20~29세 사이의 젊은 층과 같은 비율이다."

8 여덟 번째 법칙-인생을 즐긴다

1991년 알렌스바흐 시장 및 광고매체 분석은 60세에서 79세 사이의 노인을 대상으로 시간과 돈이 넉넉하다면 무엇을 할 것이냐는 질문으로 설문조사를 실시했다. 그 결과는 다음과 같다.

➡64%가 여행한다.

➡29%가 극장에 가고 이웃과 친구를 초대한다.

➡20%가 책을 읽는다.

➡2%가 운동을 한다.

이는 인생을 즐기며 살겠다는 표시로, 전쟁을 겪고 전후의 궁핍한 시절을 살아온 시절을 보상받으려는 심리이다. 이러한 현상은 특히 여행 업계가 호황을 누리는 데에서 찾아볼 수 있다. 1997년에 발표된 국제통화기금 연구서에 따르면 여행 업계는 노년층을 통해 성장하고 시장이다.

여행지	1995	2005	증가율
국내	2020만	2720만	35%
해외	2030만	2700만	33%

📙 관광 시장에서 50세 이후 세대의 증가율

뮌헨 소재 바이탈 여행사는 노년층을 공략하기 위해 노년층에게 맞는 독특한 여행 서비스를 내 놓았다. 또 싱글 여행사는 여행을 즐기는 55세 이상의 노인들을 대상으로 '인생-55세부터'라는 프로그램으로 노년층을 위한 특별 서비스를 제공하고 있다. 55세 이상 노년층에서 홀로 사는 노인들의 수가 1000만 명에 이르고 있는 상황이다.

고객들의 여행 욕구를 통해 여행사들은 해마다 75억 유로를 벌어들이고 있으며, 유럽 관광 모니터의 예측에 따르면 이 숫자는 더욱 더 커질 것이다. 2000년 여행 업계의 수입은 1990년 대비 80%가 증가할 것이라고 한다.

다시 말하면 여행사나 호텔, 식당, 휴양지 등이 인생을 즐기고자 하는 노인들 덕분에 호황을 누리고 있다는 말이다. 특히 젊은 노인들은 적극적으로 해외 여행을 즐긴다. 그 동안 단지 시간이 없어서, 혹은 종종 경제적 여유가 없어서 선뜻 떠나지 못했던 해외 여행을 뒤늦게나마 실현해보려는 것이다. 따라서 노인들의 까다로운 기호에 잘 맞는 콘셉트만 갖고 있다면 성공은 따놓은 당상이다. 여기서는 다양한 요소를 적절히 혼합하는 것이 성공의 기반이 된다. 이 책에서는 다섯 가지 요소, 편리함(komrort), 정보(information), 자연(natur), 건강(gesundheit), 안전(sicherheit)을 고려한 콘셉트, 즉 'KINGS' 콘셉트를 제시하고자 한다. 이에 대한 자세한 내용은 제3부에서 다룰 것이다.

오토바이 제조 업체 할리 데이비슨은 노년층 소비자들을 유혹하는 방법을 누구보다 잘 알고 있다. 노인들이 오랜 세월 동안 가슴속에 품고 있던 꿈을 자극하는 방법이 바로 그것이다. 이 기업의 광고에는 아무 말 없이 그저 미소를 짓고 있는 노년의 남성이 등장한다. 광고의 제목은 "마흔이 어제였는데"이며, 광고 내용에는 남자의 이력이 짧게 소개되고 앞으로의 계획이 나와 있다. 그리고 마지막 부분에 이렇게 적혀 있다. "어제는 내일 하고 싶은 일이 그렇게 많았었지." 시간은 흘러 내일이 오늘이 되어버렸다. 이제 꿈을 실현해야만 할 때이다. 이제 할리 데이비슨을 타고 세계를 달리며 자유를 만끽하는 것보다 더 아름다운 꿈이 어디 있겠는가?

인생 주기를 조사한 연구에 따르면 많은 사람들이 중년이 되면 독서에 대한 흥미를 상실한다. 가정이나 직장 생활에 허덕이느라 책을 읽을 여유가 없기 때문이다. 그러다 퇴직을 하고 시간적 여유가 생기면서 독서에 대한 흥미가 서서히 되살아난다. 이렇게 보면 지난 몇 년 동안 책을 읽는 층이 넓어졌다고 말할 수 있다. 1968년과 1988년을 비교해보면, 60세 이상 인구 중 책을 읽는 사람이 57%에서 63%로, 책을 구매하는 비율도 35%에서 44%로 증가했다. 다시 말하면, 1968년에는 670만에 달하는 노인들이 책을 읽었던 반면에 1988년에는 그 수가 벌써 800만에 달했다. 노년층은 한 해 평균 7권의 책을 사는데, 이는 청년층과 맞먹는 숫자이다. 노년층이 특히 선호하는 책은 옛 시절에 관한 얘기가 많이 나오는 문학이나 자서전, 역사 소설, 인생의 의미를 다루고 있는 종교 관련 책들이다. 또 노년층은 자신이 읽을 목적 외에도 선물용으로도 종종 책을 구입한다.

음악계도 노년층을 고객으로 잘 포섭할 수 있는 시장이다. 60세 이상 된 노인 중 83%가 음악을 즐겨 듣는다고 하는데, 물론 주로 집에서 듣는다고 하며, 단지 30%만이 음악회나 오페라를 간다고 한다.

여행, 독서, 수공예, 정원 가꾸기 등 종류에 상관없이 취미 활동은 정신 건강에 중요하다. 특히 취미 활동을 통해 이루어지는 사교 활동은 노인들에게 매우 중요하다. 노인들 중 40%가 파티에 가기를 좋아하며 친구들과 어울리는 것이 즐겁다고 한다. 앞서 말했듯이, 총 생산된 샴페인의 40%가 50세 이상의 노인들에 의해 소비된다.

한편, 집에서 손수 공구를 이용한 작업은 인기가 떨어지고 있다. 단지

24%만이 직접 공구 작업을 한다고 했다.

인생을 즐기려면 그에 필요한 재정적 여유가 있어야 한다. 그래서 노년에 융통성 있게 자금을 쓰기 위해서 종종 보험을 해지하는 경우가 있다. 폴크스퓨어조르게 보험사는 1993~1995년 사이 고객을 분석하여 '생명 보험의 노년층 시장이 포화 상태'라는 결론을 내렸다.

40세에서 49세 사이에서 57%가 생명 보험을 들고 있으며, 6%만이 곧 보험을 들 예정이라고 한 반면, 50세에서 64세 사이에서는 48%만이 보험에 들어 있었고 3%가 곧 보험을 들 것이라고 했다. 노년층은 "계속 저축을 할 것인가 아니면 지출만 할 것인가?"라는 문제로 고민을 많이 한다. 그러나 가장 좋은 것은 저축을 하면서 소비 생활도 함께 유지하는 것이다. 아직까지는 60세 이상 중 4분의 1에 해당되는 노인들이 민간 생명 보험이나 연금 보험에 들어 있다.

고타 보험사는 저축을 하면서도 소비 생활을 즐기려는 노년층을 대상으로 직접 연금 보험 상품을 개발했다. 소비에 필요한 자금을 확보하는 동시에 세금을 절약할 수 있다는 것이 이 상품의 표어였다. 출시 이후 두 자리 숫자의 가입 증가율을 보인 것은 이 상품이 좋은 호응을 얻고 있다는 표시이다.

반면에 시그널 보험사는 인생을 즐기는 고객의 생활에 초점을 맞추었다. 이 보험사의 광고에는 욕조에 몸을 담그고 시가를 피우는 노년의 남자가 등장하며, 광고 제목은 "시그널은 여러분이 인생을 만끽할 수 있도록 도와 드립니다"였다.

⑨ 아홉 번째 법칙—편안함이 최고

실버 마케팅에서는 편안함과 서비스가 가장 중요한 장점으로 작용한다. 오스트리아의 한 여행 업체는 그중에서도 특히 편리함에 초점을 맞춘 특별 상품을 개발해냈다. 1, 2등급 호텔 몇 개를 50플러스 호텔로 묶어 노년층을 상대로 맞춤 서비스를 제공했던 것이다. 물론 노년층 이외의 세대에도 개방되어 있었다.

이러한 상품을 개발하게 된 동기는 오스트리아를 찾는 관광객 숫자가 1992년부터 감소한 사실이었다. 또 오스트리아에서도 노년층의 인구 비율이 늘어나고 있다. 오스트리아인의 평균 연령은 현재 36세에서 2020년에는 47세가 될 것으로 추정된다. 65세 이상의 인구 비율이 약 22%이며, 75세 인구의 비율은 54%까지 증가할 것으로 예상된다. 이미 오스트리아 관광객의 30%가 55세 이상의 노년층이다. 40세 이상이 차지하는 비율은 총 70%에 달한다. 이러한 통계는 노인 여행객의 비율이 날로 늘어날 것임을 추측할 수 있게 해준다.

특정 여행지를 선택하는 주요한 요인은 편리함과 자연 경관, 잘 짜여진 여행 일정, 안전, 가벼운 음식, 편안함, 아늑한 분위기, 친숙한 환경 등이다. 자연 경관과 건강, 문화, 스포츠에 중점을 두는 여행 상품은 이미 많이 존재하고 있기 때문에 바람직하지 못하며, 따라서 편리함을 초점으로 삼았다. "편안한 휴가"를 표어로 삼는 동시에 "저렴한 가격"을 겸비했던 것이다. "편안함"이란 편리함과 안락함, 익숙함, 자연스러움, 잘 짜여진 일정 등을 모두 포함하는 의미이다.

'새로운 시장' 이라는 모임은 1996년에 45세 이상 세대에 대해 조사를 했다. 이들 세대는 단체토론과 개별 대담에서 자신들의 불만 사항을 토해 냈다. 이에 대해서는 앞에서 이미 언급한 바 있다. 예를 들어, 이들 노년층 은 소비자로서의 자신이 대접받지 못하고 있다고 생각하면서 아직 부족한 서비스들이 많다고 한다. 이들 불만 중 가장 중심이 되는 것은 종종 상품들 이 편리하지 못하다는 점이다. 물론 미흡한 점에 적응할 수는 있지만, 생활 을 보다 편리하게 만들어주는 상품을 원한다.

이러한 사실에 비추어 보면 노년층에게는 '편리함' 이 가장 중요하며, 광 고에서 이 점을 부각시켜야 한다. 제품이 '편리하다' 는 것은 복잡하지 않고 단순하며 기능적이고 신체 조건에 맞아야 한다는 말이다. 또 제품의 장점도 가능하면 단순하고 간단한 단어로 이해하기 쉽게 설명되어 있어야 한다. 예 를 들면, 침대를 설명하면서 "원격 조정기를 이용한 수압식 머리 부분 조절 장치"보다는 "침대에서의 편안한 독서"라는 표현을 사용하는 것이 좋을 것 이다. 광고는 노년층이 편안하게 접할 수 있게 꾸며져야 한다. 카탈로그에 서도 무료 배달이나 편안한 매장 등과 같은 이점을 알려주어야 한다.

그러나 편리함에는 서비스도 포함된다. 45세 이상 세대들은 신시장 연 구회가 행한 대담에서 서비스에 대해 비판적인 의견을 표출했다. 노인들은 노년층에게 알맞은 접근 방법뿐 아니라 보다 나은 조언과 상담, 그리고 고 객 중심의 영업 시간을 원했다.

노년층에게 특히 중요한 사항

- 쉽게 찾을 수 상점 위치
- 전문 지식을 갖춘 친절한 종업원(전문 교육이 이루어져야 한다)
- 일대일 고객 접대(사회적 교류의 대체 역할)
- 상품을 찾을 때 도움 제공
- 구매 결정에 대한 조언
- 배달 서비스
- 쉴 수 있는 공간

바로 이런 점들에 중점을 두어 생산이나 영업을 한다면 타기업과의 차별화를 통해 성공할 수 있다. 노년층은 무거운 물건을 운반하는 것이 매우 어렵기 때문에 배달 서비스를 더욱 더 확대해야 한다. 그러나 배달 서비스는 젊은 층도 반가워하는 일이다. 예를 들어, 여자들도 무거운 물건을 들기 어렵기 때문에 배달 서비스에 관심이 높다. 집안일로 힘겨워하는 주부에서부터 스트레스로 지친 영업 사원에 이르기까지 누구나 계산대에서 구매한 상품을 챙겨주기 바란다. 미국에서는 이미 오래 전부터 계산대 종업원이 상품을 챙겨주는 것이 상례였지만 독일에서는 그렇지 못하다. 일부 상점, 그것도 주로 외국 상점에서만 볼 수 있는 서비스이다.

또 잠시 앉아 휴식을 취할 수 있는 장소가 있다면 쇼핑이 한결 수월해진다. 쉬면서 에너지를 충전시킬 수 있게 하고, 이를 통해 새로운 구매로 유도할 수도 있다. 폴스터 사는 손님들이 계산대에서 기다리는 동안 휴식을 취할 수 있는 아주 특별한 아이디어를 생각해 냈다. 쇼핑카에 접이식 간이 의자를 설치한 것이다. 약 150kg까지 무게를 견딜 수 있는 단단한 간이 의자

옆에는 우산을 꽂을 수 있도록 별도의 주머니까지 부착했다. 많은 사람들에게 상점은 사회적 교류의 장소이다. 그래서 노인들은 상점에 가면 일부러 제일 사람이 많이 기다리는 줄에 가서 기다린다는 사실이 연구 결과 밝혀졌다.

편리함은 구매 행위의 모든 면에 적용되는데, 특히 상품 진열에 빼놓을 수 없는 점이다. 예를 들어, 음료수 병처럼 무거운 상품은 너무 위쪽에 진열하면 안 된다. 또 개별 포장 단위를 줄여 상품을 가볍게 만드는 것이 바람직하다. 특히 음료수의 경우에 그렇다. 한 박스에 12병씩 담긴 음료수를 사는 것을 많은 사람들이 부담스러워 한다.

신시장 연구회의 조사 결과 노인들은 편리한 제품을 원한다는 사실이 밝혀졌다. 따라서 제품은,

➡ 보다 더 인체 공학적으로 만들어져야 한다.
➡ 쉽게 다룰 수 있어야 한다. 예를 들어, 뚜껑은 쉽게 열 수 있어야 하며, 버튼은 어느 정도의 크기가 있어야 하며 너무 작아서는 안 된다.
➡ 사용 설명서 역시 쉽게 이해할 수 있어야 한다.

"노년층을 목표 고객으로 삼으면 젊은 층은 자동적으로 포함되지만 젊은 층을 목표로 삼는다면 노년층은 배제된다." 버밍햄의 응용 노인학 센터 소장인 랙스먼 네이잭의 말이다. 생활을 편리하게 해줌으로써 노년층으로부터 환영받는 제품이라면 젊은 층의 호응도도 높게 마련이다. 기업들은 이러한 사실을 이미 잘 인식하고 있으며, 많은 기업이 노년층을 상품의 시

험대상으로 활용하고 있다.

편리한 생활을 누가 마다하겠는가? 통조림 뚜껑을 칼이나 병따개를 사용하지 않고도 쉽게 열 수 있도록 만드는 일에 누가 반대하겠는가? 관절 보호용 고정 장치의 스키나 물건을 많이 넣을 수 있는 트렁크가 장착된 차량, 조명이 환한 슈퍼마켓, 쉽게 뜯을 수 있는 포장을 싫다 할 사람은 없다.

다임러 벤츠 제품 개발부에서 오랜 동안 일해온 한스 요아힘 푀르스터의 말을 빌면 ABS와 서보 조종 장치는 처음에는 한동안 푸대접을 받았다고 한다. 그러나 요즘엔 중형 자동차라면 모두 기본으로 장착하고 있다. 젊은 이들이 서보 조종 장치 장착 차량을 선호하지 않는가? 결코 그렇지 않다. 많은 사람들이 서보 조종 장치를 더 이상 사치스럽다고 생각하지 않으며 오히려 필수 장치로 여긴다.

한스 요아힘 푀르스터는 다음 사항을 상품의 성공요건으로 본다.

➡사용하는 데 신체적, 정신적 긴장감을 주지 않아야 한다.
➡힘을 덜 들어야 한다.
➡쉽게 조작할 수 있어야 한다.
➡안전해야 한다.
➡누구나 손쉽게 쓸 수 있어야 한다.
➡혹시 사용 설명서를 읽지 않아도 큰 피해가 생기지 않아야 한다.

스포츠 마케팅 분야에선 이미 오래 전부터 편리함이 중요한 요소로 인식되었고, 건강을 최우선으로 생각하는 특별한 제품들이 선을 보였다. 한 예로, 솔로몬 사는 관절 보호 장치를 장착하고 특히 무게를 대폭 줄인 스키를 개발했다. 활동적인 노인들도 큰 걱정 없이 사용할 수 있도록 만들어진 제품이다.

다시 말하면, 편리함은 노년층 소비자들을 위해서는 필수 요건이면서 동시에 젊은 층에게도 매력을 발휘하는 요건이다.

출근길에 전철이나 버스에 앉아 있다 문득 집을 나오면서 가스를 잠갔는지, 다리미를 껐는지 의구심이 들었던 적이 누구나 있을 것이다. 일상생활에서 바로 이런 사소한 일들이 우리를 당황하게 만든다.

사용하지 않으면 자동으로 꺼지는 지능 다리미는 왜 없는 것일까? 독일 이저론 소재 노인공학 협회는 아주 간단한 원리를 이용하여 그런 지능 다리미를 개발했다. 사람의 손이 다리미 손잡이를 쥐는 순간 광전자빔이 차단된다. 그러다 손이 다리미에서 떨어지면 일정 시간(약 3분 후) 후 다시 광전자빔이 작동하고 다리미의 전원이 자동적으로 꺼진다.

커피 메이커도 마찬가지다. 여러 사람이 공동으로 사용하며 특별히 관리하는 사람이 정해져 있지 않은 사무실 같은 공간에서 커피 메이커는 몇 시간 동안 켜져 있는 경우가 허다하다. 작동 중임을 알리는 신호가 있다면 참 편리할 것이다. 이 경우 역시 광전자빔을 통해 계속 커피를 따라 마시고 있는지를 알 수 있으며, 일정 시간 동안 아무도 따라 마시지 않을 경우 자동적으로 꺼지기 때문에 쓴 커피를 마셔야 할 염려가 없다.

시대의 변화를 예감하고 더 이상 노년층 소비자들을 소외시키지 않는 제품 개발에 힘쓰는 기업들이 있으며(다음 장을 참조하기 바란다), 편리하고 사용이 간편하면서도 세련된 제품들이 많이 출시되고 있다. 사회 전체적으로도 편리함과 간편함이 주요 요소로 자리 잡고 있는 추세이다. 집에 앉아 컴퓨터로 편안히 처리할 있다면 뭐 하러 은행까지 갈 필요가 있겠는가? 집으로 음식이 배달되는데 굳이 직접 요리할 필요가 있을까? 패션 부문에서도 탄력성이 뛰어나 입기 편하며 어떤 체형에도 잘 맞는 라이크라 옷들이 인기를 누리고 있다.

미국의 페이스 팝콘 사 역시 1991년 시장 경향 보고서에서 노년층 시장을 공략한 제품들이 전반적 소비 시장의 규범으로 자리 잡고 있다고 지적한 바 있다.

10 열 번째 법칙─만인을 위한 제품

노년층이 원하는 제품은 무엇일까? 틀니 고정 연고, 수면제, 지팡이, 관절염 약, 방광염 약, 계단 리프터일까? 유람선 관광이나 오후 드라이브를 원할까? 아니면 맛있는 음식이나 미지의 여행도 싫고. 멋진 옷도 귀찮으며, 만사에 관심이 없을까? 아직까지도 많은 기업들이 노년층을 이런 시각에서 바라본다. 그러나 실제 노년층은 인생을 즐기며 살고 싶어 하고 편리한 제품을 원한다. 한편 노인들만의 제품, 노인 전용 제품에는 별 관심이 없는 것으로 조사에서 밝혀졌다.

생활을 편리하게 만들어주는 제품을 싫어할 사람은 없다. 말 그대로 늙는 것은 누구나 겪어야 할 인생의 과정이다. 그러나 병뚜껑을 열거나 포장을 뜯는 일은 나이를 불문하고 모두에게 힘이 든다. "멍청한 소비자란 없다. 멍청한 생산자만 있을 뿐이다." 미국의 심리학자 도널드 A. 노먼이 『일상의 사물들』이란 책에서 한 말이다.

온갖 힘을 주어야만 뜯을 수 있는 포장을 종종 볼 수 있다. 또 어떤 포장은 이빨로 물어뜯거나 가위나 칼 같은 도구를 이용해야 겨우 뜯을 수 있다. 이런 제품 앞에서는 노인들뿐만 아니라 모든 소비자가 짜증이 난다. 뜯기 쉬우면서도 아름다운 포장을 개발할 수 없는 것일까?

〈슈피겔〉지는 많은 소비자들이 기계 제품을 대할 때 갖게 되는 문제점을 '예정된 절망'이라는 제목 아래 대대적으로 다룬 적이 있다. 이 기사에서는 "하이테크 시대의 우리 일상은 끊임없는 지능 테스트의 순간으로 변했다"고 지적되었다. 소비자들이 너무 멍청한 것일까, 아니면 기계가 너무 복잡한 것일까?

비디오 기기를 예로 들어보자. 조사 결과 대부분의 소비자들은 비디오 기기를 제대로 작동할 줄 몰랐다. 사람이 기계에 봉사하는 것이 아니라, 기계가 인간에게 도움을 주기 위해 존재하는 것이다. 제품 생산자들은 이 진리를 종종 잊어버리는 것 같다.

물론 개중에는 이 문제에 대해 고민하며 해결책을 찾아 경쟁에 앞서나가는 기업들도 있다. 소니 사는 비디오 기기 사용자들의 문제에 대응하여 조작을 매우 단순화시킨 비디오를 선보였다. 스마트 칩 한 개를 이용해 복잡한 준비를 하지 않고도 진행 중 방송 프로그램을 녹화할 수 있게 했던 것이다.

그룬디히 사 역시 고객의 문제점을 받아들여 조작이 간편한 원격 조종기를 개발했다. 버튼의 수를 최소한으로 줄여 보다 편리하게 사용할 수 있게 만든 제품이었다.

실리트 사는 빨리 끓는 냄비 시코매틱 E를 개발하여 요리를 편하게 만들었다. 손잡이가 넓어 잡기가 편해졌고, 요리의 단계를 조절하는 회전 조절 장치 역시 사용이 간편했다. 게다가 조절 장치의 단계 표시를 돋보기 없이도 잘 볼 수 있게 만들었으며, 고압력에서는 열리지 않도록 설계했다.

또 가전업체 자누시 사는 눈이 나쁜 사람도 쉽게 쓸 수 있는 세탁기를 선보였다.

이들 제품의 공통점은 기능을 최소화하고 명확히 하는 동시에 현대적 감각에 맞는 디자인을 채택했다는 것이다. 또 제품 광고는 노년층을 대상으로 삼지 않고 편리함을 부각시키는 데 초점을 맞추었다.

➤ "소비자를 잘 이해하는 스마트 칩" (소니)
➤ "맛은 요리사처럼, 속도는 요리사보다 빠르게!" (실리트)
➤ "세 가지 기능을 한 곳에" (그룬디히)

보쉬 지멘스 가전사 역시 소비자 지향의 제품을 선보였는데, 1997년 출시한 전자렌지 HTM 83는 커다란 성공을 거두었다. 이 전자렌지는 사용 설명서가 필요 없을 정도로 기기 자체만으로 기능을 분명히 인지할 수 있었다. 또 조절기는 크기가 특별히 클 뿐만 아니라 부드럽게 돌아갔다. 또 그림이 아닌 글씨로 기능을 또렷이 적어놓았는데, 이 점 때문에 특히 노년층으로부터 좋은 호응을 불러일으켰다.

역시 보쉬 지멘스 사에서 내 놓은 또 다른 소비자 지향성 상품으로 "간편하고 안전한 전문 요리사 렌지"가 있다. 이 제품은 단추만 누름으로써 다양한 요리 코스를 선택할 수 있는데, 또렷한 글씨로 요리 종류나 온도, 요리 시간이 표시된다. 그뿐만 아니라 오븐은 사용 후 자동으로 세척된다. 또 다른 몇몇 렌지에서도 찾아볼 수 있는 새로운 기술의 센서가 장착되어 우유를 데울 때 일정한 온도를 유지함으로써 흘러넘치지 않게 해준다.

한때 다임러 벤츠 사의 제품 개발부에서 일했던 한스 요아힘 푀르스터는 내구재라는 개념을 강조했다. 즉 그는 상품을 실용적으로 만들어야 한다고 주장했다. 예를 들어 플러그에 손잡이가 달려 있다면 전선을 잡아당겨 뽑지는 않을 것이라고 한다. 또 상품은 굳이 사용 설명서를 읽지 않아도 조작하고 사용할 수 있게 만들어야 한다고 주장한다. 이에 대한 대표적인 사례로 든 상품이 자동 기어와 서보 조종 장치이다. 예전에는 사용자들이 조작을 잘못했기 때문에 자동 기어에 많은 문제가 발생했다. 사용 설명서에 유의 사항을 자세히 적어놓았지만 그것을 읽어보는 사람들이 거의 없었던 것이다. 그래서 다임러 벤츠 사는 사용 설명서를 자세히 읽지 않고도 작동시킬 수 있도록 안전성과 신뢰성을 높인 기어를 제작하기로 했다. 푀르스터는 세상 사람들을 두 부류로 나누었다. 제품 성능이 좋지 않아도 있는 그대로 받아들이는 수동적 감수형과, 성능이 좋지 않은 제품은 결코 다시 구매하지 않는 적극적 거부형의 두 부류이다.

산업 디자인학과 교수인 제임스 피르클은 모든 연령층의 호응을 얻을 수 있는 인체 공학과 미적 감각을 동시에 갖춘 디자인을 설계하기 위해 10년이 넘게 노력해왔다. 그는 디자인을 할 뿐만 아니라 제임스 조셉 피르클 초세대(transgenerational) 디자인 컨설턴트 사를 운영하고 있다. 미국 정부도 그의 연구에 지원을 하고 있어, 그가 진행하는 연구 프로젝트인 〈노년층을 위한 디자인〉은 워싱턴의 인간 개발청과 건강 및 복지 사업부의 지원을 받고 있다.

그는 '초세대 디자인' 혹은 '세대 통합적 디자인' 개념을 강조한다. 그가 말하는 상품의 세대 통합적 디자인의 판단 기준은 다음과 같다.

➨노화 과정을 동반하는 신체 감각적 변화를 극복할 수 있게 해주는가.
➨어떤 연령층도 배제시키지 않으며 전 연령층을 대상으로 하고 있는가.
➨개인의 존엄성과 자의식을 존중하는가.
➨소비자를 이해하고 소외시키지 않는가.
➨소비자의 자주성을 지켜주는가.

이런 원칙을 지킨 제품이라면 가히 세대 통합적 제품이라 할 수 있다. 이러한 제품이 갖는 잠재력은 엄청나다. 미국만 보더라도 50대 이상이 인구의 25%를 차지하고 있고, 이들의 연간 수입은 800억 달러에 이른다. 또 소비 잠재력의 40%, 순 자산의 79%를 이들이 차지하고 있다.

미국은 이미 수년 전부터 변화된 연령 구조에 발 빠르게 대응하여 실버 시장이 성황을 누리고 있다. 제임스 피르클의 말에 따르면 미국 사람들은 노화를 지극히 자연적인 과정으로 인정한다. 기업들도 50세 이상 세대를 겨냥하여 마케팅을 개발한다. 초기의 실버 시장은 주거, 건강, 서비스, 보험, 금융, 운송, 식품 등의 업계들만 참여했지만 날이 갈수록 확대되고 있다. 한 예로, 리바이스는 노년층이 입을 수 있는 청바지를 선보였다.

제임스 피르클은 이러한 현상에 대해 다음과 같이 말한다. "미국에서는 수십 년 동안 노인을 경시하고 천시하는 낡은 관념이 계속되었지만 이제는 노년층에 대한 사회적 용인과 이해가 새롭게 전개되고 있다. 서서히 노화를 지극히 자연스러운 과정으로 받아들이고 있는 것이다."

디자인은 변화를 유도하는 매우 효율적인 도구이다. 디자인에 따라 소비자는 상품에 대해 무기력감을 느낄 수도 혹은 자신감을 가질 수도 있다. 지금까지 노년층은 상품 디자인 개발에서 전혀 고려되지 않았으며, 그들의 의견은 무시되었다. 상품 개발 역시 주로 젊은 층이 담당했기 때문에 노인들의 욕구가 제대로 인식되어 반영되지 못했다.

에어랑엔 대학 노인학과의 올브리히 교수는 이러한 현상을 다음과 같이 표현했다. "이미 오래 전부터 인간 중심적이고 인체 공학적인 노동 환경을 형성해야 한다는 의식이 당연하게 여겨졌던 반면, 노인들의 주거 및 일반 생활환경에서 인체 공학적이며 인간 중심적인 요소의 디자인은 아주 미미하게 적용되어 왔다."

올브리히 교수는 노인들도 사용할 수 있는 제품을 만들어야 한다고 주장한다. 노년층도 '함께' 사용할 수 있어야 한다는 점을 강조하는 것이다. "가구나 교통 수단, 소통 기구의 제작에 인체 공학 원칙을 더욱 더 고려해야만 한다. 다시 말해 노인들을 위한 환경을 조성하는 데 더욱 관심을 집중시켜야 한다. 이 말은 감각 능력을 통해 상품을 잘 인식할 수 있어야 하며, 상품의 기능을 쉽게 이해하고 작동시킬 수 있도록 제작되어야 한다는 의미이다." 그는 또 "경제계는 노년층의 현실을 거의 인식하지 못하고 있다. 노년층에 내재된 변화된 잠재력이나 노년에 이르러 필요로 하는 것들에 대해 전혀 알지 못한다. 멋진 디자인이나 '흥분시킬 만큼 젊게 보이는' 것을 원칙으로 삼아 상품을 제작함으로써 오히려 노년층이 접근하기 어렵게 만드는 경우가 종종 있다"고 한다.

생활 보조 기구가 디자인 상품이 되어 버린 좋은 예로 안경을 들 수 있다. 안경은 나쁜 시력을 보정해주기 위한 기구이다. 원래 안경은 어느 정도의 신체 장애를 보정하기 위한 생활 보조 기구로 여겨졌으나 시간이 흐르면서 디자인 상품으로 변해 사치품 산업에 편입되었다. 그리하여 특정 사용 목적에 부응하면서도 동시에 미적 욕망을 채워주는 대표적인 상품이 되었다. 안경 낀 사람을 장애인으로 보는 사람은 이제 아무도 없다.

결론적으로 말하자면, '만인을 위한 제품'을 모토로 삼아야만 한다. 제품 개발자들은 아직도 거부하는 반응을 보이고 있긴 하지만, 건축에서 시작하여 일상에 사용되는 물품에 이르기까지 디자이너들은 이미 생각을 완전히 바꾸어 생활환경을 세대 통합적으로 바꿔가고 있다.

노인들이 스스로 상품을 잘 사용하지 못하는 사실을 기꺼이 인정하지 않는 경우를 종종 볼 수 있다. 제품보다는 자신에게 문제가 있다고 생각하기 때문이다. 그러나 머지않아 상황은 변할 것이다. 미래의 황금 연령층 소비자들은 교육 수준과 소비 의식이 한참 높아질 것이며, 자의식이 더욱 강하지고 따라서 비판의식 또한 높아질 것이다.

영국 버밍햄 대학의 응용 노인학 연구소 창립 멤버이자 소장으로 있는 랙스먼 네이잭은 노인들이 상황에 따라 어려움을 겪는 부분이 무엇인지를 알아보기 위해 전국적으로 소비자 그룹을 설정하여 상품을 시험해보도록 했다. 50세 이상을 대상으로 한 이 소비자 그룹의 이름은 '1000 노인' 이었다. 이 프로젝트를 처음 시작할 때 약 1000명을 대상으로 조사를 했기 때문에 지어진 이름이다. 그 사이 구성 인원이 약 4000명까지 늘었는데, 영국 각지의 다양한 사회 경제 계층에서 선출한 사람들로 구성되어 있다. 이들은 시장 설문 조사 내역을 만들고 시장을 평가하며, 토론에 참여함으로써 마케팅 담당자와 제품 개발자들에게 도움을 주고 있다. 상품이 노년층에게도 적합한 경우에는 부엉이 표시를 하는데, 이는 노인들의 지혜를 뜻하는 상징물이다.

이와 비슷한 '1000 독자' 라는 그룹도 있다. 이들은 제품 사용 설명서와 제품 정보 안내서를 분석함으로써 더욱 훌륭한 정보 제공에 필요한 조언을 해준다.

현재 영국에서 실버 제품 및 서비스의 테스트를 맡고 있는 단체로는 RICV가 유명하다. 이 연구소는 영국의 선도적 소비자 단체, 소비자 연맹에서 만든 것으로, 노인들에게 상품 정보를 제공하고 실버 제품의 기능성과 견고성, 안전성을 테스트하고 있다.

이 연구소가 기계 제품의 디자인에 적용하고 있는 체크 리스트를 살펴보면 다음과 같다.

📙 영국 RICA의 '통합형 디자인' 체크 리스트

원격조종기

- 허리를 굽히거나 몸을 억지로 뻗지 않아도 손이 닿으며 모양이 단순하다.
- 쉽게 잡을 수 있고 청소가 간편한 돌출형이다.
- 버튼 사이의 거리가 적절하다.
- 크기가 적절하다.
- 표면이 미끄럽지 않다.
- 조작이 간단하다.
- 잘 눌러지고 불필요한 동작을 요구하지 않는다.
- 색의 대조가 뚜렷하고 글씨가 크고 읽기 쉽다
- 눈이 나쁜 사람도 손으로 만져 알 수 있는 촉각 신호를 부착한다.
- 추가 정보용 빛 신호나 소리 신호 기능이 있다.

버튼

- 돌출형이다.
- 힘들이지 않고 쉽게 누를 수 있다.
- 다양한 모양과 크기, 색깔로 이루어져 쉽게 구분 가능하다.

견고성

- 쉽게 넘어지지 않는다.

• 바닥이 미끄럽지 않다.

휴대용 물건

• 들기 쉽다
• 균형과 형태가 적당하다
• 끈이 잡기 쉬운 곳에 달려 있다

부속품

• 힘들이지 않고도 조립 및 해체가 쉽다.
• 본체와 따로 보관할 수 있어 무게가 가볍다.
• 조립이 까다로운 작은 부품을 사용하지 않는다.

청소

• 먼지나 때가 잘 끼는 틈이나 홈이 없다.
• 뾰쪽한 모서리가 없다.

표면

• 사용자가 손으로 집거나 잡는 표면이 뜨거워서는 안 된다.

독일에서는 이저론(Iserlohn) 노인 공학 협회가 노년층에 적합한 상품들을 점검하면서, 실버 제품의 생산자와 최종 소비자를 중계하는 역할을 하고 있다. 이곳에서는 독립적인 전문가들을 통해 모든 상품 및 서비스의 시험 기준을 마련하고 있다.

하지만 아직 세계 어디서나 통용되는 표준 규격은 마련되지 못한 상태다. 실버 산업에 이미 한 발을 내디딘 일본의 경우도 마찬가지이다. 일본에서 실버 제품의 규정은 반(半)국가 단체인 노년층 서비스 협회(elderly service_providers association; ESPA)가 담당하고 있다. 보건 복지부 산하로 1987년 기업들의 실버 시장 진출에 도움을 주기 위해 발족된 단체이다. 그 사이 여러 부문에서 200개가 넘는 일본 기업이 회원으로 가입했다. 몇 년 전부터는 성공한 실버 제품에 기념패를 주고 있고 해마다 도쿄에서 실버 관련 제품 및 서비스 박람회를 개최하고 있다.

유니버설 디자인의 공동 창립자인 파트리샤 무어는 젊은 시절 레이먼드 로위의 사무실에서 일한 적이 있었고, 그곳에서 노인들이 진정으로 원하는 것이 무엇인지 직접 밝혀보자는 아이디어를 내게 되었다. 늙어봐야 늙은 사람의 심정을 알 수 있는 법이고, 또 그래야 노인들이 원하는 제품을 개발할 수 있는 법! 그녀는 80살의 노파로 분장하고 3년 동안 미국과 캐나다 전역을 돌아다니며 노인의 처지를 몸소 체험해보았다. 노인이라서 친절하게 대하는 사람, 도움을 주는 사람이 있는가 하면 무시하고 정신박약아 취급을 하는 사람이 있었고, 심지어 대놓고 폭력을 행사하는 경우도 있었다. 강도도 두 번이나 당했다. 그 경험을 바탕으로 그녀는 "이대로는 안 된다"는 결론을 내렸고 모든 세대, 모든 소비자 계층이 만족할 수 있는 제품을 개발하기 시작했다. 누구나 독립적인 생활을 할 수 있도록 도와주는 사용자 우선의 디자인은 그렇게 하여 탄생했다. 훗날 그녀는 데이비드 기네스와 함께 기네스 디자인을 설립했다. 그리고 두 사람은 그 동안 수많은 상을 수상

했다.

스웨덴의 에르고노미 디자인 그룹 역시 전 연령층에게 다가갈 수 있는 제품으로 성공을 거두었다. 제품은 문제 해결에 도움이 되어야지, 거꾸로 나쁜 디자인으로 인해 문제를 일으켜서는 안 된다는 사실을 누구보다 잘 이해하고 실천에 옮긴 디자이너들이다.

로열 컬리지 오브 아트에서는 1990년대 초부터 체계적으로 노화의 결과를 분석하여 디자인에 활용하고 있다. 계기는 디자이너이자 교사인 로저 콜먼이었다. 그는 1995년부터 음료에서 통조림, 약품에 이르기까지 먹고 마시는 제품의 뚜껑을 연구했다. 디자인의 판단 기준은 쉽게 개봉할 수 있는가의 여부이다.

트랜스제너레이셔널 디자인! 뜻이야 좋지만 그게 정말 돈이 될까? 아직도 고개를 갸웃거리는 독자들이 있을 것이다. 뛰어난 트랜스제너레이셔널 디자인 제품이 상업적 성공을 낳을 수 있다는 좋은 실례가 바로 미국 기업 굿 그립스(Good Grips)이다. 이 회사는 인체 공학적이면서 미적으로도 손색이 없는 주방용품으로 큰 성공을 거두었다. 손잡이가 특별한 모양으로, 잡기가 아주 편해 이용이 용이하다. 이 회사는 치솟는 판매량에 힘을 얻어 주방용품에서 원예용품으로 사업을 확장했다.

📖 좋은 제품이란

이해하기 쉽고
조작이 간편하며

남녀노소 누구나 사용이 가능하고

자동 차단되며

에너지 소비가 적고

인간의 독립적인 생활을 도와주며

안전하고

수명이 길고

가격이 저렴해야 한다.

11 열한 번째 법칙-포장도 중요하다

사용이나 조작이 간편한 제품도 중요하지만 그 제품을 에워싸고 있는 포장도 제품의 인상을 좌우한다. 포장은 무엇보다 개봉이 쉬워야 한다. 영국에서만 연간 5만 명이 포장을 풀다가 부상을 당한다고 한다. 포장이 쉽게 열리지 않을 경우 칼이나 가위 등을 사용해야 하는데, 그런 도구를 자칫 잘못 사용하다가는 큰 부상을 입을 수도 있는 것이다.

버밍햄의 응용 노인학 센터 소장인 랙스먼 네이잭의 조사 결과 포장에 대한 불만이 아주 높았다. 소비자들은 이런 말들을 했다.

➡ "이건 뭐, 뜯어보지 말라는 이야기지……."

➡ "포장 디자이너들은 소비자들이 제품을 구입하는 순간 자기 할 일은 다 했다고 생각하는 모양이야."

실버 시장에 관심을 가지고 연구해온 지 오래된 군돌프 마이어 헨첼의 말에 따르면 노인들의 20%가 포장에 문제가 있는 제품은 두 번 다시 구입하지 않는다고 한다. 1997년에 실시한 이저론 노인공학 협회의 설문 조사 역시 55세 이상의 노인들은 포장을 풀기 힘든 제품, 수송이나 처리가 힘든 제품은 구매를 꺼린다는 결과를 발표한 바 있다.

포장은 개봉하기 쉽고 미적으로도 뛰어나야 하지만 가능하다면 환경 친화적인 소재를 사용하는 편이 좋다. 1994년 바이에른 방송 광고 연구에 따르면 "환경론자들의 평균 연령은 46세로 58%가 40세 이상이고 42%가 40세 이하이다. 포장과 관련해서는 특히 여성들이 환경을 많이 생각한다."

포장의 글씨 역시 문제로 부각되고 있다. 유통 기한의 글씨가 너무 작아 읽을 수가 없다는 비판이 심심치 않게 제기 되고 있는 실정이다. 그 밖에도 레이아웃, 색상, 글자의 크기, 글자체, 디이어그램 등에도 관심을 기울여야 할 것이다.

12 열두 번째 법칙-안정감을 주어야 한다

오늘날의 50세 이후 세대는 예전에 비해 훨씬 건강하고 퇴직 연령이 빠르며, 경제적으로도 안정되어 있고 자의식도 강하다. 그래도 노인은 노인이다. 예나 지금이나 노인들은 걱정이 많다. 미래에 대한 두려움은 나이와 정비례하여 커지는 법이니까.

노인들이 불안에 떠는 이유는 여러 가지가 있겠다. 퇴직과 함께 사회에서 맡고 있던 역할을 상실했고 또 건강도 예전 같지 않다. 눈이 잘 안 보이는 사람은 인식은 물론 판단도 흐려지기 마련이고 그래서 자신도 모르게 남의 조언과 충고에 의지하게 된다. 가족이 제일 우선이겠고, 친구나 아는 사람에게도 의지할 것이며, 나아가 제품을 만들고 광고하는 기업가나 상인들에게도 의지를 하게 된다. 그러니 노년층을 고객으로 잡고 싶다면 그들에게 무조건 신뢰와 안전을 선사해야 할 것이다.

안정감은 실버 마케팅에서도 절대 놓치지 말아야 할 부분이다. 제품은 물론이고 상품 진열, 정보 제공 형태에 이르기까지, 노년층의 안정감을 향한 욕구를 적극 활용하자.

요즘엔 노년층은 물론이고 젊은이들 사이에서도 경보 시스템, 안전한 가전제품, 위급 시에 이용할 수 있는 연락 방법 등 안전 제품이 인기를 누리고 있다. 사회 전체 분위기가 '코쿠닝'(cocooning)의 방향으로 흐르고 있기 때문이다. 트랜드 전문가 페이스 팝콘은 1991년의 〈팝콘 보고서〉에서 미국은 물론 유럽에서 유행하고 있는 일련의 트랜드를 설명한 바 있다. 그중 코쿠닝은 불안한 사회 현실, 교통량의 증가, 범죄율 증가, 날로 더해 가는 환경오염 등 위협적이고 예측이 불가능한 외부 세계로부터 코쿤(누에고치)처럼 자기 집 안에 틀어 박혀 자기 자신을 보호하려는 경향을 일컫는다. "나의 집은 나의 성이다"는 모토에 따라 집 안에서 절대적 안전을 추구하고자 하는 것이다.

노인들에게 집은 독립과 안전의 장소이다. 익숙한 환경이기에 편안하고 안전하다고 느낀다. 더구나 '빈 둥지'라는 말처럼 자식들이 다 떠나고 난

55세에서 70세들의 노인들은 남은 노부부의 생활에 맞게 집을 변화시키고 싶어 한다. 하지만 노인들은 환경의 급격한 변화를 좋아하지 않기 때문에 새집을 마련하기 보다는 살고 있던 집을 개조하는 편을 더 좋아한다.

따라서 주거 시장은 잠재력이 아주 높은 부문이다. 가구, 바닥재, 부엌 및 목욕탕 설비 등 노인들의 삶을 편리하게 만들어주는 여러 가지 제품들을 적극 개발 할 수 있는 시장이다.

'장벽 없는 건축 설계'(barrier free design)를 지향하는 독일 기업 HEWI는 이 부문의 선구적 기업이다. 15년 이상을 욕실 장식품을 제작해 온 이 기업은 어린아이에서 노인에 이르기까지 온 가족이 사용하기 편리한 욕실을 지향하고 있다. 그 결과 기울어지는 욕조, 일어나기 편하게 높이를 높인 변기, 오래 서 있기 힘든 노인들을 위한 샤워용 접이식 의자 등이 탄생했다.

"해결책을 부드럽게 디자인에 포함시켜야 합니다. 장애나 문제점을 부각시키는 디자인은 절대 금물이지요." HEWI 사의 디자이너 게르하르트 캄페의 말이다. 이 회사의 최고 계명은 편리함과 안전함이다.

집 밖의 안전도 마케팅의 주요 대상이다. 노년층을 공략하고자 하는 자동차 기업이라면 무엇보다 안전에 신경을 써야 한다. 자동 기어 장착 자동차가 늘어나고 있다는 사실 또한 안전이 시대의 트랜드가 되고 있다는 증거로 볼 수 있겠다. 유럽에서는 2005년까지 지금의 두 배, 즉 현재 13%에서 25%로 자동 기어 장착 비율이 늘어날 것으로 추정하고 있다. 써본 사람들은 한결같이 만족한다고 대답했다. 만족의 주 원인을 묻는 질문에는 "편리하고 안전하며, 스트레스가 줄어들었다"고 대답했다. 64%가 교통 상황에 집중할 수 있어 안전하다고 느낀다고 대답했다. 전체적으로 볼 때 자동 기어는 젊은 층에 비해 노년층의 이용 비율이 더 높다. 29세 이하는 4%에 불과한데 반해 15~59세는 9%였다.

매장에서도 안전을 생각하라

매장의 구조나 배열 역시 안정감을 줄 수 있어야 한다. 위험 요소는 원천적으로 제거하는 것이 좋다. 조명은 눈이 부시지 않은 것으로 선택하고 상품은 눈에 잘 띄는 위치에 진열한다.

장애물을 제거한다: 계단을 없애고 바닥에는 돌출 되는 부분을 없앤다. 위험 요인이 있는 부분은 눈에 띄는 색깔로 표시를 해준다. 예전과 바뀐 부분도 색깔을 달리해 표시를 해준다. 바닥은 너무 어두운 색상이나 잔무늬는 피한다.

눈부심을 피한다: 조명은 눈이 부시지 않도록 위치와 소재를 잘 선택한다. 명암의 대비가 너무 심해도 눈이 부시다. 또 반사되는 표면, 크롬, 강철, 유리, 비닐, 번쩍거리는 바닥도 눈이 부시다. 조심해라! 간접 조명과 어두운 색상의 양탄자가 제일 무난하다. 윤을 낸 마루 바닥도 위험하다.

환한 낮에 어두운 실내로 들어서거나 반대로 어두운 실내에서 밝은 야외로 나왔을 때, 그 눈부심을 모르는 사람은 없을 것이다. 눈이 변화된 상황에 적응을 하려면 시간이 걸린다. 젊은 사람들은 큰 문제가 없지만 노인들은 그렇지가 않다. 따라서 눈이 빛에 적응할 수 있도록 완충 지대가 필요하다. 조금씩 조명의 밝기를 조절하여 고객의 눈이 서서히 빛과 어둠에 익숙해지 도록 조절한다.

"그럼 그 아까운 공간이 죽은 공간이 되어버리잖아요?" 이렇게 화를 낼 수도 있겠다. 하지만 왜 그 공간을 쓸모없이 버려지는 공간이라고 생각하 는가? 카페테리아나 안내 센터를 만들어 활용할 수도 있고 또 벽면에 광고 용 비디오를 설치하거나나 인쇄용 광고물을 부착할 수도 있겠다.

매장을 고객들이 파악하기 쉽게 꾸민다: 대형 백화점이나 할인 매장에 들 어가서 미로에 빠진 듯한 기분을 느껴본 적은 없는가? 젊은 사람들도 방향 감각을 잃고 헤맬 때가 있는데 노인들은 두말해 뭣하겠는가? 노인들은 방 향을 찾는 데 젊은 사람들에 비해 시간이 많이 걸린다. 매장의 구조가 한눈 에 들어오지 않으면 당황스럽기 때문에 쇼핑의 즐거움이 반감될 수밖에 없 다. 아리아드네는 도움을 청하는 테세우스에게 실타래를 건네주었고, 그 실타래 덕분에 테세우스는 무사히 미로를 빠져 나올 수 있었다. 여러분도 고객들에게 실타래를 쥐어주자. 한눈에 들어오는 고객 안내 시스템으로 고 객의 길잡이가 되어주자. 왜 백화점들은 매장 구석구석 도면을 붙여두지 않는 걸까? 머릿속에 매장의 전체적인 이미지가 그려질 때 비로소 고객들 은 안정감을 느끼는 법이다.

진열대와 통로마다 현재의 위치를 파악할 수 있는 안내 도면을 붙여둔다 면 방향을 찾기가 한 결 수월할 것이다. 안내도가 너무 지저분해 보인다고 생각된다면 이미지를 이용해보면 어떨까? 픽토그램을 이용하면 한결 깔끔

하면서도 한눈에 쏙 들어오는 안내 시스템을 마련할 수 있을 것이다. 예를 들어 주방 용품이 있는 진열대엔 예쁜 냄비를 그려 붙이는 것이다.

고객의 동선을 줄여주자. 빙빙 돌아다니면서 진을 다 빼다보면 쇼핑할 의욕도 사라지는 법이다.

안정감을 줄 수 있도록 상품을 진열한다: 노인들도 제품을 잘 볼 수 있도록 꾸미자면 이 방법이 최고다. 줄이자! 일단 진열대 높이를 줄이자. 나이가 들면 젊은 시절에 비해 근력이 떨어지고, 행동반경도 줄어든다. 그래서 너무 높거나 낮은 진열대는 문제를 유발할 수 있다. 복도의 폭도 줄이자. 복도의 폭은 넓은 편보다 좁은 편이 낫다. 나이가 들면 시야가 좁아지기 때문에 너무 넓은 복도가 안 좋다. 또 길이가 너무 긴 복도도 안 좋다.

자극을 줄인다: 너무 다양한 색상은 불안감을 조성한다. 형광이 들어간 백색 벽이나 천장은 눈이 부시다. 백색 함량이 많은 컬러나 광택이 없는 백색이 제일 좋다. 컬러를 사용할 경우 색상의 종류를 2~3 가지 이하로 하는 것이 좋다. 또 계속 움직이는 디스플레이는 마음을 불안하게 만든다. 자극이 너무 강해 애초에 의도했던 메시지나 정보에 집중할 수 없도록 만든다.

고객이 올바른 선택을 내릴 수 있도록 도와준다: 노인들은 매사 젊은이들에 비해 시간이 오래 걸린다. 정보를 수집하여 이해하고 결정을 내리는 데에도 당연히 더 많은 시간이 걸린다. 노인 고객들에게 필요한 시간을 주자. 샘플 제품에 인색하지 말라. 브뤼셀에서 개최된 제니트 실버 박람회에선 여러 참여 업체들이 협력하여 샘플 제품들을 한 쇼핑백에 담은 다음 박람

회장을 나가는 손님들에게 나누어 주었다. 실버 잡지, 통조림 제품, 패스트푸드 제품, 건강식품 등 다양한 제품의 샘플을 집에 가서 써보고 품질을 비교해볼 수 있도록 한 것이다.

매장에서도 시음 및 시식 코너는 소비자들의 관심을 끄는 장소이다. 노인들의 경우 직접 먹어보고 써보지 않은 제품을 선택하기가 쉽지 않으므로, 이런 식의 샘플 제공으로 직접 체험의 효과를 노릴 수 있는 것이다.

안전은 중요한 광고 요건이다. 실버 제품이라면 더더욱 그렇다. 카탈로그건 레테르건 빼놓지 말고 안전을 강조하라.

최상의 안정감을 주는 요소는 종업원이다

노인들은 쇼핑을 좋아하고 매장에 머무르는 시간도 젊은이들에 비해 길다. 슈퍼마켓에 가면 일부러 줄이 제일 긴 카운터에 가서 계산을 하고 토요일 오후처럼 사람이 붐비는 시간에 쇼핑을 하러 나선다고 한다. 왜 그럴까? 주변 사람들을 괴롭히고 싶어서? 그렇지 않다. 아마 사람이 그리워서 그럴 것이다. 쇼핑을 사회적인 교류나 접촉의 기회로 생각하기 때문일 것이다.

그러므로 실버 시장에선 종업원들이 한몫 톡톡히 하는 든든한 지원군이 될 수 있다. 노인들이 판매원에게서 원하는 건 전문 지식과 친절, 이 두 가지이다. 이 두 가지 조건을 갖춘 종업원만 있다면 노인 고객들은 반드시 다시 찾아올 것이라는 소리다.

종업원 교육에 적극 투자하자. 친절과 인내의 필요성과 중요성은 아무리 강조해도 지나치지 않다. 또 노인 고객들이 원하는 것이 무엇인지, 어떻게 해야 노인들의 마음에 들 수 있는지, 나이가 들면 지각 능력은 어떻게 변하는지 종업원들에게 상세히 가르쳐야 한다. 알아야 대처를 할 것이고, 알아야 이해를 할 것이다. 노인들은 우리가 생각하는 것 이상으로 까다로운 전문가들이다. 오랜 세월을 살았기 때문에 소비 경험이 많고 비판적이다. 종업원들의 전문적 자질을 키워주자.

노인들을 종업원으로 고용하는 것도 한 방법이다. 젊은 사람과 노인이 매장에 서 있으면 당연히 노인들은 노인 판매원에게로 다가간다. 아무래도 젊은 사람에 비해 자기 말을 잘 이해하고 말이 잘 통할 것이라고 생각할 것이다. 독일 은행 알방크의 경우 노년층 고객을 전담하는 상담 인력을 고용하겠다는 계획을 세웠다. 마케팅 부장 우베 베니쉬의 말처럼 "은행보다 상담자와의 지속적인 관계가 노인들에겐 잘 먹히기" 때문이다.

📔 유명인사를 활용하라

현재의 노인들은 과거 세대에 비래 훨씬 자의식이 강하다. 하지만 아무리 그래도 노인은 노인인지라 젊은 사람들과 비하면 불안을 많이 느낀다. 일단 퇴직과 더불어 사회적 역할을 상실했고, 또 세상이 예전과 많이 달라졌기 때문이다. 현재의 50세 이상 세대는 과도기 세대이다. 예전에는 전통이 통했다. 정해진 역할이 있어 그 역할에 맞추어 살기만 하면 되는 세상이었다. 하지만 요즘은 모든 것이 흐트러지고 변하고 있다. 남녀의 역할도 세대의 역할도 불분명해졌기 때문에 요즘 노인들은 노인의 역할과 노년의 의미도 스스로 정해야 한다.

이렇듯 불분명하고 불안한 마음은 외부의 영향에 쉽게 흔들린다. 물론 가족이 가장 큰 영향력을 행사하겠지만 같은 연령대의 유명인사들 역시 방향을 찾아주는 표지판이 될 수 있다.

특히 제품의 품질을 판단할 만한 다른 정보가 충분치 않을 경우 유명인의 영향력은 더욱 늘어나게 되어 있다. 또한 그 사람과 자신의 차이가 적을수록 영향력은 더욱 늘어난다. 따라서 젊은 사람은 노인들에게 큰 영향력을 행사하지 못한다. 옷이나 사치품, 여가 용품 등 과시 용 소비재에서 유명인사의 영향력은 더욱 크다.

노년층 소비자들을 목표로 삼을 경우 '연속성'이 중요하다. 노인들은 결정을 내리려면 젊은 사람들에 비해 더 강력한 계기가 필요하다. 정보를 처리하는 데 걸리는 시간도 더 길다. 또 노인들은 경험과 품질에 높은 가치를 둔다. 따라서 오랜 전통을 자랑하는 기업에 더 높은 점수를 준다.

노인들의 경우 특정 정보를 보고 자유롭게 연상할 수 있는 능력이 떨어지기 때문에 최대한 이미 머릿속에 저장된 정보를 자극하는 방법이 좋다. 한 가지 예로, 텔레비전이나 광고판에서 보아 익숙한 내용의 광고 디스플레이를 상품 진열 장소에 설치하는 것이다. 그럼 광고와 제품을 연계시키기가 수월하다.

마케팅에서 연속성은 안정감을 준다. 오랜 전통은 제품의 품질을 보증한다. 여러분의 기업이 오랜 경험을 바탕으로 소비자들의 꾸준한 사랑을 받아왔다는 사실을 강조하자. 유명한 이름, 익숙한 이름은 품질을 보장하고 안전을 보증한다.

📖 판매 후에도 고객의 안전을 관리한다

노인들은 결정을 내리기까지 오랜 고민의 과정을 거치지만 일단 구매를 하고 나서도 불안한 마음을 떨쳐버리지 못한다. 선택이 혹시라도 잘못 되었을까봐 두려운 것이다. 그래서 자신의 결정이 옳았다는 타인의 인정과 보장을 내심 바라고 있다. 에프터 마케팅이 절실한 시점이다.

제품을 구매한 고객에게 편지를 보내 다시 한 번 그 제품의 장점을 부각시키고, 고객의 결정이 옳았음을 강조하자. 편지에 제품 카탈로그를 동봉하여 미래의 구매를 촉발시킬 수도 있겠다.

13 열세 번째 법칙-흑백이 제일 잘 먹힌다

앞에서 말했듯 노인들은 언론매체의 최대 소비자이다. 텔레비전은 하루 시청 시간 225분으로, 인쇄 매체보다 앞서고 있다. 하지만 그 사실 하나만 보고 텔레비전을 광고 매체로 선택하는 건 너무 성급한 결정일 듯하다. 55세 이상의 노인들은 11편의 광고를 연달아 보았을 경우 단 한 편만 제품과 상표를 기억한다는 연구 결과가 나와 있으니 말이다.

노인들에게 가장 잘 통하는 건 뭐니뭐니해도 신문과 잡지, 카탈로그이다. 이들 인쇄 매체가 노인들의 최고 정보원이다. 독일 광고 경제 중앙협회와 악셀 슈프링거 출판사의 연구 결과 역시 같은 결론을 내리고 있다. 노인의 47%가 텔레비전 광고를 정보가 풍부하다고 생각했지만 56%가 주요 정보 매체로 신문 광고를 선호한다고 대답했다.

　노인들은 결정을 내리기 전에 정보를 수집하여 제품의 품질과 가격을 비교한다. 정보 처리 과정이 오래 걸리기 때문에 당연히 결정을 내리는 시간도 많이 걸린다. 따라서 천천히 보며 연구할 수 있는 인쇄 매체를 선호한다. 텔레비전 광고들은 대부분 속도가 너무 빠르다. 빠른 컷, 빠른 영상, 빠른 정보. 가격이 비싸니 짧은 시간 안에 많은 것을 보여주고 싶은 마음 때문일 것이다. 하지만 광고주들의 노력은 오히려 역효과를 내고 있다.

노인들이 텔레비전 광고를 싫어하는 이유

1. 나이가 들면 시력이 약해지고 색깔 지각 능력 역시 떨어진다.
2. 노인들은 일반적인 광고에서처럼 여러 감각 채널로 동시에 메시지가 들어올 경우 잘 인식하지 못한다.
3. 노인들은 정보 처리 시간이 길다. 그래서 빠르게 지나가는 영상을 잘 소화하지 못한다.
4. 시청자들은 보통 텔레비전 광고를 딴 일을 하면서 흘려본다. 그래서 텔레비전 광고는 시청자들의 주의를 끌기 위해 다양한 감각 채널에 호소하는 경우가 많다. 하지만 이것이 오히려 역효과를 낸다. 노인들은 여러 가지 감각 채널에 동시에 반응할 수가 없다. 정보의 양이 너무 과도할 경우 한 가지 감각 채널에만 집중하고 나머지 채널은 알아서 꺼버린다.

인쇄 광고가 더 효율적인 이유

1. 인쇄 광고는 한 가지 감각 채널에 호소한다. 그래서 광고에 완전히 집중할 수가 있다.
2. 정보를 읽고 받아들이는 속도를 소비자 스스로가 정할 수 있다. 또 여러 번 반복해서 읽을 수 있다.
3. 정보의 양을 스스로 결정할 수 있고 작은 단위로 세분할 수 있다.
4. 인쇄 매체엔 많은 정보를 담을 공간이 있다. 노인들이 원하는 건 단 하나, 사실에 근거한 자료뿐이다.

📖 인쇄물 광고가 텔레비전 광고보다 더 나은 이유

노인들에겐 라이프스타일 식 광고가 잘 안 통한다. 그들이 원하는 건 사실에 근거한 자료뿐이다. 정보의 양은 많으면 많을수록 좋다. 카탈로그는 물론 물론이고 제품에 동봉한 설명서, 제품에 명기된 설명들까지도 빠짐없이 읽는다. 그런 다음 그 정보를 비판적으로 캐묻고 분석한다.

노인들에겐 합리적인 제품 가격과 상표가 더 잘 먹힌다. 그런데 텔레비전은 생활방식에 더 비중을 둔다. 정보 제공에 힘쓰기엔 30초가 너무 짧기 때문이다. 인터넷의 경우에는 사용 인구가 극히 적어 노년층에는 별 영향력을 발휘하지 못한다.

📖 장점을 간단명료하게!

카탈로그엔 무엇보다 제품의 장점을 강조하는 정보를 우선적으로 담아야 하겠지만 제품에 대한 다른 사람들의 견해-물론 칭찬일 경우에 한해서만-도 담아야 한다. 가능하다면 전문 기관의 상품 테스트 결과를 추가하는 것이 좋다. 중립적인 단체는 소비자들의 전폭적 신뢰를 얻어낼 수 있는 지름길이다.

목표 고객의 경험과 기대에 호소해야 한다. 내 경험 범위에 속한 것만이 나의 관심을 유발시킬 수 있는 법이다.

📑 작은 글씨는 금물

글자 크기가 최소 5mm 이상은 되어야 큰 노력 없이 읽을 수가 있다. 10 ~14 포인트 정도가 적당하지만 10 포인트는 하한선이기 때문에 12~14 포인트 사이가 가장 적당하다 하겠다. 반대로 너무 큰 글씨도 이해를 힘들게 한다. 첫째, 단어를 한꺼번에 읽지 못하니까 한 자 한 자 읽어 조합시켜야 한다. 둘째, 큰 글씨는 동화책 같은 느낌을 준다. 어린아이 취급을 당하는 것 같아 기분이 상할 수 있다.

자루 속에 들어 있는 고양이를 살 사람은 없다. 물건이 뭔지도 모르고 어떻게 돈을 주겠는가. 고객은 상품을 직접 보고 싶어 하고, 포장 안에 들어 있는 내용물이 무엇인지 알고 싶어 한다. 가격도 마찬가지로 잘 알아볼 수 있어야 한다. 작은 글씨는 제 발로 걸어온 고객을 쫓아버리는 지름길이다.

얼마 전 나는 백화점의 와인 코너에서 와인 병 하나를 들고 열심히 관찰하고 있는 60대 노인을 본 적이 있다. 앞면에 붙어 있는 글씨를 열심히 읽고는 병을 돌렸는데, 노인은 몇 초도 안 되어 주머니를 뒤져 돋보기를 꺼냈다. 하지만 생각했던 내용이 없었던지 화가 난 표정으로 와인 병을 도로 제자리에 내려놓았다. 왜 그랬을까? 글씨가 너무 작아서 읽을 수가 없었던 것이다. 자루 속에 든 고양이를 누가 산단 말인가? 아무도 안 산다.

📑 편안하게 읽을 수 있어야 한다

글씨가 작을 경우 자간을 넓게 하면 읽기가 한결 수월하다. 글씨체는 익숙한 것으로 선택하라. 흘림체나 필기체는 읽기가 힘들다. 주목을 요하는 대목은 진하게 표시하거나 장식을 하여 강조한다. 물론 장식은 적을수록 좋다.

원칙적으로 독해는 두 번의 과정을 거친다. 기호를 포착하는 과정과 인식하는 과정이 그것이다. 단어 이미지를 포착한 후 이것을 우리 기억 속의 단어 이미지와 비교한다. 둘이 일치하면 그 단어가 인식되고, 이것을 두고 독해라고 한다.

독자는 시력과 기억력을 사진기처럼 이용한다. 시선이 텍스트의 행을 미끄러져 가다가 멈추어 서서 그 부분을 찍는다. 그랬다가 다시 미끄러지고 멈추고 다시 찍는다. 멈춰 설 때마다 10개의 문자를 인식하지만 정확하게 바라보는 것은 가운데 부분만이다. 그리고 그 부분을 기억 속의 단어와 비교한다. 그 단어가 인식될 경우 계속 다음 철자로 넘어간다.

비교는 문자 하나하나가 아니라 단어 별로 이루어진다. 우리의 눈은 가장자리까지 정확하게 포착하는 렌즈가 아니다. 때문에 망막에 도달한 단어는 가운데 부분만 정확하게 인식하고 가장 자리는 흐릿하다. 그래서 비슷한 단어를 잘못 알아보는 경우가 발생하는 것이다. 이걸 두고 오독이라고 한다. 때문에 우리의 시선은 계속 앞으로만 미끄러져 나아가지 않는다. 가끔씩 확인을 위해 뒤로 건너뛰기도 한다.

📒 광택 없고 미끄럽지 않은 종이를 사용

노안이 오면 명암을 잘 구분하지 못하고 눈부신 빛에 약하다. 흰색 벽면은 쉽게 눈이 부신다. 음각, 즉 검은 바탕에 흰 글씨가 눈부심을 막는 데는 가장 좋겠지만 일반적인 관습에 역행한다는 것이 문제다. 그래서 검은 글씨를 쓰되 흰색을 피하고 황색이나 상아색 등의 바탕을 사용하는 것이 최선의 방법이겠다. 광택이 없는 종이가 번쩍거리는 종이보다 눈부심 예방에 효과적이다. 또 노인이 되면 운동 신경이 무뎌지기 때문에 미끄럽지 않은 종이가 좋겠다.

📖 빨강, 노랑, 오렌지가 좋다

컬러 광고는 흑백 광고에 비해 3배나 더 기억에 남는다고 한다. 컬러 광고를 적극 활용하라. 하지만 청색, 녹색, 자색 등은 구분이 잘 안되므로 이들 색상은 동시에 사용하지 않는 편이 좋겠다. 스펙트럼의 끝 부분에 있는 색깔, 즉 적색, 황색, 오렌지색 등이 눈길을 끄는 데에는 가장 효과가 뛰어나다.

색깔을 잘 활용한 컬러 광고의 실례로 헬레나 루빈스타인의 광고를 들 수 있겠다. 2면에 걸쳐 포스 C 시리즈 제품을 광고했는데, 오렌지색을 가지 각색의 색조로 보여주고 있다. 힘이 넘치고 따뜻하면서도 인식이 잘 되는 색깔이다.

이처럼 색깔 그 자체도 중요하지만 색조도 아주 중요하다. 파스텔 톤의 색상은 너무 약해 구분이 잘 안 된다. 반대로 화려한 형광 색깔은 눈이 부셔 배경 색으로는 적당하지 않다.

📙 확실한 이미지를 사용하라

"이미지는 뇌 속으로 발사된 빠른 총알이다."(크뢰버-릴) 이미지는 말보다 빠르다. 복잡함이 중간 정도인 이미지는 1.5초에서 2.5초 안에 인식이 된다. 같은 시간 동안 인식할 수 있는 단어는 불과 10개이다.

때문에 이미지를 이용하면 방향 찾기가 한결 수월하고 빠르다. 설명문을 읽는 것보다 시가 지도를 보면 훨씬 장소 찾기가 수월한 것도 바로 그런 이유에서이다.

이미지에서 중요한 건 대비, 명확도, 선명도이다. 대비가 확실하고 명확하고 선명한 이미지가 되려면 일단 배경과 확실하게 구분이 되어야 하고 완결성을 갖추어야 한다. 대비가 중요한 이유는 우리 눈에게 색이 아무런 의미도 없기 때문이다. 눈 그 자체는 색깔을 볼 수 없다. 망막추상체는 "양자 수집가"에 불과하다. 색깔은 광선을 뇌 속에서 소화하는 과정을 통해 비로소 생겨난다.

물리적 자극은 아주 오래된 인간의 생물학적 프로그램 속에 저장된다. 때문에 자동적으로, 무의식적으로 작동한다. 자극의 내용은 물론이고 형식도 활성화의 정도에 영향을 미칠 수 있다.

설문 조사 결과 75%가 광고를 그림부터 쳐다본다고 한다. 따라서 텍스트는 그림 다음에 위치시키는 것이 좋겠다. 그림 밑에 헤드라인을 써넣을 경우 주목의 효과가 10% 더 증가한다. 그림이 여러 가지인 경우 일정한 순서에 따라 관찰을 한다. 풍경보다는 사람을 먼저 보고 사람 중에서도 얼굴, 얼굴 중에서도 눈, 코, 입의 순서였다.

🔖 한눈에 들어오는 디자인

컬러, 크기, 강한 대비는 주목을 끌 수 있다. 광고의 크기가 클수록 눈에 잘 띄고, 그래서 주목의 효과도 크다.

단어의 돌출, 칸, 밑줄 등의 강조도 눈길을 끈다. 또 같은 색이라도 색조에 따라 효과가 다르다. 진하게 쓰거나, 서체를 달리하고, 텍스트에 컬러를 깔아주는 것도 한 방법이다. 그런 식의 이미지 요소가 많을수록 광고의 효과도 크다. 헤드라인은 큰 컬러 서체를 사용하고, 배경과 대비가 뚜렷하도록 유의한다. 특히 광고 문안이 감성적인 내용일 경우, 그 문안이 불러오는 이미지는 광고의 효과를 높여준다.

좋은 디자인은 피로를 덜어준다. 따라서 텍스트가 길다고 무조건 나쁜 건 아니다. 오히려 상세한 정보로 신뢰성을 높일 수 있다는 장점이 있다. 물론 잘 쓴 문안일 경우이다.

단락마다 제목을 달아 내용을 미리 요약해두면 열심히 읽지 않는 사람도 요점을 금방 파악할 수 있다. 가장 자리도 적극 활용할 만하다. 가장 자리에 단락의 내용을 간단명료하게 요약한다면 시간에 쫓기는 현대인의 시선을 잡아끌 수 있을 것이다.

🔖 바로 본론으로 들어가라

객관적이고 정보력이 뛰어난 광고가 최고다. 쓸데없는 이야기는 과감하게 삭제하라. 그보다 더 중요한 건 광고 문안이 논리적이고 누구나 쉽게 이해할 수 있는 내용이어야 한다는 점이다. 한 번에 읽고 바로 내용을 파악할 수 있어야 한다.

언어 정보는 노화에 약하다. 빠른 시간 안에 해체되어 버린다. 따라서 청각적 정보, 언어 정보는 최대한 단기간 안에 전달해야 한다. 전달하고자 하는 메시지를 중요한 내용만 간략하게 추려야 한다는 뜻이겠다.

문장 당 평균 단어 수

영화 대사	1~6단어
일간신문	12단어
교회신문	17단어
산문	19.3단어
철학 서적	27.8단어
문장 당 최적 단어 한계	9단어
독일통신사에 따른 이해도 구어체 문장 당 단어 한계	7~14단어
라이너스(rainers)에 따른 문장 이해 한계	18단어

최고 8단어의 짧은 문장이 가장 이해가 쉽다. 주절주절 늘어놓지 마라.

7~14단어가 넘어가면 이해력이 떨어진다는 건 조사 결과로도 밝혀진 사실이다.

➡ 튀빙엔의 언어학자 에리히 슈트라스너의 말에 따르면 우리의 단기 기억력 용량은 7단어에서 최대 14단어까지이다.

➡ 파더보른의 인공두뇌학 연구소는 1983년 8년에 걸친 테스트 끝에 몇 번째 단어에서 이해가 멈추는지를 밝혀내었다.

- 7세 아동의 경우 8번째 단어
- 성인의 3분의 1은 11번째 단어
- 성인의 절반 이상이 14번째 단어

➡ 뮌헨 대학 의학 심리학 연구소가 1982년에 발표한 조사 결과에 따르면, '순간'이 우리 의식 내에 머무르는 기간('현재'로 느껴지는 시간)은 2~3초이다. 3초면 7~8단어를 듣고 이해할 수 있는 시간이다.

📙 간단명료한 언어

간단하다는 건 일반적이라는 뜻이 아니며 오히려 구체적이라는 뜻이다. 간단하다는 건 인간의 입장에서 생각한다는 뜻이다.

노인들은 사실에 근거한 자료를 좋아하고, 과장에 쉽게 속아넘어가지 않는다. 따라서 '나무 망치' 방법은 효과가 없다. 마구 두드려 상대를 KO시키겠다는 전략은 절대 통하지 않는다. 항상 고객의 입장에서 생각하고 고객을 향하여 전달하라. 상품에 대해 이야기하지 말고 고객의 경험과 기대에 호소하라. 노년층 고객들은 자신의 경험 범위 안에 들지 않는 일에는 관심이 없다.

➡ 현재의 생활을 거론하라.
➡ 상상력을 자극하라.
➡ 고객의 견해나 입장을 공략하라.
➡ 고객의 자의식을 확인시켜라.

고객의 눈으로 제품을 바라보자. 어떤 장점이 있고 어떤 단점이 있는가? 고객의 입장에서 반드시 여러분의 제품을 사야만 하는 이유를 생각하여 보자. 실버 고객은 까다롭고 비판적이라는 사실을 잊지 말기 바란다.

구체적인 이미지를 사용하라

암시적인 표현으로 공략하자. 명사는 이미지를 담고 있고 형용사는 의미를 담고 있다. 때문에 대부분의 사람들이 명사를 선호하지만, 너무 지나친 명사의 남용은 이해하기도 힘들 뿐더러 어설픈 느낌을 준다. 반대로 형용사를 너무 많이 사용하면 알맹이 없는 미사여구의 나열처럼 보인다. 단어의 나열보다는 실례를 활용하라. "젊고 활력 있게!" 이런 문구보다는 "어제도 할머니는 11시가 넘어서 집에 오셨다!" 라는 표현이 훨씬 의미심장하지 않은가!

노년층의 관심을 모으는 텔레비전 광고

1. 컷의 속도를 줄여 한 장면에서 다음 장면으로 넘어가기까지 시간을 많이 둔다. 이미지가 너무 빠른 속도로 나열되면 소화 불량에 걸리기 쉽다. 글자 역시 화면에 비치는 시간을 넉넉하게 잡는다.
2. 이미지 사이에 짧은 막간 휴식 시간을 둔다. 그렇게 하면 각 이미지를 따로 따로 소화할 수 있다.
3. 여러 색깔을 빠른 속도로 나열하지 않는다.
4. 이미지 사이의 명암 차이를 줄인다. 너무 밝은 이미지에서 너무 어두운 이미지로, 혹은 그 반대로 급격하게 장면이 전환되지 않도록 한다.
5. 너무 많은 정보를 동시에, 그것도 다양한 감각 채널로 송출하지 않는다.
6. 광고 문안이 눈에 보이는 배경의 내용과 대립되지 않도록 한다. 청각적 정보와 시각적 정보를 동시에 송출할 땐 두 내용이 달라서는 안 된다.

라디오 및 텔레비전 광고가 유념해야 할 사항

1. 천천히 말한다.
2. 또박또박 말한다.
3. 목소리는 저음이 좋다. 이해하기도 쉽고 호감을 더 준다.
4. 너무 많은 소음을 한꺼번에 내보내지 않는다.
5. 배경 소리는 방해만 된다.
6. 메시지는 간단명료하게 표현한다.

14 열네 번째 법칙-서두르지 마라

노인들은 시각적 정보든 청각적 정보든 인식하고 소화하는 데 시간이 걸린다. 때문에 인쇄물을 선호한다. 하지만 다음 몇 가지 규칙만 지킨다면 텔레비전도 효과적인 광고 매체로 거듭날 수 있을 것이다.

텔레비전 광고는 여러 감각 통로에 호소한다. 때문에 시각적 부분 못지않게 청각적 부분도 중요하다.

또 한 가지 덧붙이자면, 과장하지 말아야 한다. 노인들은 바보가 아니다. 단지 젊은 사람들에 비해 시간이 좀더 필요할 뿐이다.

🖐 광고를 허사로 만들지 마라

노인들은 여러 가지 소음을 동시에 인지하기 힘들다. 때문에 소음의 수위는 최대한 낮추는 것이 좋다. 그래야 정말 중요한 정보를 매장에서 울리는 확성기 소리처럼 확실하게 인식할 수가 있다. 종업원 교육을 철저하게 시켜 만반의 준비를 갖춰놓았는데 주변 소음이 너무 시끄러워 고객들이 한 마디도 못 알아듣는다고 생각해보라. 소음 가득한 광고가 바로 그 꼴이다.

📙 정보 광고가 효율적이다

노년층에게 다가가기 위해서는 직접적인 반응을 유발하는 텔레비전 광고가 효율적이다. 텔레비전 광고는 비교적 비용이 덜 들며, 하루 중 많은 시간을 텔레비전을 보면서 지내는 노년층에게 접근할 수 있는 좋은 방법이다. 노년층이 하루에 텔레비전을 보는 시간은 200분이 넘는다. 텔레비전을 가장 많이 보는 계층이 바로 황금 연령층인 것이다. 하루 텔레비전을 보는 시간을 비교해보면 노년층이 젊은 층보다 51분이 더 길다. 정보 광고라 함은 상품에 대해 자세히 알려주는 판매광고라 할 수 있다. 정보 광고에서는 몇 분에 걸쳐 상품의 장점을 하나하나 자세하게 알려주어야 한다. 대체로 정보 광고는 먼저 상품에 대한 정보를 전달하고 뒤이어 상품 사용 후기나 추천의 말을 넣어 구성한다.

📙 롤링스톤스: 세대는 변한다

노인들도 발전을 거듭할 것이다. 지금 젊은 세대는 아버지 세대에 비해 훨씬 교육 수준도 높고 자의식도 강하다. 아버지 세대와 전혀 다른 환경 속에서 성장했기 때문에 아버지 시대의 전쟁과 가난의 경험에 관심이 있을

리 없다. 이렇게 세대는 변화하고 달라질 것이다.

"앞으로는 시장 커뮤니케이션의 규칙이 달라질 것이다. 지금의 노인들이 1960년대의 노인들과 전혀 다르듯이 오늘날의 40대가 65살이 되면 지금의 노인들과 전혀 다른 욕구를 표출할 것이다."(1996년 8월 14일자 〈한델스블라트〉)

노인들도 다른 연령층과 마찬가지로 다 같은 인간이다. 모두 똑같은 욕망과 욕구를 가진 존재이다.

마지막으로 한마디 더 하자면, 이미지 제공업체 '토니 스톤'은 '롤링스톤스'라는 제목을 붙인 자사 광고에 세월의 흔적이 역력한 약 90세에 달하는 노인들의 사진을 이용하고 있다.

실버 시장 제3부

제3부

실버 시장
-안드레아스 라이들-

서론 : 실버 시장의 영역들

시간이 지날수록 실버 시장이 더욱 관심을 끄는 이유는 무엇일까? 반어적으로 들리겠지만, 실버 시장을 구성하는 목표 고객 그룹이 '다시 성장하고' 있기 때문이다. 여러분은 이 책의 1, 2부에서 제시한 사실을 다 읽고 난 지금 실버 시장의 잠재력에 대해 보다 깊게 생각하게 되었을 것이다.

제3부에서는 실버 마케팅에 대한 구체적인 접근 방법과 각 산업 분야의 사례와 창조적인 사고들을 다루어보겠다. 어쩌면 여러분이 속한 분야도 포함될지 모른다. 벤치마킹의 의미에서 각각의 창조적 사고들은 모든 분야를 망라하여 적용될 수 있을 것이다.

먼저 노년층과 그 미래에 대해 잠깐 언급해보도록 하겠다. 이미 10년 전부터 실버 마케팅 전략이 있었으나 그다지 큰 성공을 거두지는 못했다고 생각하는 사람들이 있을 것이다. 맞는 말이다. 그러나 시대는 변하고 있다. 지금 우리 나라에서는 이전에는 전혀 생각하지 못한 상황이 벌어지고 있다.

수년 전부터 실버 마케팅 전략이 있어 왔고, 특별히 노년층을 대상으로 한 마케팅을 유달리 활발하게 펼치는 분야도 있다. '수명 연장 제품'을 다루는 분야가 바로 여기에 해당한다. '수명 연장 제품'이란 보다 오래 건강하고 매력적이며 활발하게 살기 위해 노인들이 구매하는 모든 종류의 보조 기구나 상품들을 말한다. 마케팅에 종사하는 사람들은 다소 반어적으로 이 연령층 그룹을 "쿠키덴트"[9]라고 즐겨 부른다. 제약 기업들 중 상당 수가 이미 오래 전부터 노년층 목표 그룹에 의해 유지되어 왔는데, 인간 수명이 더욱 길어지면서 이러한 기업들은 더욱 더 발전할 것이다.

마케팅에서도 노년층은 상당한 관심거리다. 물론 이러한 사실은 오래 전부터 널리 알려져 있었고 잘 이용되었다. '수명 연장 제품'을 팔기 위해 효과적인 마케팅 전략들을 찾아내었으며, 판매 실적이나 결과를 보면 마케팅 전략이 크게 효과를 내고 있음을 알 수 있다.

우리가 관심을 두는 것은 노년층의 일반적인 욕구와 그에 대한 마케팅 전략에 대한 이해이다. 다음에 언급하는 사실들을 고려하면 왜 이 점이 그렇게 중요한지 쉽게 알 수 있을 것이다(경제 부흥기를 특별히 거론한 데에는 내가 매우 추천하고 싶은 책인, 아르네 안데르센이 쓴 『좋은 삶에 대한 꿈』의 영향이 어느 정도 작용했다).

2000년에 1940년생 사람들이 60세가 됐다. 그 유명한 68 학생 운동 세대가 이제 노년층이 된 것이다. 이들은 현재와 미래의 황금 연령층이다.

---

9) 1994년 헬무트 토마가 50세 이상의 시청자들에게 붙인 이름. 이로 인해 헬무트 토마는 해마다 시청자들이 뽑고 아우구스투스 호프만 출판사가 시상하는 '시청자 모욕상'을 탔다.

1940년과 50년 사이에 태어난 이들 세대는 1950년대와 1960년대의 소비 성향에 크게 영향을 받았다. 이 사실이 왜 중요한 것일까? 오늘날 노년층에 대해 말하는 사람들은 늙고 병들고 신체 장애가 있으며, 구두쇠에다 비소비적인 모습을 떠올린다. 여러분은 자신이 50, 60, 70, 혹은 80세가 되었을 때 소비 생활을 하지 않을 것이며, 휴가도 가지 않고, 자동차나 투자, 옷, 주택 등에 더 이상 관심을 갖지 않을 것이라고 생각하는가? 절대 그렇지 않을 것이다. 1940년 이후에 출생한 오늘날의 노년층 또한 마찬가지이다.

🔖 경제 부흥기

마케팅에서 경제 부흥기가 왜 그리 중요할까?

아르네 안데르센은 그 이유를 다음과 같이 설명한다. "오늘날 거의 신화적으로 보이는, 1948년에 이루어진 화폐 개혁을 일반적으로 경제 부흥기의 발단이라고 생각하는데, 사실 이 화폐 개혁은 생활비 영역에 결코 긍정적인 영향을 주지 못했다. 그럼에도 불구하고 화폐 개혁이 실시된 1948년 6월 21일 이후로 상점 진열대는 물건들로 가득 찼다. 대부분의 독일인들이 결코 오랫동안 구경하지 못할 것이라고 생각한 상품들이었다."

물론 전쟁 전에도 투자재는 있었다. 하지만 전쟁이 끝난 후에야 비로소 소비재의 대량 생산이 이루어졌다. 1950년과 1963년 사이에 실질 산업 생산이 185% 증가했고, 이런 경제 속도를 쫓아온 나라는 몇 되지 않았다. 1950년 독일의 자동차 생산이 50만 대였는데, 1960년에는 400만 대 이상으로 늘었다.

구 산업 사회와는 다르게 급성장하는 소비 사회에서는 소비와 생산이 매우 긴밀하게 연관되어 있다. 경제 부흥기는 사회의 모든 계층에 영향을 미쳤다. "모든 사람이 다 잘 사는"이라는 구호가 그런 사실을 상징해주었다. 이 구호는 당시 경제 장관이었던 루트비히 에르하르트 교수가 1957년의 총선거 전야에 기독민주당 전당 대회 연설에서 주요 쟁점으로 삼았던 것이다.

📙 생활 습관의 변화

마케팅에서 중요한 것은 1950년대부터 1980년대에 이르기까지 생활 습관이 어떻게 변했는지를 관찰하는 일이다.

1950년대 초기에는 소위 '먹자판'이 크게 작용했다. 식료품, 의류, 가전제품 등의 소비 물결이 기본 욕구를 만족시켜주었다. 그리고 1960년대에는 자동차의 대량 보급과 여행 물결이 생활의 풍요를 가져다주었다.

불룩 나온 배는 전후 궁핍한 시절을 성공적으로 이겨낸 표시였다. 하와이 여행은 많은 사람들에게 실현 불가능한 꿈이었으며, 1950년대의 실현 불가능한 이 꿈의 대용품이 집 안으로 들어왔다. 주부들이 처음으로 식사 준비에 냉동식품을 이용하기 시작했으며, 식품 가게에서도 이런 변화의 조짐이 느껴졌다. 지역 상품을 우선적으로 판매하던 식품 산업은 이제 수요에 맞춰 거의 모든 제품을 제공해야만 했다. 자신이 필요한 양만 살 수 있던 시기는 영원히 사라져버렸다.

그러나 오늘날 이런 경향이 다시 등장했다. 사회가 개인화 되어가면서 개개인에 맞춘 새로운 포장방식이 등장하여 꼭 필요한 양만 살 수 있게 된 것이다. 혼자 먹을 만큼의 저녁 식사라든가 혹은 친구들과 함께 파티를 열만한 양을 선택할 수 있게 되었다.

포장

대량 소비 상품이나 셀프서비스 상품들은 산업적으로 포장된다. 2차 대전 이전에 산업적으로 포장된 상품은 몇 가지에 불과했다. 나머지 상품들은 특별한 상표도 없이 서랍이나 병, 깡통 혹은 자루에 담아 놓고 팔았다. 어렸을 적 길모퉁이 구멍가게에서 큰 병에 담아 팔던 사탕을 기억하는가? 사탕을 담은 병이나 봉지에는 어떤 상표도 없었다.

여행 붐 시기

여행 붐이 일었던 1962~1966년과 1877~1980년은 마지막 소비 물결이 일었던 시기로 여겨진다. 먼 곳에 대한 동경이 가요에서 등장했다. 이런 가요들은 수백만 사람들 가슴을 파고들어 여행에 대한 갈망을 부추겼지만 아직은 돈이 없었다.

또 1950년대에는 전쟁 포로의 경험과 이제 막 극복한 고향을 잃은 설움 때문에 먼 곳에 대한 동경이 그리 크지 않았다. 1962년이 되어서야 비로소 먼 나라로 휴가 여행을 갈 수 있는 사람이 총 인구의 30% 이상까지 상승했다. 처음에는 주로 독일의 남쪽이나 북쪽 지역을 향하는 특별열차를 이용했다. 그리고 얼마 지나지 않아 자가용을 여행수단으로 이용하기 시작했다. 독일 휴양지보다 외국으로 여행을 떠난 여행객 수가 처음으로 더 많았던 시기는 1968년이었다. 1972년의 여행객 수는 2000만 명에 달했는데, 그중 1000만 명이 국외 여행자였다. 그리고 1970년대 이후로 여행 방식이 바뀌었다. 짧게 여러 번 휴가 여행을 가는 추세로 바뀐 것이다. 1980년 중반에는 세 사람 중 한 명이 한 번의 짧은 여행을 한 것으로 집계되었다. 1950년대와 1960년대에는 노년층이 여행을 하고 싶어도 돈이 없어 할 수 없었지만 오늘날의 노인들은 자신의 꿈을 실현할 수 있다. 이제는 해마다 여행을 가는 것이 당연한 일로 여겨지고 있으며, 이러한 습관은 경제 활동을 끝내고 은퇴한 후에도 변하지 않을 것이다. 여행은 노인들에게 가장 중요한 소비 습관 중의 하나로 꼽힌다.

📖 자동차 소유: 기동성

누구에게나 첫 차를 구입하는 것은 특별한 일이다. 처음 차를 사면 자신과 가족뿐만 아니라 온 친척과 친구, 이웃들까지도 같이 흥분한다. 자동차는 소비재라기보다는 가족의 일원으로 여겨진다. 자동차 보급이 얼마나 빠르게 이루어졌는지는 폴크스바겐의 소형차인 케퍼(Käfer)의 판매고를 보면 알 수 있다. 1947년 30대에 불과한 일일 판매량이 1955년에는 1000대로, 1960년대는 4000대로 매우 빠르게 증가했다. 지금까지 전설적인 소형차 케퍼의 판매량은 2250만 대에 이르며, 신화는 계속 이어진다. 폴크스바겐의 비틀(Beetle) 역시 많은 사랑을 받는 차이다. 독일에 첫 선을 보인 날 이미 10만대의 주문이 들어왔었다. 50대 연령층에게 첫 자동차에 대한 기억을 불러일으킨 것이다. 혹시 길을 가다 비틀이 지나가는 것을 보면 운전자가 누구인지 관심 있게 보기 바란다. 온화하고 기쁨이 충만한 얼굴의 50대 중반의 운전자를 자주 볼 수 있을 것이다.

1994년 독일 연방 교통부의 집계에 따르면, 신차 구매자 중 절반 이상이 60~69세 사이의 노인들이었으며, 새 차를 구매한 사람 중 10%가 적어도 65세 이상이었다. 노년층은 자동차 시장에서 결코 간과할 수 없는 고객이다. 특히 점점 더 많은 여자 노인들이 면허증을 갖게 되면서 자동차는 중요한 이동 수단이 되고 있다. 포드 사의 포커스나 신종 피에스타는 편안함이나 디자인 -차체가 높아 타기가 편리하다 -에서 나이 든 운전자들이 원하는 바를 충족시켜준다.

📔 주택

주택은 인간의 가장 기본적인 욕구 중의 하나이다. 1951년에 실시된 알렌스바흐 여론 조사에서 안전, 평화, 사랑에 앞서 주택이 제1 희망 사항으로 드러난 것도 놀랄 일이 아니다. 독일인들은 무엇보다 나무와 숲이 많은 곳에 집을 짓고 싶어 하는데, 이것은 지금도 변하지 않고 있는 희망사항이다.

독일 연방 정부의 제2차 노년층 보고서에서도 노년층이 주택에 매우 높은 가치를 두고 있음이 나타났다. 노년층의 주거 문제는 건설 업계에만 해당되는 큰 숙제가 아니다. 노년의 주거 문제와 두 세대가 함께 사는 주거 개념, 또 식료품점이나 병원, 문화 시설, 교통 시설 등에 대한 새로운 사고가 필요하다.

1950년에는 4가정 중 1가정이 집을 소유했으며, 그 비율은 오늘날까지 꾸준히 상승하여 왔고, 현재 40% 이상이 자기 집을 소유하고 있다. 노인들 중 자기 집에 살고 있는 비율은 서독 지역이 60%, 동독 지역이 35%에 달한다. 1980년 이후 독일 연방 토지 및 공간 관리 연구처의 통계를 보면 비도시 지역에서 인구 성장률이 높아진 변화를 볼 수 있다.

통계를 보면 자기 집을 직접 짓는 사람의 평균 나이가 약 38세인 것을 알 수 있는데, 이들 중 첫 세대가 이제 은퇴 시기에 접어들고 있다. 이들의 자녀들은 이미 출가했거나 곧 출가할 나이에 이르렀다. 이런 변화에 따라 집 자체에 대한 욕망이나 필요, 또 주택의 안전성이나 시설, 구매 방식, 이동성, 여가 활동 등에 대한 욕망과 필요성이 변한다. 달리 표현하면, 혁신적인 기업에게는 무한한 기회가 찾아오는 것이다.

📙 가재도구

1952년에서 1957년 사이에 가재도구의 구입이 특히 많았는데, 가전제품의 소비 습관 변화가 커다란 몫을 차지했다. 오늘날의 부엌을 들여다보면 적어도 10개에서 15개에 이르는 가전제품이 자리를 차지하고 있다. 남편들이 가사를 도와주지 않는 대신 가재도구를 선물로 사줌으로써 하나 둘 늘어가는 경우가 많다. 집안 전체로 보면 믹서와 전축, 구강 샤워기에 이르기까지 가전제품의 수는 약 30여 개에 이른다.

자신이나 부모님이 처음으로 세탁기를 들여놓았던 때를 기억하는가? 오늘날에는 가정의 기본 필수품으로 당연하게 여겨지는 세탁기는 1950년대에는 굉장한 의미가 있었다. 1950년대 알렌스바흐 연구소의 설문 조사에서 "다음 중 어떤 물건이 구비되면 편안한 삶을 살고 있다고 말할 수 있습니까?"라는 질문을 했는데, 냉장고와 세탁기가 제 1순위였고, 그 다음이 청소기였다.

그후 10년이 지난 후 세탁기 보급률은 50%~70%로 상승했다. 세탁기는 많은 사람에게 신기한 기계로 여겨졌다. 1970년대에 이르러서도 여전히 새로 산 세탁기를 자랑스러워하던 주부들은 시작 단추를 누른 뒤에도 한참 동안 세탁기 앞에 서 있곤 했다. 그뿐만이 아니다. 독일 연방 재판소는 1960년까지도 세탁기를 특별 소비재로 지정했다.

부엌

부엌은 오랫동안 가정의 대화가 주로 이루어지는 곳이었다. 모든 축하 파티가 부엌에서 끝날 정도로 오늘날에도 부엌은 여전히 사람을 끌어들이는 놀라운 힘을 발휘한다. 옛날에 집안의 중심이 부엌이었던 데에는 실용적인 이유가 있었다. 하루 종일 따뜻한 곳이 부엌밖에 없었기 때문이다. 1960년까지만 해도 10가정 중 1가정만이 중앙난방 시설을 갖추고 있었다.

아름다운 집

집을 꾸밀 때에는 무엇보다 거실이 우선이다. 일요일에는 손님접대 공간이며, 보통 때에는 온 식구가 모이는 공간이기 때문이다. 보통 1950년대의 니렌티쉬(nierrentisch)[10]를 즐겨 회상하긴 하지만, 당시 현실을 들여다보면 상류층의 유겐트스틸 분위기나 현대적 감각의 니렌티쉬도 일상의 스트레스를 풀어주고 원기를 회복시켜주지는 못했다. 일반 국민들의 기호는 분명했다. 국민의 60%가 커다란 거실장이 있고, 가운데에는 식탁이 있으며, 묵직한 헝겊 소파가 자리 잡고 있는 거실을 선호했다.

📒 절약 정신

절약은 오랜 동안 자명한 덕목으로 여겨졌다. 그래서 돈에 인색하거나 소비에 비우호적인 태도가 구식 소비자들에게는 장점으로 작용했다. 전쟁 시기에는 절약이 살아남기 위해 어쩔 수 없는 덕목이 되었다. 따라서 전쟁 후 가능한 빨리 이 덕목을 떨쳐버리려는 사람들의 욕구는 놀라운 일이 아니었다. 1950년대까지만 해도 많은 사람들이 일상생활에 꼭 필요한 물건을 구매하는 데 그쳤으며, 경제 전문가들은 이러한 일상용품의 소비에 크게 관심을 두지 않았다. 대량 소비가 시작되면서 비로소 이러한 국한된 소비를 주목하게 되었다. 그리고 필요 충족의 경제에서 필요 창출의 경제로 이행된 것이다.

---

10) 신장(腎臟: nieren) 모양의 탁자. 독일에서는 1950년대에 거의 모든 분야에서 신장 모양의 디자인이 유행했다. 이는 국가 사회주의의 규격성과 압제에 대항한 정신에서 비롯된 것이다. 이 유행은 제3국에서처럼 개인이 전체의 부속품이 아니며 개별 가치가 있는 한 인간이라는 사실이 경제 부흥기를 거쳐 인식되면서 급격하게 사라졌다. (옮긴이)

1950년대가 '보다 많은 능력 발휘'의 시대였다면, 1960년대는 '보다 많은 누림의' 시대라고 할 수 있다. 다양한 상품 세계가 열리면서 소비 사회의 길을 열어주는 인식과 정신의 변화가 함께 시작되었다.

생활 습관과 경험, 청춘 시절의 아름다운 기억들은 소비 행동 방식을 크게 좌우한다. 노년 세대를 대상으로 한 마케팅뿐만 아니라 모든 마케팅에서 생활 습관과 소비 습관에 영향을 미치는 인간의 감정적 요소들을 인식하는 것은 매우 중요하다. 이러한 감정적 요소들을 인식하고 나서야 비로소 효용성을 제공하고 욕구를 만족시킬 수 있는 상품과 서비스를 만들어낼 수 있다.

시장은 식물과 같다. 땅 속에 숨어 있기 때문에 오랫동안 그 모습을 볼 수 없다가도 갑자기 땅 위로 모습을 드러내 우리의 인식 범위로 들어온다. 노년층 소비자들이 구성하는 시장은 오랫동안 잠자고 있었다. 물론 몇몇 마케팅 전문가들은 10년 훨씬 이전부터 노년층 시장을 홍보하여 왔다. 예언자처럼 그들은 자신의 시대를 앞서가고 있었다.

전쟁 세대에서 소비 생활에 크게 영향을 받은 경제 부흥기 세대로 이행하는 오늘날에서야 달라진 소비 욕구에 기반을 둔 시장들이 모습을 드러내기 시작했다. 오늘날의 노년층은 경제 부흥기 세대로서 소비에 길들여져 있다. 이들은 수많은 상품에 둘러싸여 성장했으며, 자신의 원하는 것이 무엇인지를 정확히 알고 있다. 노련한 소비자인 이들에게는 단지 아름다울 뿐만 아니라, 이들이 요구하는 바를 충족시켜주는 상품과 서비스를 제공해야만 한다. 상품의 질, 신뢰성, 적절한 가격, 효과적인 상담과 조언에 대한 기대가 우선 충족되어야 한다.

이용하는 데 편리하고 보다 쉽게 조작할 수 있으며, 효용성을 분명히 인식할 수 있는 새로운 상품과 서비스를 제공하는 데에는 어느 정도 까다로운 요구 조건도 많지만, 반면에 도전과 기회 또한 그만큼 크다고 할 수 있다.

이러한 도전을 여러분이 기꺼이 받아들이기 바란다. 가장 빠르게 성장하는 시장에서 새롭고 끊임없이 변하는 상품과 서비스의 세계를 만들어나가는 데 동참하기를 바란다.

1 여행

얼마 전 플로리다에서 막 돌아온 친구 어머니를 만났다. 어머니는 친구분들과 함께 전쟁이 끝난 후 미국으로 이민 간 동창생을 방문하러 그곳에 갔다고 했다. 세 분 모두 70세가 넘었는데, 여행을 매우 좋아하여 플로리다에서 출발하여 4주에 걸쳐 알래스카를 여행한 뒤, 다시 8주 동안 플로리다에서 시간을 보냈다고 했다.

만약 여러분이 그들을 재산이 많은 유복한 노인들로 상상했다면 아마도 크게 실망할 것이다. 세 분은 모두 평범한 은퇴 노인들로, 어린 시절의 친구를 함께 방문하기 위해 몇 년 동안 연금을 저축해놓았다.

노인들이 그저 집안에만 갇혀 지내며 여행하지 않으리라는 잘못된 생각을 하지 않기 바란다. 혹시 여러분은 커피 모임을 핑계로만 노인들을 집에서 유인해낼 수 있을 것이라 생각하지는 않는가? 그렇다면 여러분은 큰 실수를 저지르는 것이다. 50세 이상의 세대는 그 어느 세대보다 여행을 즐기며 여행을 위해 기꺼이 돈을 지출하고자 한다.

돈에 관해 말이 나온 김에 덧붙이자면, 프랑크푸르트 알게마이네 차이퉁에서 발행하는 잡지 〈매거진〉에 얼마 전 '난리가 난 바다 여행'이라는 제목의 재미있는 기사가 실렸다. 거대한 유람선인 로열 바이킹 선이 124일에 걸친 세계 일주라는 여행 상품을 제공했는데, 이 여행에 참여한 사람이 모두 65세 이상이었다고 한다. 아마도 가격 때문이었는지 모르겠다. 2인 기준의 외곽 선실이 4만8880유로였다. 물론 미사와 의료 지원이 모두 포함된 가격이었다.

📋 여행 시장 상황

뮌헨 소재 여가 산업 연구소에서 1997년에 발표한 연구 결과에 따르면, 2005년에는 50세 이상의 사람 중 5400만 명 이상이 여행을 떠날 것이라고 예측되고 있다. 1995년보다 1350만 명이 더 여행을 떠난다는 의미이다. 예상 수치를 자세히 들여다보면, 2005년에는 2700만 명이 외국으로 여행을 떠날 것인데, 이들은 젊은 노년층에 속한 사람들이 대부분이다. 국내 여행도 비슷한 수치로 2720만 명에 달한다. 2005년과 1995년을 비교하면 35%에 육박하는 상당한 증가를 의미한다.

또 해마다 태양이 비치는 남쪽 지역에서 겨울을 보내는 사람만 해도 20만 명에 달한다는 사실을 확인해보라. 가장 선호하는 곳은 여전히 마조르카이고, 그 다음으로는 그란 카나리아와 테너리페이다. 또 요즈음에는 새롭게 코스다델솔 해안이 각광을 받고 있다. 은퇴 노인들은 남쪽 지방에 가서 따뜻한 태양과 값싼 물가를 즐기며 지낸다. 독일 노인들은 날씨가 나쁜 날이나 겨울에는 거리에 나가기를 두려워하여 주로 집안에 머문다.

성장하는 노년층 여행 시장

다른 모든 시장과 마찬가지로 50세 이상 세대의 여행 시장도 결코 균일하지 않으며, 매우 다양한 층으로 구성되어 있다. 따라서 다음과 같이 노년층을 다양하게 구분하여 관찰한다. 50세 이상과 60세 이상, 그리고 고령의 노인층, 건강에 문제가 있어 여행지를 고르는 데 다른 요소를 중요하게 생각하는 그룹이다. 나이, 신체 상태, 수입, 가족 관계, 여행 경험, 여행 관심도, 여행 목적지에 대한 충실도가 노년층의 정보에 대한 태도와 예약 태도에 영향을 미친다.

시장이 분화될수록 수많은 소집단에 따라 마케팅의 접근 방법도 다양해지는데, 이를 좋은 기회로 이용할 수 있다.

여가산업 연구소의 정보에 따르면 50세 이상 세대의 여행 빈도는 다른 연령층보다 3배 이상 빠르게 성장한다. 현재 노년층의 여행에 대한 관심은 그 어느 때보다 높다. 총 여행 횟수 40%가 노년층에 집중되어 있다.

60세 이상의 노년층이 보여주는 여행에 대한 관심 또한 그 어느 때보다 높다. 이 연령층이 차지하는 연간 여행 횟수는 800만에 달하며, 추가로 짧은 국내 여행 횟수가 900만이고, 적어도 5일에 달하는 국외 여행 횟수는 800만에 달한다. 이러한 수치는 독일 호텔 및 여관 협회로부터 의뢰를 받아 행한 닥터 구그&닥터 한크-하세(Dr. Gugg&Dr. Hank-Hasse) 컨설팅 사의 여행 시장 조사 결과이다.

결론적으로 노년층은 한해 평균 1.34회 여행을 하며, 젊은 층보다 더 자주 여행을 하고 있다. 이들이 여행에 지출하는 비용을 통해 15만 명에 달하는 완전 고용직이 창출되는 셈이며, 이는 호텔 및 여관업에 매우 긍정적으로 작용하고 있음을 말해준다. 노년층은 국내 여행을 더욱 즐기는 편인데, 이들이 해마다 국내 여행에 75억 유로에 달하는 돈을 지출한다. 가장 선호하는 국내 여행지로는 바이에른, 바덴뷔르템부르크, 슐레스비히홀슈타인을 들 수 있다.

국외 여행지로는 잘 알다시피 일조량이 많은 지역과 오스트리아를 선호한다. 따라서 오스트리아의 호텔들이 이들의 잠재력을 완전히 이용하고 있다는 점은 놀라운 일이 아니다. 예를 들면, 잘츠부르크 주에서는 20개 호텔이 연합하여 '진정 행복해질 수 있는 곳!' 이라는 캠페인을 벌이고 있다. 물론 이 캠페인에 동참하기 위해서는 엄격한 70가지 조건을 준수해야만 한다. 이 조건들 중에서 가장 중요한 것은 편안하고 안락한 분위기 조성과 손님을 한 명 한 명 직접 친절하게 맞아들여야 한다는 점이다. 오스트리아의 호텔 경영인들이 이 캠페인을 얼마나 진지하게 받아들이고 있는지는 아주 세세한 부분까지 감안한 그들의 경영 개념을 보면 잘 알 수 있다. 이에 따라 노년층 여행객들은 특별한 여행 서비스를 요구할 수 있다. 열차나 자가용을 이용하지 않는 여행객들은 집으로 직접 방문하여 짐과 함께 여행지로 이송해주며 여행이 끝난 후에는 집까지 데려다 준다.

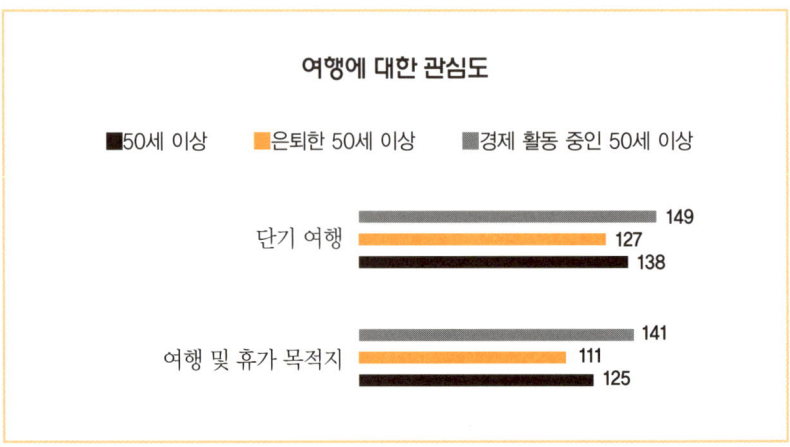

여행에 대한 관심도

■50세 이상　■은퇴한 50세 이상　■경제 활동 중인 50세 이상

단기 여행
149
127
138

여행 및 휴가 목적지
141
111
125

출처: TdW 인터미디어 98/99, 50세 이상(평균 및 평균 이상으로 관심을 보인 사람들), 전체 인구=100

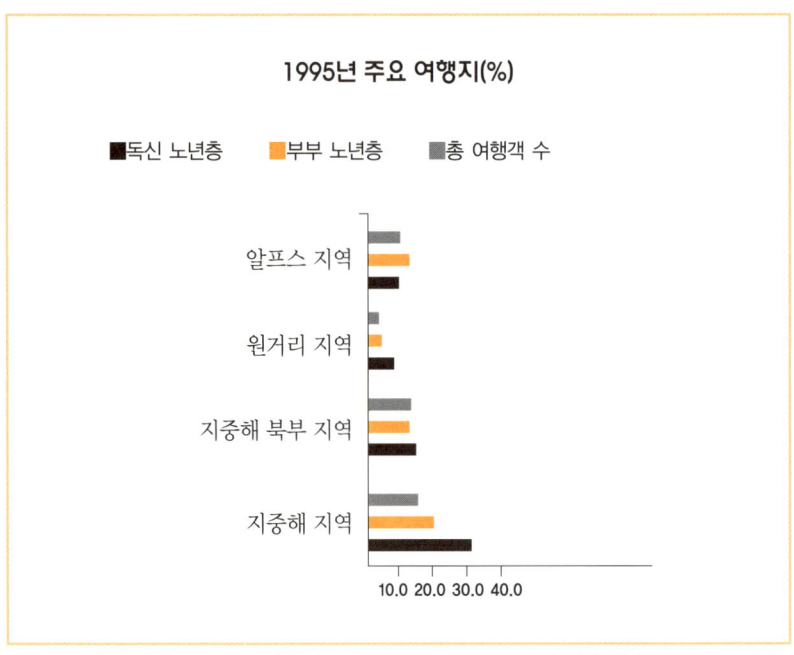

1995년 주요 여행지(%)

■독신 노년층　■부부 노년층　■총 여행객 수

알프스 지역

원거리 지역

지중해 북부 지역

지중해 지역

10.0　20.0　30.0　40.0

출처: 노년층의 여행, 성장하는 여행 시장 제1호, DEHOGA(독일 숙박업 협회)의 의뢰로 닥터구그&한크-하세(Dr.Gupp & Dr. Hank-Hasse) 사가 시행한 조사연구. (옮긴이)

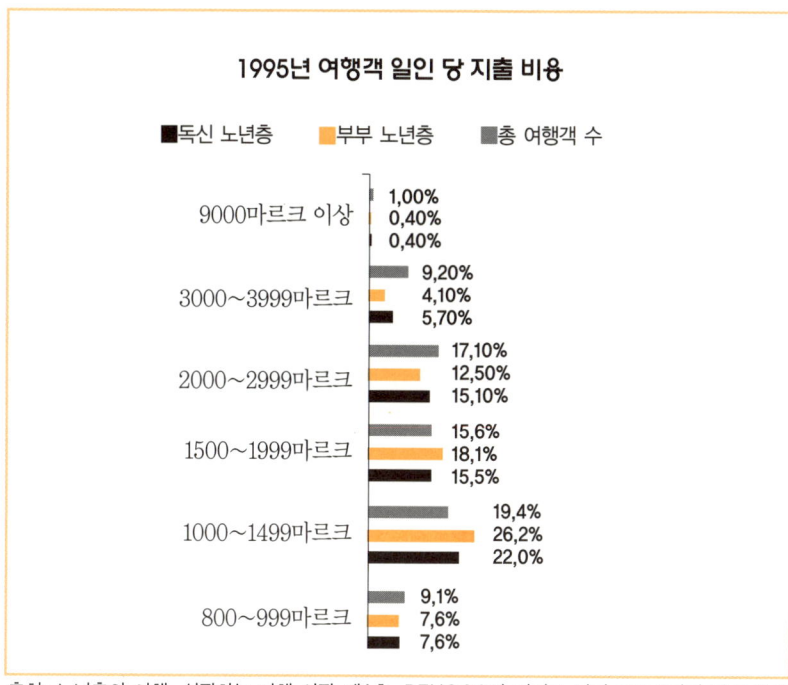

1995년 여행객 일인 당 지출 비용

■독신 노년층   ■부부 노년층   ■총 여행객 수

9000마르크 이상	1,00% / 0,40% / 0,40%
3000~3999마르크	9,20% / 4,10% / 5,70%
2000~2999마르크	17,10% / 12,50% / 15,10%
1500~1999마르크	15,6% / 18,1% / 15,5%
1000~1499마르크	19,4% / 26,2% / 22,0%
800~999마르크	9,1% / 7,6% / 7,6%

출처: 노년층의 여행, 성장하는 여행 시장 제1호, DEHOGA의 의뢰로 닥터 구그&닥터 한크-하세
(Dr. Gugg&Dr. Hank-Hasse) 사가 시행한 조사 연구

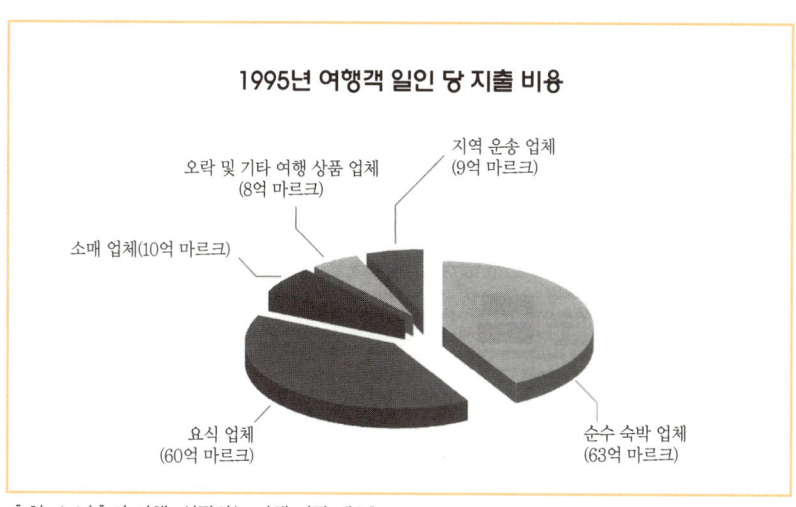

1995년 여행객 일인 당 지출 비용

오락 및 기타 여행 상품 업체
(8억 마르크)

지역 운송 업체
(9억 마르크)

소매 업체(10억 마르크)

요식 업체
(60억 마르크)

순수 숙박 업체
(63억 마르크)

출처: 노년층의 여행, 성장하는 여행 시장 제1호.

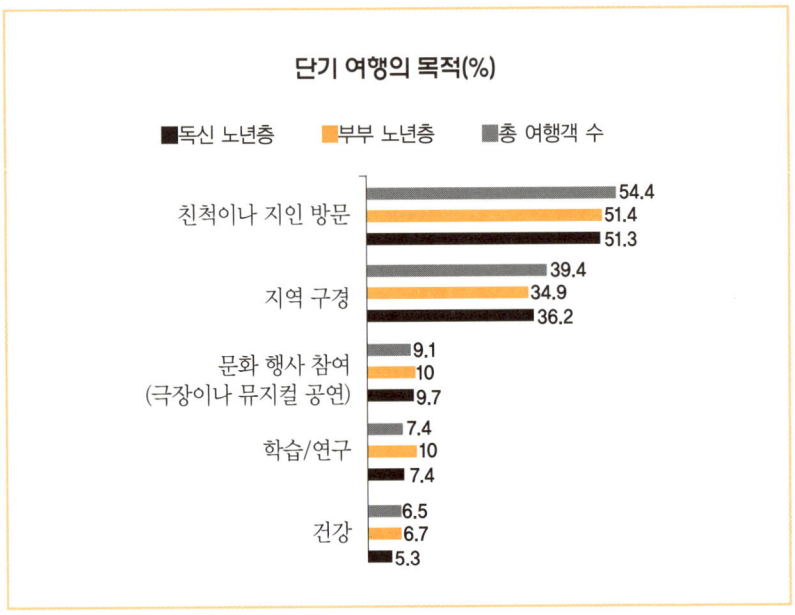

출처: 노년층의 여행, 성장하는 여행 시장 제1호.

노년층의 주요 여행 목적은 다음과 같다.

➥ 학습/연구 혹은 문화 행사 참여

➥ 건강을 위한 요양

➥ 스포츠 및 기타 활동

➥ 지역 구경

➥ 친척이나 지인 방문

여행하는 '노년층'이라 하면 보통 카리브해 해안에서 휴식을 즐기는 멋진 외모의 활동적인 60대 노인을 상상한다. 이 나이의 노년층은 지나온 삶

의 결과로서 소비 사회가 제공하는 기쁨을 만끽한다. 그러나 50세에서 80
세에 이르는 나이의 사람들을 모두 같은 노년층으로 생각하지만, 그렇지
않다. 마케팅을 하는 사람들은 나이에 따라 적어도 두 가지 유형으로 노년
층을 나눈다. 건장하며 활동적이고 무엇이든 즐기며 시도하려는, 약 70세
까지의 젊은 노년층과 70세부터 75세 사이의 나이든 노년층이 바로 이 두
가지 유형이다. 그 이후의 노년층에서는 나이에 따른 장애가 많이 생기며,
따라서 활동이 적고 주로 집 안에서만 지낸다. 이 나이층에 속하는 노인들
은 여행 시장에서 특별히 일정 황금 연령층을 대상으로 서비스를 제공하는
데 대해 별다른 이의를 제기하지 않는다.

노인들에게 여행은 인생에서 매우 중요한 역할을 한다. 지난 몇 년 동안
직장인들을 대상으로 은퇴 후 가장 하고 싶은 일이 무엇이냐는 설문 조사
를 보면 모두가 하나같이 여행이라고 답변했다.

혹시 여행이 나이가 들면서 느껴지는 인생의 무상함으로부터 탈출하려
는 현상은 아닐까? 여행 프로그램을 통해 그저 시간을 흘려보내려는 것은
아닐까? 아니면 호기심이나 뒤늦은 욕구 때문일까? 혹시 의식적으로 삶을
즐기려는 방법은 아닐까? 물론 우리는 아직 이 점에 대해 많이 알고 있지
못하다. 그러나 한 가지 확실한 것은, 오늘날의 노년층은 더 이상 자식이나
손자들을 위해서가 아니라 자기 자신을 위해 저축하고 있고, 그중 많은 부
분을 여행에 지출한다는 사실이다.

유럽 여행 모니터 사의 분석을 보아도 노년층의 여행이 점점 증가하고
있음을 알 수 있다.

➡ 1995년부터 2000년까지 50세에서 75세 사이의 유럽 노년층의 여행은 약 3분의 1 정도 증가했다.

➡ 노년층의 여행을 통해 벌어들인 국내 여행 수입에서 독일은 영국 다음으로 높았다.

➡ 특별히 여행 수요가 크게 증가한 것은 70세 이상의 최고령자 층이었다. GfK사의 조사 결과가 보여주는 것처럼 이 연령층이 원거리 여행에서 차지한 비율은 1992년의 4%에서 1999년 8%로 2배 증가했다.

이렇게 노년층이 여행을 좋아하는 덕택에 여행사들은 연간 약 75억 유로를 벌어들이고 있다.

이러한 현상은 현실적으로 부정할 수 없는 분명한 사실이다. 그러므로 오늘날의 노년층이 진정으로 원하는 것을 정확히 파악할 수만 있다면 좋을 결과를 얻을 수 있을 것이다. 사실 아직도 많은 기업들이 노년층을 논외 대상으로 여기고 있는 실정인데, 80%에 달하는 노인들이 노인을 위한 특별 여행 서비스를 거부하기 때문이라고 주장한다. 그러나 이 말은 노인들이 '노년층'이라고 불리기를 원하지 않으며, 여행할 때에도 같은 노년층끼리 시간을 보내는 것에 관심이 없음을 의미할 뿐이며, 여행과 관련하여 노년층이 바라는 바가 무엇인지에 대해서는 많은 정보를 제공하지 못한다. 노년층은 많은 요구 사항을 제시한다. 오랜 동안의 소비 경험을 통해 비판적인 소비자로 변신한 노년층의 요구 사항은 어쩌면 다른 연령층보다 더 격이 높을 수 있다. 또 나이 때문이라도 젊은 계층보다 까다로운 여행 조건을 요구하기도 한다.

BAT 여가 시간 연구소의 연구결과를 보면 여가 시간을 보내는 항목 중 여행이 제3위를 차지함으로써 사람들이 여행을 얼마나 선호하는지 알 수 있다. 황금 연령층은 여행을 포기하느니 기꺼이 자동차나 의류 구입 혹은 문화 행사, 취미 활동을 줄이려 한다. 심지어 노년층의 23%가 여행을 위해 저축을 하고 있다.

노년층이 싫어하는 것

상품/포장 -생산자

46%의 노인이 유통 기한 표시가 눈에 잘 띄었으면 좋겠다고 응답했다.

27%가 번쩍거리는 포장재가 눈에 거슬린다고 대답했다.

25%가 작고 개봉이 쉬운 포장을 원했다.

가게 구성과 판매원 -상인

61%가 애용하는 생필품 가게를 비판했다.

29%가 보다 나은 고객 안내 시스템을 원했다.

29%가 노년층을 위한 계산대가 따로 있으면 좋겠다고 답했다.

24%가 낮은 제품 진열대를 원했다.

21%가 판매원들이 좀더 친절했으면 좋겠다고 답했다.

19%가 좀더 편리한 쇼핑 카트를 원했다.

출처: 마이어 헨첼 경영 컨설팅 사, 자브뤼켄

황금 연령층에게 알맞은 여행

오늘날의 50세 이상 연령층은 전쟁과 경제 위기의 영향을 받아 결핍된 어린시절과 젊은 시절을 보냈다. 경제 복구 시기에 여행을 누릴 수 있는 사람은 매우 적었다. 그래서 이들은 더 늦기 전에 이를 만회하려고 한다. 노년층에서 여행 붐이 이를 말해주고 있다. 그런데 대부분의 노년층은 독일이나 독일어 사용지역을 주로 여행한다. 너무 늦은 시기에 여행을 즐기기 시작하여 여행 경험이 없기 때문이다. 독일어가 통하는 지역으로서 바이에른, 오스트리아, 남티롤, 스페인 등이 노년층의 여행 목적지로 선호되고 있다.

오늘날 70세부터 80세 이후에 이르는 노년층에게는 중요한 공통점이 있다. 이들의 여가 시간이나 휴가에 관한 사고가 노동 사회 속에서 형성되었다는 것이다. 이들이 중요하게 생각하는 가치는 의무, 근면, 시간 엄수, 일, 성공이다. 노동 사회에서 여가 시간이나 휴가라는 개념은 간단히 말해 노동으로부터의 휴식이요 노동을 위한 휴식이었다. 그래서 수면, 체력 배양, 요양 등이 중요했으며, 시간이 더 있다면 후속 교육이나 명소 관광, 문화 체험 등 '의미 있는' 일들을 하며 보내야 한다고 생각했다.

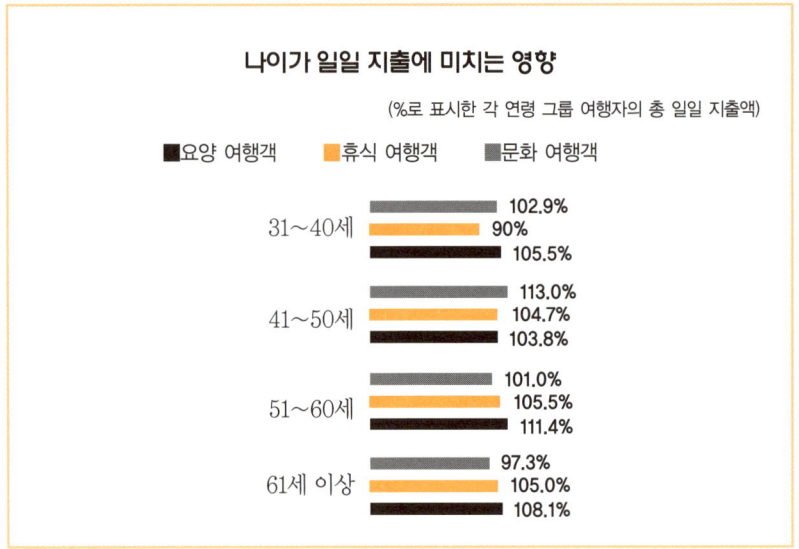

출처: 노년층의 여행, 성장하는 여행 시장 제1호

도보 여행은 오늘날의 노년층이 여가 활동 중 매우 선호하는 종목이다.

그밖에도 성인이 되어 전후 시대를 경험한 세대는 상상하기 어려울 정도로 급속도로 진행된 근대화를 극복해야만 했으며, 그 결과 안정된 시대, 곧 '지난 시절'에 대한 향수를 품게 되었다. 시간이 멈춰있는 듯 느껴지는, '지난 시절'을 발산하는 시골 지역과 휴가 지역을 노년층이 유달리 선호하는 것도 바로 이 때문이다.

그 이후의 노년층은, 물론 모두에게 해당된 것은 아니었지만, 살아가면서 늘 여행을 할 수 있었던 첫 세대이다. 이들은 계몽된 세대로, 비판적이며 정보에 밝다. 모든 것을 만끽할 수 있을 정도로 충분한 기회가 제공된 것은 아니지만 많은 것을 비교할 수 있을 정도의 선택의 여지는 있었다. 또 이들은 기동성, 특히 자가용을 이용한 기동력을 당연한 것으로 여기며 살아온 세대이며, 잘못된 언어구사나 부적합한 대접, 특히 '노인을 위한 특별 서비스'에는 매우 민감하게 반응한다. 노년층만을 대상으로 준비한 서비스가 성공하지 못하는 이유가 여기 있다.

반면 노년층은 여행 중의 일상에서 받을 수 있는 눈에 띄지 않는 도움을 매우 중요하게 생각하며, 이를 반긴다. 바로 이런 눈에 띄지 않는 서비스 측면에서 호텔업자나 요양업자, 교통업자들이 나이 든 고객을 대할 때 어려운 점이 많다는 사실을 알고 있음이 드러난다. 다시 말해, 조심성 있고 친절한 서비스가 중요한데, 이는 노년층을 긍정적인 태도로 대접하는 데에서 출발한다. 욕실에서 화장을 하거나 면도할 때 편리하도록 확대 거울을 설치하고, 조명을 밝게 하며, 짐 운반 서비스를 충분히 제공하고, 안락한 매트리스를 구비하며, 육류와 야채를 준비하여 선택할 수 있게 해주고, 기본 음식을 작은 양으로 준비하는 것 등을 예로 들 수 있겠다.

　앞으로 외로움을 더욱 강하게 느끼게 될 수많은 노인들에게는, 꼭 그래야 하지는 않지만, 다른 사람들과 접촉할 수 있는 기회를 제공하는 것이 매우 중요하다. 예를 들어, 노년층은 요양 여행이나 장기 여행을 통해 제2의 고향을 만들 수 있을 것이다. 또 3~4세대가 함께 즐길 수 있는 휴가 여행 프로그램도 관심을 끌 수 있다. 많은 노인들이 손자를 볼 수 있는 시기는 휴가 때뿐이며, 노년층이 여행을 하는 가장 큰 목적도 친척이나 지인을 방문하기 위함이다. 성수기가 아닌 여행하기 '나쁜' 시기에 특별히 좋은 가격 조건을 제시함으로써 노인들이 친척이나 손자들을 방문하도록 충분히 유도할 수 있을 것이다. 미국 항공사들은 바로 이 점에서 탁월한 기획 능력을 발휘하고 있는데, 한 예로 노인들이 손자를 방문할 경우 비행기표를 싼값으로 제공한다.

　다시 젊은 노년층에 대해 이야기해보자. 젊은 노년층에게는 다양한 연령층이 섞인 집단을 대상으로 한 균형 잡힌 서비스가 중요하다. 다시 말하면, 이들에게는 세대 통합적 마케팅이 필요하다. 노년층만을 수용하는 호텔이 아니라 모든 연령층의 여행객이 함께 숙박할 수 있어야 한다. 설문 조사에 응한 젊은 노년층 중 42%가 젊은 세대와 접촉하기를 원했다. 물론, 이것만으로 노년층이 충분히 편안하게 느낄 수 있게 할 수는 없다.

　최고의 관심사는 건강: 50세 이상의 노년층은 건강을 특히 중요하게 생각한다. 건강은 활기찬 삶을 살아가기 위한 기본 조건이기 때문에 젊은 노년층뿐만 아니라 나이든 노년층에서도 가장 중요하게 생각하는 요소다.

정보에 매우 목마르다: 노년층의 정보에 대한 욕구는 결코 무시해서는 안될 항목이다. 은퇴한 노년층은 시간이 매우 많기 때문에 여행 목적지를 결정하기 전에 장소, 서비스, 주위 환경 등에 관해 매우 자세한 정보를 먼저 얻으려 한다. 물론 노년층 또한 새로운 것을 경험하고 싶어 하지만, 불안함을 자아낼 정도의 놀라움은 결코 바라지 않는다. 노년층의 정보에 대한 욕구는 다양한 방법으로 충족시킬 수 있다. 자세한 설명이 담긴 안내 책자나 사진을 첨부한 숙박 시설의 소개, 여행 전 준비 세미나, 전화 설명 등을 통해서도 가능하고, 더욱 관심을 보이는 고객은 개별적으로 직접 연락하여 정보를 제공할 수 있다.

다시 말해 건축에서 초석을 놓는 시스템과 같이 다양한 요소가 구비된 여행이 좋다고 하겠다. 숙박지는 한적하고 매력적인 시골 지역에 위치하고, 젊은 층과 노년층이 함께 머물 수 있으며, 넓고 편리한 시설의 방이 구비되어 있고, 노인을 친절하게 접대할 줄 아는, 전문 교육을 받은 직원들이 서비스를 제공한다면 좋겠다. 더불어 건강과 관련된 주제로 행사를 한다거나 기분전환을 위한 문화 프로그램이 있다면 더욱 좋을 것이다.

🍃 일관성 있는 실버 마케팅을 통한 판매율 제고

초기 여행업자들은 이미 자신의 사업 방식을 변화시켜 노년층 고객 그룹의 욕구를 더욱 더 진지하게 받아들임으로써 판매율을 상당히 높이고 있다.

건강 프로그램을 제공하고 있는 IKD 여행사[21]는 이런 방식으로 판매율을 20%까지 높였다. 특히 많은 타격을 받고 있는 온천업계에게는 노년층을 공략하는 것이 정부의 국민건강 정책개혁 때문에 입게 된 결손을 보전하는 좋은 기회일 수 있다. 연구 조사 결과 독일 국민들은 국내 여행을 선호하며, 약 1400만 인구가 건강 혹은 문화 여행에 관심이 있는 것으로 밝혀졌다.

이러한 상황을 고려하여 노년층 시장을 겨냥한 특별 구상을 마련했다. 안락함(komfort), 정보(information), 자연(natur), 건강(gesundhiet), 안전(sicherheit)을 의미하는 약자인 'KINGS'가 바로 그것인데, 이는 "고객이 곧 왕"이라는 의미로도 해석할 수 있다.

안락함: 안락함은 짐 수송에서 방 구조에 이르기까지 모든 것과 관련되어 있다. 노년층 여행객들은 안락함 때문에라도 기차역이나 휴가용 별장, 혹은 야영지에 묵기보다는 호텔이나 고급 여관을 이용하길 원한다. 젊은 노년층이 즐겨 여행하는 것은 새로운 것을 경험하고, 낯선 지역을 두루 다니면서 사람들을 만나고 싶은 욕망과 더불어 건강을 위해 무엇인가 하고 싶기 때문이다.

정보: 노년층은 시간이 많아 모든 것에 대해 자세히 알아본다. 새로운 것을 경험하고 싶어 하지만 결코 불안함을 자아낼 정도의 놀라운 경험은 원하지 않는다. 여행 목적지나 서비스, 여행 동안의 의료 서비스, 숙박지, 문화 행사 여부 등에 관한 사전 정보는 노년층이 매우 중요하게 생각하는 것

---

21) 뮌헨 소재 독일 여행사. (옮긴이)

들이다.

　그러나 노년층이 가장 관심을 보이는 것은 무엇보다도 건강과 관련된 정보이다. 여기서 건강은 신체적, 심리적, 정신적 안녕을 포괄하는 광범한 개념이다. 많은 여행업자들이 식사 차림표에 음식의 재료가 무엇이고, 생산지가 어디이며, 또 사용한 채소가 건강에 어떻게 좋고, 어떤 영양소가 들어있는지 자세하게 설명해놓기도 한다. 이러한 서비스는 노년층의 정보에 대한 욕구뿐만 아니라 건강하게 오래 살고 싶어 하는 마음을 충족시켜 준다.

　노년층은 활동적이라 늘 무엇인가를 시도하려 하며, 타 지역과 그곳 사람들에 대해 알고 싶어 한다. 그래서 여행지의 역사를 알려주는 세미나를 연다거나 지역 탐방 프로그램을 기획하는 것도 좋을 것이다.

　안내 책자나 전화 상담, 직접 상담, 언론 홍보 등의 개별적인 방식을 조율하여 통합적 정보 제공이라는 개념으로 시행해야 할 것이다.

　자연: 노년층은 여행 목적지를 의식적으로 선택하는데, 조용하고 자연과 많이 접할 수 있는 곳을 선호한다.

　건강: 건강은 노년층을 대상으로 특히 유의해야 할 항목이다. 건강을 위한 운동이나 체조, 기억훈련, 노인성 질병 안내, 건강한 식품 섭취, 치료식, 건강과 질병 예방을 위한 정보를 제공해야 한다.

　안전: 노년층은 어떤 상황에서든 안전함을 원한다. 쉽게 위험을 감행하려 하지 않기 때문에 여행을 떠나기 전에 예상되는 예외적인 상황에 대해 미리 설명을 듣기 원한다. 여행 취소 가능 여부에서 시작하여 외국에서의

의료 보험과 자동차 보험, 그리고 여행지에서 집에 있는 자식과 연락할 수
있는 전화번호에 이르기까지 모든 부분에서 안전성을 확인하고 싶어 한다.
그뿐만이 아니다. 안전은 개별 식습관까지 고려해야 하는 개념이다. 간단
히 말해, 안전이란 여행지에서 낯설지 않고 익숙한 느낌을 가질 수 있어야
한다. 노년층이 한번 여행 갔던 곳을 다시 찾는 이유도 바로 그 때문이다.
고객이 완전히 신임할 수 있을 정도의 안전성을 제시할 수 있는 기업이라
면 충분히 성공할 수 있을 것이다.

　다음은 기업이 '노년층에게 적합한' 서비스를 어떻게 제공할 수 있으며,
또 잠재 고객에게 어떻게 더 가까이 다가갈 수 있는지를 요약 정리한 내용
이다.

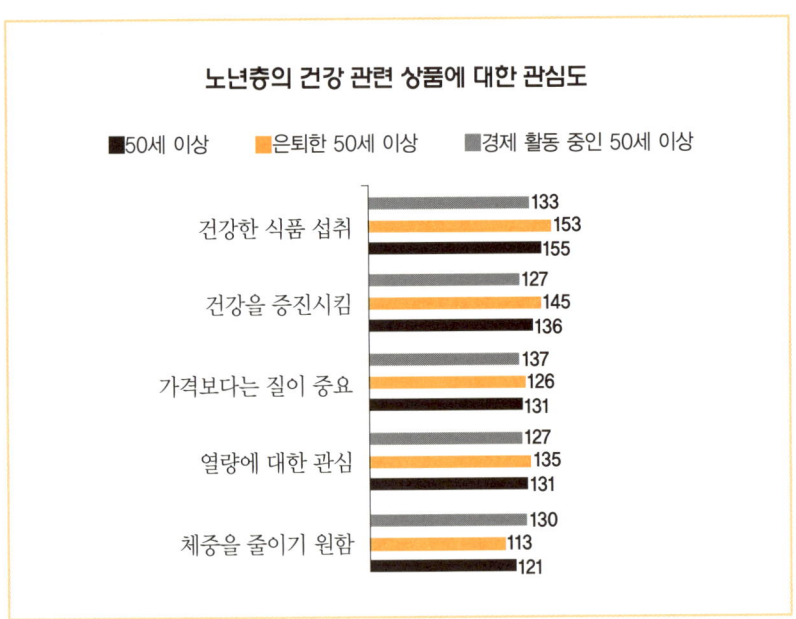

출처: 노년층의 여행, 성장하는 여행 시장 제1호

🔸 노년층에게 적합한 여행 서비스 제공을 위한 점검 사항

황금 연령층에게 접근하는 방법

- 자사만의 특별 서비스에 대한 언론 홍보
- 잡지 광고(일반 일간지, 건강 관련 소식지, 여행 잡지, 텔레비전 프로그램 안내 책자를 노년층은 많이 읽는다.)
- 건강과 관련해서는 의료 보험공단이나 약국의 안내 책자 등이 서비스 홍보에 특히 효과적이다.
- 기존 고객에게 메일을 보낸다. 이를 위해서는 고객 관리 시스템을 잘 정비해두어야 한다.
- 여행 전후에 여행에 관한 보도를 신문이나 잡지에 게재하여 필요한 경우에는 언제라도 여행 정보를 찾아볼 수 있게 한다(이를 위해 여러 지역이 서로 연계하여 협력할 수 있다. 가장 좋은 것은 황금 연령층의 다양한 관심사를 충족시킬 수 있는 다양한 서비스를 제공하는 것이다).
- 여행에 관한 안내 책자를 출판한다. 이때 알맞은 글씨 크기, 본문과 그림의 적절한 배분, 알기 쉬운 언어 사용 등의 요소를 고려한다.
- 상품권을 준비한다(노년층은 선물을 특히 좋아한다).
- 텔레마케팅을 이용한다. 이를 위해서는 직원들을 대상으로 상세한 여행 서비스 내용과 노인을 접대하는 법에 관한 교육이 이루어져야 한다.

노년층이 여행 목적지를 결정할 때 영향을 미치는 요소

- 주위 환경(특별히 좋은 환경일 경우)
- 안내 표지(어디든 쉽게 찾을 수 있어야 한다. 여행지 내에서도 숙소로 가는 길이 안내되어 있어야 한다.)
- 모든 시설이 쉽게 찾을 수 있어야 한다. 자가용을 이용하는 경우에도 쉽게 찾아갈 수 있어야 한다. 주차장 시설이 충분히 마련되어 있어야 하며, 비가 오는 경우에도 편리하게 주차할 수 있도록 준비해두어야 한다. 만약 그렇지 못하다면 주차 요원을 동원해 들고 나는 여행객들에게 특별히 관심을 두고 안내해야 한다.
- 여행지 내에서의 교통수단(편안하게 도보로 다닐 수 있거나 버스로 쉽게 이동할 수 있어야 한다.)
- 공원 및 기타 자연 환경
- 다양하게 선택할 수 있는 음식(특별 메뉴를 준비하고 소량 주문을 가능하게 한다.)
- 문화 행사

숙박 시설에서 제일 중요한 것은 안락함

- 조용한 주위 환경
- 주차시설이 충분해야 하고 기차역에서 숙소까지의 이동이 편리해야 한다.
- 숙소 내 짐 수송 서비스가 잘 되어 있어야 한다.
- 방이 넓고 충분한 짐 정리 공간이 있어야 하며, 발코니가 있으면 더욱 좋다.
- 방은 채광이 좋고 조명 시설이 잘 되어 있어야 하며, 안락하게 꾸며놓아야 한다(노인들에게는 특히 많은 빛이 필요하다).
- 특히 욕실은 노년층을 고려해 더욱 편리하고 안전하게 꾸며야 한다. 미끄럽지 않은 바닥, 지탱 손잡이, 욕탕 혹은 바닥 높이의 샤워 시설, 충분한 짐 공간, 밝은 조명 등을 고려해야 한다. 또 욕실의 조명을 센서 식으로 설치하면 손님에게 편리할 뿐만 아니라 불 끄는 것을 잊을 염려가 없어 비용도 절감할 수 있다.
- 단독 여행객에게 더욱 관심을 가져야 한다.
- 여행지의 모든 행사에 대한 정보를 방 안에 게시해두어야 한다.
- 자체 식당이 있어야 한다(닥터 구그&닥터 한크-하세 사의 설문 조사에 따르면 숙박

시설 내에 식당이 있기를 바라는 여행객이 전체의 79%에 이른다).
- 실내 혹은 실외 온천(노년층 여행객 두 명 중 한 명이 온천을 원한다.)
- 쉽게 조정할 수 있는 승강기(특히 조정 계기판의 글씨는 읽기 쉬워야 하며, 짐도 나를 수 있을 정도로 충분한 커야 한다.)
- 안 좋은 날씨에도 이용할 수 있는 서비스가 준비되어야 한다(특히 요양이나 건강을 위해 여행 온 손님들은 숙소 내에 미용실이나 마사지실을 원한다).

황금 연령층이 원하는 정보

- 숙소(사진과 상세한 설명이 딸린)
- 건강 관련 시설
- 문화 행사(객실에 행사 안내판이나 안내책자 구비)
- 음식에 쓰인 재료나 재료 공급지, 재료 사용 이유
- 관광할 장소와 관광 중의 휴식 시간(노인들은 젊은이들보다 자주 화장실을 이용한다.) 등을 포함한 지역 관광에 관한 상세한 안내
- 노인들은 방문 지역에서 경험한 과거를 즐겨 회상하므로, 그 지역과 주택들의 역사에 관해 알고 싶어 한다.
- 노인들은 여가 시간에 산책하는 것을 매우 좋아하므로 특별히 안내자를 지정해 예를 들어 어떤 길에서 휠체어 운행이 가능한지를 알려주는 등 지역 지리를 안내하면 큰 도움이 될 것이다(모든 정보 안내 표지판의 글은 읽기 쉽게 써 놓아야 한다).

선호하는 부속 프로그램

- 건강에 관한 세미나(균형 있게 구성해야 한다. 하루 종일 건강과 관련된 시설을 이용한 날이라면 저녁 세미나에서 건강에 관한 내용을 듣고 싶어 하지 않을 것이다. 그런 경우에는 문화관련 세미나가 좋겠다.)
- 문화 및 사회 관련 보충 프로그램이나 육체적 활동과 휴식
- 지역 및 주민과의 교류: 소풍이나 지역 시찰 및 강연(지역 역사에 대한 관심)
- 삶의 의미를 주제로 한 프로그램(종교적 주제에 대한 관심)
- 건강, 체력, 식생활, 화장, 패션, 기억술 등에 관한 프로그램

친절한 직원은 노년층 고객을 끌어들이는 최상의 요인

- 다른 모든 사람들과 마찬가지로 노년층 또한 재촉하지 않고 언제든 기꺼이 도움을 주는 친절한 직원들을 좋아한다.
- 숙소 지배인으로부터 개인적인 환대를 받으면 매우 기뻐한다.

안전은 고객의 신뢰를 얻게 해주고 두려움을 없애준다.

- 충분한 정보 자료를 제공함으로써 고객으로 하여금 여유를 갖고 여행 목적지를 결정하도록 돕는다.
- 숙소를 노년층에게 알맞게 꾸민다. 사용자 중심적으로 만들어진 편리한 물건들을 사용하도록 한다. 텔레비전 원격 조종 장치를 간단하게 조작할 수 있는지, 숙소 내에 통행 장애물이 없는지, 편안하게 화장실을 갈 수 있는지, 건물 곳곳에 손잡이가 설치되어 있는지, 조명 스위치가 찾기 쉬운 곳에 설치되어 있는지, 침대의 높이는 적당한지 등 대개는 경영자 스스로의 감각만으로도 충분히 파악할 수 있다. 경영자 스스로 비판적이고 열린 눈으로 점검해보면 수많은 작은 시설들의 안전성을 점검할 수 있을 것이다.
- 노년층은 변화보다는 지속성을 원하기 때문에 자신의 습관을 존중해주면 매우 기뻐한다. 노년층 고객에 대한 정보를 수집해두면 이런 면에서 굉장한 효과를 볼 수 있다. 특히 목적지에 도착한 노년층 여행객에게 이름을 불러주고 지난 번 여행 때 주고받은 대화를 상기시켜 주면 좋아한다. 반년 만에 찾은 여행지의 단골 숙소에서 손자를 만난 일에 대해 물어준다면 누구라도 좋아할 것이다.

지속적인 고객 관리로 단골 확보

- 고객이 여행지에 머무는 동안 사진을 찍은 놓은 뒤 따뜻한 내용의 편지와 함께 집으로 보내준다.
- 다음 해에 제공되는 서비스에 대해 정보를 보내준다.
- 고객에 관한 자료를 정리 보관한다(고객 생일이나 연말에 카드 등을 보낸다).
- 거주지 주소 외에 연락 가능한 대체 주소를 알아둔다.
- 초기 예약자나 장기 여행자에게 할인 서비스를 해주면 특별히 좋아한다. 물론 할인 서비스 정보는 특별한 홍보를 통해 고객들에게 반드시 전해지도록 해야 한다.

📙 예매에서 드러나는 고객의 만족도

황금 연령층은 여행을 예약할 때 여러 여행사를 방문하며 가격을 비교하는 일이 드물다. 주로 가장 가까운 여행사를 찾거나 혹은 이전에 한번 이용했던 여행사를 방문한다. 또 여행을 계획한 노년층에게는 여행 전에 정보를 수집하고 여행 준비를 하는 것이 일상 중 가장 중요한 관심사가 된다. 노년층은 여행 중 병이 나면 어떻게 할 것인가 등 현실적인 문제에도 많이 집착한다.

📙 요약: 실버 여행 시장의 열쇠

노년층을 대상으로 한 여행 시장은 노년층 고객만큼이나 매우 다양하게 구성되어 있다. 단체 여행에서부터 의사를 동반한 개인 여행, 로열 바이킹선 유람선 여행과 같은 호화 여행에 이르기까지 여행 방식은 다양하다.

특히 개별 여행사의 여행 서비스를 살펴보면 여행 시장이 얼마나 다양하게 구성되어 있는지 잘 알 수 있다. 예를 들면, 브레멘 소재 크레아티브 라이젠(Kreative Reisen) 여행사는 '골다공증 예방을 위한 스페인 여행'이나 심장병 환자를 대상으로 한 여행 서비스를 제공하고 있으며, 테라문디 여행사는 활동적인 노년층을 대상으로 최상급 호텔에 하이킹과 강연 프로그램을 넣은 여행 서비스를 제공하고 있다. 여행사뿐만 아니라 미래를 내다볼 줄 아는 호텔 경영인들도 노년층의 여행 욕망이 점점 더 커지고 있는 사실을 인식하고 있다.

특히 최초로 문을 연 맹인을 위한 독일 호텔을 주목해볼 수 있다. 린트너 공항 호텔은 맹인과 시력이 약한 사람들을 위한 특별 시설을 갖추고 있다. 열쇠 대신 카드키를 준비하고, 방 번호뿐 아니라 승강기, 음식 차례표, 호텔 안내표 등을 점자로 만들어 두었다(맹인견에 대해서도 고려하고 있는지는 알아볼 수 없었으나, 분명 그에 대한 준비도 해놓았을 것으로 확신한다).

또 아라벨라, 마리팀, 슈타이겐베르크 호텔 및 소유주와 경영자가 동일한 많은 호텔에서 건강 관련 특별 프로그램을 준비하고 건강 관련 시설을 갖추어놓음으로써 노년층 고객 그룹에게 적극적으로 접근하고 있다.

노년층만을 위한 특별 서비스

- 독서용 안경을 대여
- 호텔의 자체 포도주뿐만 아니라 다른 포도주 종류도 0.1리터 용량으로 제공. 특별한 연도의 포도주도 주문 가능
- 2분의 1인 분으로 음식 주문 가능
- 고객이 원하는 바에 따라 다이어트 음식, 환자 특별식, 유기농 음식 등을 제공
- 쇼핑서비스
- 다루기 편한 라디오, 텔레비전 설치
- 자명종이나 전화기 숫자를 읽기 쉽게 큰 숫자로 배치
- 객실 내 조명을 100와트 전구로 설치
- 적절한 높이의 미니바와 금고 배치

➡️ 욕실의 지탱 손잡이 설치 및 건강/사우나 샤워 시설 준비

이밖에도 노년층 고객을 조금만 더 생각한다면 수없이 많은 다양한 서비스를 고안하여 제공할 수 있을 것이다. 위에 열거한 서비스는 시작에 불과하다. 몇몇 호텔 경영자들은 고객을 더 유치하고자 흔히 객실에 준비해두는 여분의 칫솔 통에 콘돔이나 비아그라를 넣어두려는 생각까지 하고 있다.

그러나 노년층의 욕망이 다양하다고는 하나 모든 노인들이 공통적으로 원하는 것이 있다. 바로 정보와 편리함이다. 따라서 서비스 제공자로서 여행업자는 고객들의 관심만 생각할 것이 아니라 여행과 직접 관련해 발생할 수 있는 모든 일을 고려해야만 한다. 예를 들어, 호텔이나 공항까지의 이동수단에서부터 시작하여 고객에게 건강 문제가 발생했을 경우에 제공할 수 있는 서비스까지도 생각해야 한다.

분명 노년층은 수준 높은 소비자 계층이다. 따라서 '노년층에게 조금 더 적당한' 식의 사고로는 노년층 고객을 충분히 확보할 수 없다. 성장하는 노년층 여행 시장에 진정으로 참여하고 싶다면 그들의 욕망과 바람, 걱정을 몸소 느낄 수 있어야만 한다. 또 사업자 자신이 노년층 고객의 특성을 아는 것만으로는 부족하다. 전 직원이 노년층에 대해 특별 교육을 받아야 할 것이다.

노년층의 여행 빈도가 매우 높으므로 노년층 여행 시장에서의 기회는 참으로 높다고 할 수 있다. 국내 여행 업계는 더욱 그렇다. 정부의 건강 정책 개혁으로 인해 고객 수가 현저히 줄어들어 불만이 매우 커지고 있는 온천

업계에서는 특히 노년층 고객이 큰 관심 대상이 되고 있다. 적어도 노년층에서는 건강 여행의 잠재성이 충분하기 때문이다. 이러한 사실을 인식하고 그 잠재성을 최대한 끌어내는 일이 중요하다.

2 자동차

📒 "66세에 즐긴다."

1600만에 달하는 노인들은 나이에 맞게 기꺼이 인생을 즐기며 살고자 한다. 노인들이 인생을 즐길 수 있는 여러 방법이 있지만, 특히 운전을 하며 인생을 만끽하는 노인들이 많다.

독일 연방 교통부에서 시행한 설문 조사를 보면 설문에 응한 노년층의 60%가 운전을 즐긴다고 답했다. 또 40%는 운전을 함으로써 일상이 더 풍요로워졌다고 대답했다. 더욱이 자가용으로 여행을 하는 수는 30%까지 달했다.

📒 자동차 시장 상황

60세 이상에 달하는 약 500만 명의 노인들이 자가용을 이용한다. 이렇게 노년층의 자동차에 대한 욕구와 기대는 상당히 높다. 이러한 사실을 감안하면 황금 연령층 대상의 자동차 시장에 관심을 두지 않을 수 없다. 쉘 사의 조사에 따르면 자동차 시장은 두 고객 그룹을 대상으로 큰 가능성을 내포하고 있는데, 여성과 노년층이 신 구매 고객으로 앞으로 꾸준히 성장할 것이다.

여성과 노년층은 기동성을 매우 필요로 한다는 점에서 공통적이다. 이들에게 기동성은 독립적이고 자립적인 생활의 전제 조건으로, 운전 면허증을 따는 노인들이 점점 더 늘어나고 있다. 자동차와 높은 기동성을 선호하는 현상을 통해 앞으로 몇 년 동안 거리에서 자동차를 운전하는 노인들과 여성이 급격히 증가할 것이다. 쉘 사가 출간하는 〈새로운 전망〉을 보면 노년층의 자가용 소유율은 2010년에 75%까지 증가할 것이며, 이는 성인 1000명 중 486명이 자가용을 소유할 것임을 의미한다.

베를린 자유 대학에서 자동차에 대한 노년층의 선호도에 관해 조사했는데, 이에 따르면 2005년에는 남자 노인의 80%, 여자 노인의 50%가 운전 면허증을 소지할 것으로 예측된다. 이에 비해 1990년대에는 65세 이상의 노년층 남자의 67%, 여자의 21%만이 면허증을 갖고 있었다.

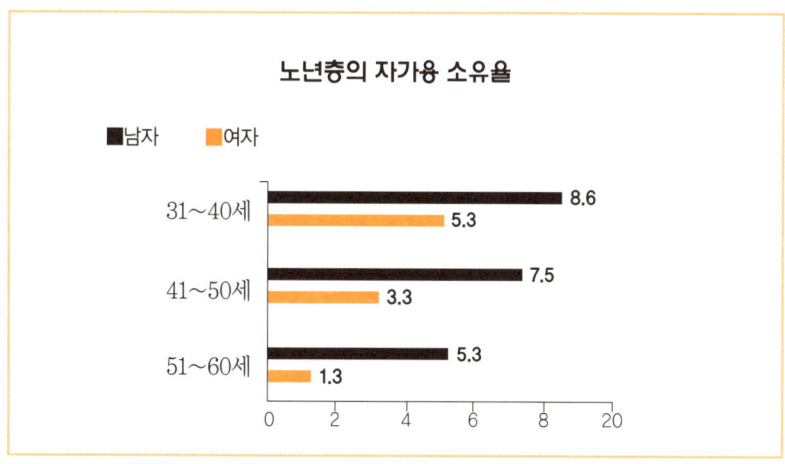

출처: 쉘 사의 자가용 소유 추세 관측, 기동성-여성 운전자가 달린다.

향후 20년 동안 자동차 산업을 선도할 주요 고객층은 여성이다. 남자의 경우 성인 1000명 중 840명이 이미 자가용을 소유하고 있는 반면, 여자는 300명에 밖에 이르지 않아 뒤늦게 수요가 급증할 것이기 때문이다.

현재와 미래의 노년층은 자가용의 편리함을 만끽하며 산 세대이다. 따라서 앞으로도 자가용이 주는 장점을 결코 포기하지 않으려 할 것이다. 자가용의 편안함과 기동성, 그리고 자립성을 지켜주는 특성은 그 어떤 교통수단도 제공할 수 없다. 50세에서 59세에 이르는 노년층의 57%가 정기적으로 자가용을 이용해 가까운 곳으로 여행을 한다고 한다. 그런데 전 국민을 대상으로 하면 그 수치가 51%에 불과하다. 경제 부흥기 세대에서도 자가용을 이용한 여행은 여가 시간 이용 항목 중상위에 속한다.

은퇴한 노년층은 여가 시간이 많아 자연스럽게 개인 여행을 선호하게 된다. 캠핑카 시장의 주요 고객 또한 노년층이라는 것도 놀라운 일이 아니다. 독일 캠핑카 연합 회장 한스 유르겐 부르케르트 씨가 말했듯이 캠핑카 생산업이 호기를 누리고 있다.

캠핑카 업계에서 유행을 주도하는 계층은 60세에서 69세 사이의 젊은 노년층이다. 이 계층은 다른 연령층에 비해 캠핑카 여행을 자주 한다. 캠핑카는 무엇보다 단순하고 편리해야 하며, 특히 좁은 길도 통과할 수 있도록 제작되어야 한다. 캠핑카의 경우에는 부대 효과를 볼 수도 있다. 편리함을 추구하기 때문에 ABS, 후조등, 냉방 장치, 아늑한 침대, 성능 좋은 난방 장치 등이 요구되며, 이 모든 장치는 수익으로 이어진다.

노년층의 캠핑카 구매 추세에 두 가지 현상이 나타나고 있다. 60세 이상 캠핑카 이용자가 지난 10년 동안 4%에서 14%로 증가했으며, 1998년 캠핑카 여행자 7명 중 1명이 50세 이상의 노년층이었다. 연방 교통부의 설문 조사에 따르면 황금 연령층의 30%가 자동차를 이용해 원거리 여행을 하는 것으로 나타났다. 예를 들어, 캠핑카를 이용해 지중해 지방이나 카나리아 제도를 여행한다. ADAC[13]가 관찰한 바에 따르면 겨울 동안에만도 남쪽 지역으로 여행을 떠나는 캠핑카가 1만 대에 이르며, 이들 중 많은 수가 노인들이다.

나이가 들면서 기동성은 삶의 질을 높이는 데 매우 중요한 요소로 작용한다. 일단 기동성이 있어야 사회적으로 교류할 수 있다. 또 기동성은 자립적인 의사 결정에 큰 영향을 미치며, 그 결과 노년층의 능력을 유지, 배양한다.

세금 면제액이 높고 사회 부담금이 적기 때문에 일반 근로자들보다 노년층의 수입 상황이 훨씬 나은 편이다. 노년층의 월 구매력은 총 50억~75억 유로로 추정되며, 앞으로 더욱 증가할 것으로 보인다. 2001년 말까지 완납 혹은 상속될 생명 보험금은 2500억 유로에 이를 것인데, 젊은 사람만 재산 상속을 받는 것은 아니다. 수명이 점점 더 늘어나면서 50세에 재산 상속을 받는 사람들이 많이 있다. 이렇게 상속된 재산을 제2, 제3의 자동차 구매에 사용하는 경우가 드물지 않은 만큼, 노년층 대상의 자동차 시장에 결코 자금이 모자라는 일은 없을 것이다.

---

13) 독일 자동차 클럽(allgemeiner deutscher automobil club). (옮긴이)

🔖 성장하는 실버 자동차 시장

자동차 업체는 위에서 서술한 자동차 시장의 추세에 큰 관심을 두고 있다. 따라서 앞으로 자동차는 노년층의 욕구에 맞춰 제작될 것이다. 고령에 이르렀을 때에도 여전히 자동차를 이용할 수 있도록 제작된 자동차들을 앞으로 보게 될 것이다.

그런 자동차들이 어떻게 제작 가능할까? 조금만 생각하면 간단한 일이다. 타고 내릴 때 편리하도록 운전석을 회전식으로 만들거나, (메르세데스 사의 신차 S클라세에 이미 적용하고 있는) 거리 측정기, 거리 상황 안내판을 장착할 수도 있다. 또 보다 간단하게는 안전벨트 조작을 더욱 간편하게 만들고, 계기판을 크게 설계하며, 가속기나 발 브레이크, 손 브레이크를 약한 힘으로도 작동시킬 수 있게 만드는 방법도 있다. 깊이 생각해보면 이밖에도 많은 부분을 개선할 수 있다. 앞으로 자동차가 어느 정도까지 변화될지 그 개발 추이를 함께 추적해보는 것은 매우 흥미로울 뿐만 아니라 자동차 판매 시에도 보다 큰 경쟁력으로 작용할 것이다. 고객에게 이미 실행된 개선점과 앞으로의 개선 방향을 설명할 수 있을 것이며, 현재 자동차의 모든 세부 사항을 이미 다른 관점에서 바라볼 수 있을 것이다.

포드, 토요타, 메르세데스 및 다른 자동차 생산 업체의 기술자들은 지금부터 벌써 인간 공학 전문가들과 협력하여 '노년층에 적합한' 자동차를 연구하고 있다. 운전석을 자동 회전식으로 만듦으로써 쉽게 타고 내릴 수 있게 할 것이며, 지붕을 더 높게, 문을 더 크게, 그리고 옆문과 트렁크 문을 더 많이 열리게 만들어 승하차뿐만 아니라 짐을 싣고 내릴 때에 노인들이 겪는 어려움을 덜어줄 수 있을 것이다. 또 룸미러와 사이드미러를 크게 만들고 확대 유리를 사용하여 시력이 안 좋은 운전자도 주변 상황을 잘 파악할 수 있게 해줄 수 있다. 또 가능한 내부 조작기구를 운전자 중심으로 단순하고 큼직하게 만들어 더욱 더 편리함을 추구할 수 있을 것이다.

시차 기회를 제공함으로써 목표 고객 그룹에 대한 정보를 더 많이 얻을 수 있고, 이를 통해 판매량을 분명 높일 수 있을 것이다. 우리는 독일 유수 자동차 기업의 의뢰를 받아 55세 이상의 노년층을 대상으로 자동차 조작에 관한 조사를 했다. 이때 운전자의 행동을 카메라로 촬영했으며, 의뢰 기업의 자동차를 시험했을 뿐만 아니라 경쟁사 자동차를 사용하는 사람에게 의뢰 기업의 자동차를 운전해보도록 했다. 시험을 지켜본 자동차 설계사는 중요한 사항을 발견하고 값진 결론을 도출할 수 있었다. 예를 들어, 주차 장소 선택과 주차된 차를 이용한 주차 준비를 통해 주차 상황을 통제해보도록 했고, 운전자와 자동차 특유의 특성을 찾아내기 위해 모든 시험 대상 운전자들이 같은 물건(맥주 한 상자, 물 한 상자, 물건들로 꽉 찬 접이식 시장 바구니, 짐이 가득 든 가방)을 싣는 상황을 연출해보았다.

다른 기업의 차를 이용하는 운전자에게는 개인적 필요에 따른 '자동차 조정'(운전석이나 거울 위치 조정 등)이 매우 중요했다. 이 실험에서는 피시험자가 자기 필요에 따라 자동차를 조정하지 않을 수 없도록 시험 운전 전에 시험자 혹은 면담자가 운전석을 뒤로 빼놓거나 거울을 삐딱하게 돌려놓거나, 혹은 에어컨을 비정상적인 상태로 놓아두는 등 자동차 상태를 변형시켜 놓도록 했다. 이 시험을 통해 얻은 결과는 2005년부터 거리에 선보이게 될 자동차를 제작하는 데 적용되었다. 여기서 한 가지 분명한 것은 '노년층 자동차' 가 생산되지는 않을 것이라는 점이다. 마케팅 관점에서 보면 이것은 더욱 분명한 사실이다. 이는 노년층 고객이 결코 자동차를 보정 기구가 아닌 멋진 현대적 상품, 그들의 필요 사항을 감안하여 제작하기만 하면 대상 고객 그룹을 확보할 수 있는 기회를 무한하게 열어주는 그런 상품을 원하기 때문이다. 마케팅에서는 경쟁에서 항상 한 걸음 앞서나가는 것이 매우 중요하다.

상품의 강점을 항상 먼저 고려해야 하며, 또 그것을 고객에게 잘 전달해야 한다. 그러나 마케팅 전략을 들여다보면 유감스럽게도 예나 지금이나 돈 많은 젊은 고객을 향해서만 외치고 있는 실정이다.

📙 자동차 구매 시 노년층의 관심

다른 모든 새 차 구매자와 마찬가지로 노년층 또한 자동차의 신뢰성과 안전성을 가장 중요하게 생각한다. 그러나 자동차 구매 시 노년층은 젊은 이들보다 많은 정보를 수집하는 경향이 있다. 반면, 황금 연령층은 평생 쓸 목적으로 새 차를 구입하지는 않으며, 언젠가 다시 한번 새 차를 구입할 생각을 갖는 것이 보통이다.

간단히 말하면, 새 차를 구입하려는 노년층은 자신이 원하는 바가 무엇인지 정확히 알고 있다. 그리고 자동차처럼 장기적으로 사용할 내구재 구매에서는 이름 있는 상표를 특별히 선호한다. 노년층의 수입이 점점 늘어나면서 상품의 질에 대한 욕구가 상승하고 가격은 그다지 중요한 역할을

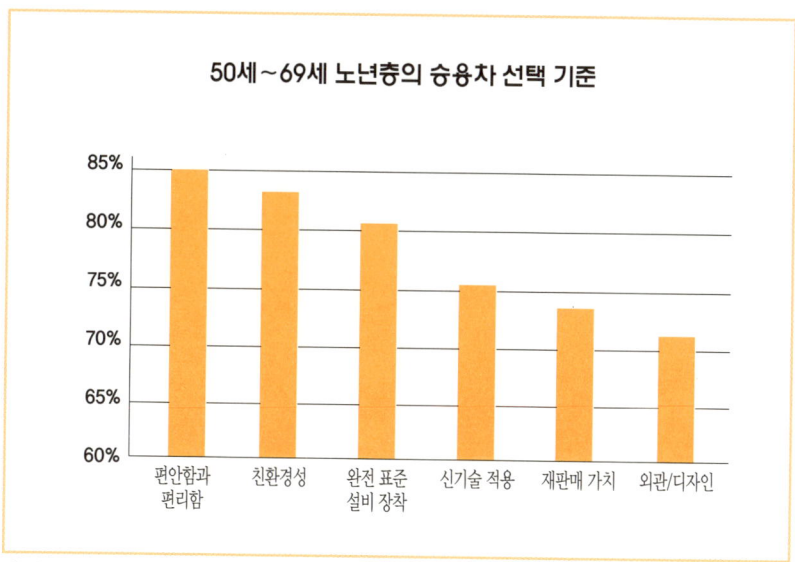

50세~69세 노년층의 승용차 선택 기준

출처: 쉘 사의 자가용 소유 추세 관측, 기동성-여성 운전자가 달린다.

하지 못한다.

노년층 소비자는 자신이 달성한 것에 대해 매우 만족하는 편이며, 단지 과거를 회상하면서 사는 것이 아니라 삶을 보다 의식적이고 적극적으로 꾸려나가고자 한다. 광고에서 떠드는 것처럼 BMW의 무개차 Z3나 메르세데스의 CLK 카브리오에 앉아 있는 사람이 젊은 사업가가 아니라 50세를 훌쩍 넘은 노년층인 경우가 매우 많다는 현실은 결코 놀랍지 않다. 이런 종류의 차를 구매하는 사람은 자식들이 이미 독립하여 혼자 살거나 혹은 부부둘이서만 생활하는 노년층이다. 연장된 수명, 건강 유지, 재정적 풍족함을 누리고 있는 사실은 은퇴한 노년층이 앞으로 20~30년에 걸쳐 적어도 2~3대 자동차를 살 것이라는 예측을 가능하게 해준다.

잠재력을 어떻게 이용할까?

자동차만이 갖고 있는 특성 외에도 고객에 대한 태도 역시 성공을 가늠하는 요소로 작용한다. 다음은 구매결정 과정에서 큰 영향을 미치는 다섯 가지 기준이다.

- ➡ 가치관
- ➡ 사고방식
- ➡ 지식(정보)
- ➡ 재정 상태
- ➡ 시간 여유

이 다섯 가지 기준은 노년층의 생활환경의 특징을 잘 보여주는 요소들이다. 노년층 소비자는 상품 세계에서 풍부한 경험을 쌓은 사람들로 유혹적인 광고에 더욱 비판적인 시각을 갖고 있다. 이들은 사람들과 어울리면서 함께 시간 보내는 것을 좋아하며, 잠재적 구매자로서 효과적인 상담이나 친절한 분위기를 매우 중요하게 생각한다. 이들의 풍부한 구매 및 소비 경험은 상품의 성격이나 질을 판단하는 데 큰 영향을 미친다.

또 젊은 노년층은 고령의 노인들이 신임하는 상품이라면 기꺼이 살 준비가 되어 있으며, 혹시 비싸더라도 충분히 지불할 수 있는 재정적 여유가 있다.

📖 요약: 실버 자동차 시장의 열쇠

자동차 시장에 뛰어드는 데 가장 중요한 것은 직원들이다. 직원들의 상담 능력과 서비스 제공 능력이야말로 노년층의 신임을 확보하는 데 결정적 역할을 한다. 또 잊지 말아야 할 것은, 앞으로 자동차에 더욱 더 큰 관심을 보일 고객은 기술적 재능과 성향을 가진 남자 노년층이 아니라 여자 노년층이라는 점이다.

노년층에게는 전문 능력보다는 인간적인 면이 더 호소력을 갖는다. 노년층은 자신이 필요한 것이 무엇인지 관심을 갖고 대해주면 매우 좋아한다. 다시 말하면, 서비스가 최우선 항목이라는 것이다. 모든 고객들에게 상냥하게 말을 건네고, 고객이 원한다면 필요한 조언과 상담을 해주어야 한다. 아랄 사의 마케팅 이사는 고객이 자신에게 관심을 보여줄 것을 바란다는 사실을 잘 파악하고 있었다. 노년층에서 관심에 대한 욕구가 두드러지게 보인다. 물론 셀프 서비스와 일반 서비스 중 어떤 것을 선택할지는 고객의 결정에 맡겨두었다.

젊은 층에 비해 특별히 노년층이 중요하게 여기는 것은 질서와 정확성이다. 노년층은 또한 제품의 안정성을 중요하게 여기므로 믿을 만한 것으로 입증된 상품에 끌린다. 따라서 노년층 고객에게는 구매 결정 과정에서 상품에 대해 확신할 수 있게 해주어야 한다. 이는 보증, 고객 서비스, 상담, 정보 제공 등의 방법으로 해결할 수 있다. 상품을 직접 판매하는 직원들은 나이가 들면서 나타나는 노인들의 신체적 변화를 잘 알아야 한다. 그러나 노년층 고객에게 늙었다는 느낌을 갖게 해서는 안 될 것이다.

나이가 많은 사람일수록 가족이나 이웃과 같은 다른 사람들로부터 도움을 받지 않고 독립적으로 자기 일을 처리할 수 있게 해주는 상품의 기능성이 매우 중요하다. 노년층의 이러한 욕구에 조응하여 그에 맞는 고객 서비스가 필수적인데, 예를 들면, 제품을 구경하고 있는 사이에 고객의 자동차를 가져오고 가져다주는 서비스를 제공할 수 있을 것이다.

직원 교육 이외에도 노년층 고객이 편안함을 느낄 수 있도록 상담 장소의 분위기를 연출하는 데 신경을 써야 한다. 앞으로 자동차 생산업체는 판매된 자동차 수뿐만 아니라 판매활동의 질에 따라 판매자에게 보상을 하기 때문에 노년층 고객의 만족도는 더욱 더 중요해질 것이다. 지금까지 거론한 이 모든 사항을 고려하여 제품 판매에 임한다면 자동차 시장에서 풍성한 수확을 거두어들일 수 있고 믿을 만한 고객들을 확보할 수 있을 것이다.

3 음악

얼마 전부터 눈에 띄는 현상이 벌어지고 있다. 공영 방송에서 국민가요 (folk song)를 점점 더 많이 내보내고 있다. 제3 텔레비전 프로그램 시청자가 점점 더 많아지고 있으며, 대부분의 노년층이 즐겨 듣는 라디오 방송으로 제1, 제2 프로그램이 뽑히고 있다. 또 놀랍게도 이들 프로그램에서 나가는 광고의 양은 민영 텔레비전 방송과 제1, 제2 공영 방송뿐 아니라 심지어 제3 라디오 프로그램을 바싹 뒤쫓고 있다.

하이노의 음반 판매량은 3500만 장, 슬라프코 아브세틱과 오리기날 오버크라이너 그룹의 음반 판매량은 3000만 장에 달한다. 이러한 현상은 록이나 팝 음악 외에도 수익성 높은 음악 시장이 존재하고 있음을 알려준다. 그러나 음악 업계는 이 시장을 매우 소홀히 취급하고 있는 실정이다. 록과 팝 음반 판매를 위한 상점이 따로 마련되어 있고, 많은 음악 잡지들이 이 분야의 음악만 다루고 있으며, 록과 팝 음악이 빠지는 광고가 없는 반면, 국민 가요가 상당히 푸대접받고 있는 현상도 실상 그리 놀라운 사실은 아니다.

음악 시장 상황

나이를 막론하고 모든 국민이 음악을 사랑하고 중요하게 생각한다. 찻집에서든 자동차 안에서든, 혹은 아침 식사 시간이든, 음악은 항상 우리 곁에 있다. 음악은 기분을 좋게 해줄 뿐 아니라 아름다운 기억이나 인상을 떠올리게 한다.

젊은 세대는 팝 음악을 제일 좋아하는 반면, 50세 이후의 노년층은 고전음악이나 국민 가요, 독일 전통 가요를 좋아한다. 노년층이 팝 음악을 선호하지 않는 것은 외국어를 못하기 때문일 수도 있고, 젊은 시절 들었던 음악 때문일 수도 있다.

이름을 대자면 수없이 많은 국민 음악 가수들의 음반이 수백만 장씩 팔리고 있다. 국민 가요 시장이 이렇게 소리 없이 활발히 움직이는 이유는 무엇일까? 국민 가요는 정서적으로 쉽게 다가갈 수 있으며 팬들과 마음을 주고받는 관계를 만들어 주기 때문이다. 국민 가요 가수들은 대부분 '정상적'인 직업 교육을 받았다. 제과 기술자도 있고 공업 기술자도 있다. 또 국민 가요계에는 별다른 불미스러운 일들이 벌어지지 않는다.

화려한 음악 시장은 분명 젊은 층이 지배하는 것으로 보인다. Mtv나 Viva와 같은 음악 방송이나 WOM과 같은 음반 판매점은 예외 없이 젊은 고객만을 대상으로 하고 있다.

음악관련 연구조사를 자세히 들여다보면 국민 가요 음악가들의 활동과 국민 가요 음반이 많이 팔린 덕분에 독일 음악 시장의 붕괴를 막을 수 있었다. 국민 가요는 매년 약 2억5000만 유로 판매량을 자랑함으로써 전체 음악 시장에서 상당한 부분을 차지하고 있다.

바우어 출판사에서 간행한 〈황금 연령층 리포트〉 1997년 제9호에는 쾰른 소재 음악 출판사 킥(Kick)의 괴츠 엘베르츠하겐과 대담한 내용이 실려 있다. 그는 "젊음을 최고로 여기는 잘못된 사회 인식 때문에 음악 시장의 예산이 전체 시장 잠재력의 15~20％밖에 차지하지 못하는 젊은 층 고객을 끌어들이는 데 대부분 쓰이고 있다"고 말한다. 옳은 말이다.

〈황금 연령층 리포트〉의 베른트 로제는 같은 호에 볼프강 페트리[14]와 그가 〈새로운 편지〉(neue post)[15]지와 함께 벌인 활동을 소개했다. 사설을 통해 이 음악가의 사생활을 보도하고 새로 나온 그의 CD도 소개한 〈황금 연령층 리포트〉는 놀라울 정도로 많이 팔렸다.

라디오는 특히 노년층에게 사랑을 받는 매체이다. 50~70세 사이의 노년층은 매일 평균 3시간씩 노인을 위한 라디오 프로그램을 듣는다. 텔레비

---

14) 유명한 독일 전통 가요 가수로 1951년 출생. 2006년 가요계를 은퇴했다. (옮긴이)
15) 40세~59세 여성을 주요 독자층으로 삼고 있는 독일 주간지. (옮긴이)

전 시청 시간보다 겨우 30분 적은 시간이다. 노년층이 선호하는 방송은 주로 말로 구성되며 노년층은 방송이 자신의 의견을 잘 수용해주길 바란다. 전통적으로 젊은 층에게는 라디오가 부속 매체에 불과하지만, 노년층에게는 정보 수집을 위한 매우 중요한 통로로 작용한다.

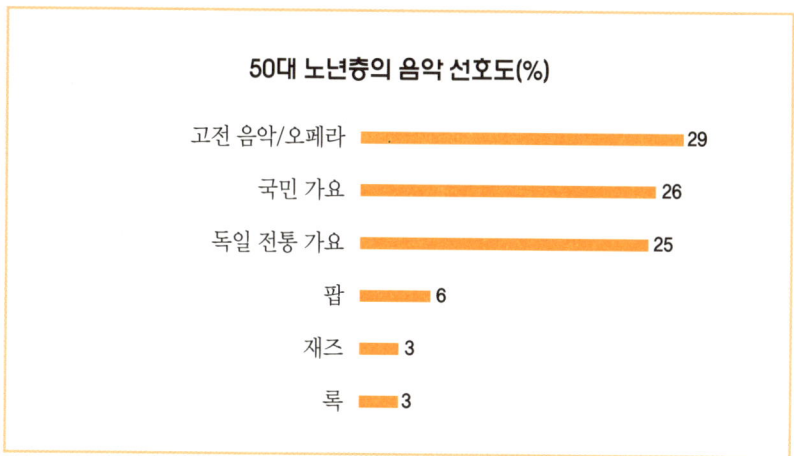

50대 노년층의 음악 선호도(%)

장르	%
고전 음악/오페라	29
국민 가요	26
독일 전통 가요	25
팝	6
재즈	3
록	3

출처: 포커스(focus) 지의 '음악 감상' 설문 조사

🔶 성장하는 실버 음악시장

국민 가요 분야에서 최고의 수익을 올리고 있는 카스텔루터 슈파첸 그룹으로부터 여러분도 무엇인가 배워보기 바란다. 남티롤 출신의 산지 농민 여섯 명으로 구성된 이 그룹은 음악으로 버는 수익 200만 유로 외에도 팬을 위해 제작된 상품의 판매를 통해 300만 유로를 벌어들이고 있다. 그런 상품으로는 직접 주조한 포도주에서 시작하여 티셔츠에 이르기까지 다양하다. 슈르첸예거 그룹 역시 마찬가지다. 슈르첸예거 콘돔에서 시작하여

벨트, 버클 등 다양한 팬 상품을 제작, 판매하여 수익을 올리고 있다. 그러니 슈르첸예거 그룹 공연장에 11만이 되는 팬들이 모여든다 해도 놀랍지 않다. 롤링스톤스를 찾는 팬들과 맞먹는 숫자이다.

그러나 한 가지 걱정스러운 점이 있다. 음악 시장에서 유명한 사람들의 음반은 거의 매진될 정도지만 수백만 장까지 팔리는 음반은 드물다. 나머지 음악가들은 비교할 수 없을 정도로 작은 양밖에 팔지 못한다. 그래서 대부분의 가수들은 라이브 공연을 통해 돈을 벌고 있는 실정이다.

이런 현상은 마케팅 관점에서 보아도 이해할 만하다. 판매 통로도 없고 광고도 하지 않으면 팔릴 수가 없는 법이다. 광고나 멋진 판매처를 통하지 않고 어떻게 노년층이 음반에 대한 정보를 얻을 수 있고, 또 구매할 수 있겠는가? 앞서 예를 든 볼프강 페트리는 인쇄 매체를 통해 성공한 특별한 경우이다. 왜 기존의 홍보 통로인 텔레비전이나 라디오를 사용하지 않는가? 음악 프로그램, 특히 국민 가요가 텔레비전에서 점점 더 사랑받고 있다는 것은 이미 널리 알려진 사실이다. 제3 방송이나 지역 텔레비전 방송을 한번 살펴보기 바란다. 노년층은 특정 분야만을 다루는 전문 방송을 매우 선호하는데, 이러한 경향은 더욱 더 강해지는 추세이다. 라디오에서도 마찬가지다. 노년층은 제1, 제2 방송의 프로그램을 많이 듣는다.

독일 전통 가요나 국민 가요만을 취급하는 상점에 대해서 어떻게 생각하는가? 기존의 상점 운영 방식과 더불어 이 분야의 음악을 좀더 매력 있게 보이도록 운영하는 것만으로도 충분할 수 있다. 어떤 음반이 있는지 쉽게 파악할 수 있도록 진열하고, 효율적으로 상담해주며(에어로스미스의 티셔츠를 입은 젊은이에게 카스텔루터 슈파첸 그룹의 새 노래에 대해 자세히 설명할 수 있겠는가?), 조명을 너무 화려하게 하지 않고, 눈에 잘 띄게 가격표를 붙여놓으며, 좀더 쉽게 다룰 수 있도록 CD를 포장해놓는다면 분명 판매율은 눈에 띄게 증가할 것이다.

이 자리에서 음악 기기에 대해서는 다루지 않겠지만, CD 플레이어의 복잡한 조작 방식 때문에라도 음악기기 생산자에게는 노년층 대상의 음악 시장에서 오히려 성공할 기회가 더욱 크다고 하겠다. 조작이 쉽고 편리한 음악 기기가 시장에 나오기까지 카세트 플레이어가 새로운 붐을 이룰 수도 있다. 노인들이 사는 집에는 대부분 카세트 플레이어가 있다.

📖 요약: 실버 음악 시장의 열쇠

음악 업계도 그렇고, 특히 소매상들이 음반 판매율이 낮다고 끊임없이 불평한다. 음악 시장에서도 노년층을 대상으로 한 수많은 판매 전략이 있다고 생각한다.

일단 상점을 국민 가요나 독일 전통 가요에 맞게 특별하게 설치하는 것에서부터 시작한다. 그리고 직원들을 이 분야의 음악에 관해 교육시킴으로써 수준 높은 음악 정보를 제공할 수 있어야 한다. 〈새로운 편지〉와 같은 인쇄 매체와 협력하는 전략을 사용해 볼 수도 있다. 음악가에 대한 기사를 게재함으로써 인쇄 매체의 판매 부수를 높이는 동시에 음반 판매율도 제고시키는 것이다.

협력 전략으로 여러 가지 다른 방법도 생각해 볼 수 있다. 전통을 자랑하는 지역과 인쇄 매체나 음반 업계가 함께 협력하지 못할 이유가 어디 있겠는가? 예를 들면, "여러분의 휴가는 카스텔루터 슈파첸 그룹의 고향에서 즐기십시오"라고 홍보할 수도 있다. 공연 방문을 조직하고 CD도 제공하며, 스타 음악가의 '개인적인 기념품'을 몇 가지 만들어 연계시켜도 좋을 것이다. 인쇄 매체는 이런 행사에 대한 기사를 싣고, 또 다른 잡지에서는 볼 수 없는 이와 관련한 특별한 정보를 게재하도록 한다. 음반업자는 한편으로 잡지의 보도를 통해서, 다른 한편으로는 휴가 여행객들에게 CD를 판매함으로써 수익을 올릴 수 있다.

그밖에도 '국민 가요'라고 이름 붙인 전문잡지나 '국민 가요의 모든 것'이라는 카탈로그를 발행해 볼 수도 있다. 이 모두가 충분히 고려해 볼만한 방법이며, 마케팅 관점에서 보아도 성공할 기회는 충분하다고 생각한다.

4 지식

시민학교의 컴퓨터 강좌에 등록한 72세의 할머니가 그곳에 온 이유를 이렇게 말했다. "손자가 월드 와이드 웹이니, 채팅이니, CD롬이니, 인터넷 서핑 같은 말을 할 때 그게 무슨 말인지 이해하고 싶어서 왔다."

지식 시장 상황

공부는 죽을 때까지 해야 한다는 말은 젊은이에게만 해당되는 것이 아니다. 또 직장 생활을 하는 사람만이 끊임없이 지식을 축적해야 하는 것도 아니다. 노년층 역시 지식을 습득해야 한다. 어느 나이가 되면 조용하고 안락한 삶을 살 수 있으리라는 것을 더 이상 장담할 수 없기 때문이다.

시민 학교나 기타 교육 단체에 컴퓨터와 인터넷 강좌를 신청하는 노인들이 점점 더 늘어나고 있으며, 노인들 스스로 컴퓨터라는 신기술을 다루는 데 기쁨을 느낀다. 사실 이런 교육이야말로 많은 노인들에게 정신적으로 뒤쳐지지 않게 해주고, 젊은 층과의 연대감을 느낄 수 있는 기회를 제공한다.

독일 통신공사에 따르면 인터넷 강좌에 약 4만 명이 등록을 하고 있다고 한다. 통신공사는 점점 늘어나는 50세 이상 세대 고객들에게 특별히 관심을 쏟고 있으며, 인터넷 교육을 확산함으로써 ISDN 통신망을 판매하고 있다. 훌륭한 마케팅 전략이라 하지 않을 수 없다.

그러나 노년층이 새로운 지식에 대한 관심을 보이는 분야는 컴퓨터뿐만이 아니다. 새로운 것을 배우기 위해 대학에 등록하는 노인들도 점점 많아지고 있다. 프랑크푸르트의 〈제3 인생기 대학〉(universität des dritten lebensalter)의 노인 학생 수는 몇 년 전부터 계속 늘어나고 있는 추세다. 1997/98년 겨울 학기에 등록한 1824명의 학생이 40세~80세에 이르는 사람들이었으며, 현재 진행 중인 학기에는 황금 연령층 학생 수가 2000명에 육박할 것으로 보인다.

이 학교에서 중심으로 삼는 것은 '사회 노인학'이며, '경제 요소로서 노년층'이라는 주제로부터 '건강과 인생', '나이듦: 자신을 발견하는 과정', '우리도 너희 때가 있었다; 세대 통합적 교육'에 이르기까지 다양한 주제의 강의가 이루어지고 있다.

노년층이 '노년의 학습'이라는 주제를 얼마나 진지하게 받아들이고 있는지는 1998년 슈바벤의 그뮌트에서 처음으로 전 세계의 노인 대학이 모인 자리에서 확인할 수 있었다. 1980년대 초 슈바벤 그뮌트 교육 대학이 처음으로 노년층을 대상으로 한 교육 시설을 개설했는데, 1998년 모임에는 참가국이 35개국이나 되었다.

성장하는 실버 지식 시장

오늘날 정보 및 통신 기술 영역이 활발히 발달하고 있으며, 개인용 단말기에서 인공 지능 세탁기에 탑재된 마이크로 칩에 이르기까지 가정생활에서 컴퓨터가 차지하는 자리가 점점 더 커지고 있다. 미국인들과 달리 기술에 큰 호감을 갖고 있지 않던 독일인들의 사고의 변화 물결은 산업계에서 찾아볼 수 있다. 황금 연령층 또한 정보 통신 기술 분야에서 점점 더 집중적인 관심을 받고 있다.

신기술은 서로를 이해하게 해주는 도구의 역할을 할 수도 있다. 이메일을 통해 손자의 생일 소식을 바로 전달받을 수 있고, 축하 인사를 건넬 수도 있다. 또 할머니들은 인터넷을 통해 같은 취미를 가진 또래의 할머니들과 요리법을 주고받으며 친구를 사귈 수도 있다. 그 외에도 신기술은 노년층에게 확실한 도움을 제공해주는 장점을 갖고 있다. 예를 들어, 컴퓨터 네트워크로 연결된 구조 시스템은 노년층의 안전과 독립성을 확보해준다.

컴퓨터 생산업자는 컴퓨터, 특히 소프트웨어를 사용자 중심적으로 만들어야 한다. 예를 들어, 모니터에 덮개를 씌운다든지 자판을 분명하고 쉽게 알아볼 수 있게 만든다든지, 또는 영어로 된 안내서나 컴퓨터 명령어를 자국어로 표기하는 방법 등을 들 수 있다.

점점 더 많은 사람들이 인터넷을 즐겨 사용함에도 불구하고 노년층은 거의 경험을 못하고 있는 실정이다. 아욱스부르크의 마틴 슈텡겔 심리학 교수는 독일 통신공사와의 공동 설문 조사를 통해 많은 노인들이 인터넷을 폭력이나 어린이 포르노와 같은 부정적인 것들을 연계시켜 생각한다는 결과를 발표했다. 설문에 응한 노인들이 인터넷에 개방적인 자세와 관심을 보였음에도 불구하고 이런 결과가 나왔다.

노년층은 멀티미디어 세계에서 아직 소비자로서 인정받지 못하고 있다. 어쩌면 산업계와 독일 연방 연구청이 공동으로 제창한 '정보 사회에서의 노년층'이라는 시민 운동이 사회 계몽을 이룩할 수도 있을 것이다. 이 시민 운동 회원들이 운영하는 '노인을 위한 정보 서비스'(senior-info-mobil)는 이런 목적을 위해 아주 좋은 방법이라 하겠다. 이층 버스로 만든 '정보 서비스' 차량에는 7좌석이 마련되어 있는데, 관심 있는 사람이라면 누구나 들어가 전문 요원의 지시를 받으며 무료로 인터넷을 배우고 전 세계 웹사이트를 서핑할 수 있다. 그렇다면 노년층은 과연 인터넷이라는 새로운 매체에 감동할 것인가? 마케팅에서는 잠재적 '고객'에게 접근하는 것이 오래전부터 핵심 문제였다. 마케팅 분야에서 일하는 사람들은 매우 현대적인 매체, 그중에서도 새로운 매체인 인터넷으로 노년층을 감동시키는 일을 아직도 어렵다고 생각하거나, 심지어 생각조차 하지 못하고 있는 실정이다.

그러나 현실에서는 지금까지 이어져온 노년층의 모습에 어울리지 않는 일이 벌어지고 있음을 목격할 수 있다. 신매체인 인터넷이 노년층에 의해 점령당하고 있다는 말이다. 독일 통신공사가 주최하는 세미나에 수많은 노인들이 참여해 인터넷 서핑을 하고, 황금 연령층이 욕구에 적절하게 대응하는 정보 제공자를 인터넷에서 찾아다닌다.

인터넷이라는 매체에 매료된 노년층은 대개 50세 이상 세대 중 혁신적인 사고로 유행을 선도하는 사람들이다. 물론 사업자들도 다소 기이하게 보이는 노년층의 인터넷에 대한 관심에 선뜻 반응하지 못한다.

또 유감스럽게도 전통적으로 50세 이상 세대에 접근하면서 자행된 실수들이 인터넷 매체에서도 반복되고 있다. 실제로 사용자 중심으로 효용성 있게 마련된 내용은 소수에 불과하다. 대부분이 관련 주제를 형식적으로만 다루고 있을 뿐이다. 적어도 겉으로 보기엔 자신이 사용자가 되어 시험해 보지 않은 듯하다. 물론 노년층은 눈이 높은 고객이기 때문에 그에 걸맞게 깊이 있고 훌륭한 내용으로 꾸미려면 준비와 관리에 비용이 많이 들 것이다. 그러나 50세 이상의 노년층을 대상으로 거래를 하기 위해서는 결코 소홀히 해서는 안 되는 부분이다.

인터넷이야말로 현재의 고객뿐 아니라 미래의 고객에 대한 실질적인 정보를 얻을 수 있는 유일한 매체이다. 인터넷을 이용하면 적은 비용을 들여 고객 자료를 훌륭하게 관리할 수 있다. 사업자에게는 중요한 고객의 관심 분야나 이용 습관, 고객의 욕구 등에 대한 정보를 알 수 있는 좋은 도구인 것이다. 다시 말하면, 판매 기회를 앉아서 손에 쥐게 되는 것이다. 물론 한 가지 어려운 점은 있다. 목표 대상 고객을 심도 있게 공략해야 하며 그들과의 관계를 끊임없이 관리해야 한다. 50세 이상 세대라고 해서 모두 똑같지 않으며, 인터넷에 올라올 내용에 대한 기대도 50세 이상 세대만큼이나 다양하기 때문이다. 이런 어려움이 있고, 주주 가치를 지향하는 기업에게는 단기적으로 수익성 있는 사업이 아닐지라도, 적어도 중기적 관점에서 보아서는 투자할 만한 일이다. 그리고 앞으로 장기적으로 성장과 수익을 보장받기 위해서는 50세 이상 세대를 대상으로 한 판매를 결코 포기할 수 없을 것이다. 어쨌거나 불가사의한 마케팅 연령 한계선인 50세를 넘은 고객을 대상으로 어떤 전략이라도 만들어내야 한다. 이 연령층의 목표 고객들은 앞으로 시장공략 활동에서 성공을 가름하는 핵심 요소 이상이 될 것이다.

인터넷은 단지 대화 통로에 불과하며, 그것도 아직은 결코 크다고 말할 수 없는 50세 이상 노년층 그룹의 일부에 다가갈 수 있는 통로일 뿐이다. 아직은 그렇다는 말이다. 내 생각으로는 50세 이상의 노년층 세대는 인터넷 세계에서 가장 흥미로운 집단이다. 이들은 마구잡이식이 아니라 목적의식적으로 일정한 웹사이트를 정해 서핑한다. 다시 말해 자신의 관심 분야만 찾아다닌다. 그리고 제공된 정보를 매우 정확하게 읽고 점검한다. 그들은 처음 클릭할 때부터 자신이 원하는 바가 무엇인지 정확히 알고 있다.

그러나 50세 이상 노년층이 인터넷을 이용하는 가장 주된 목적은 통신 매체나 기술에 대한 관심이 아니며, 이 연령층이 관심 있어 하는 바로 그 주제에 대해 알기 위함이다. 이들의 주요 관심사 중 우선순위에 있는 것은 건강과 육체, 자식과 손자, 여행과 문화, 재정적 안정과 대비 등이다. 이런 관심사와 연계시킬 수 있어야만 비로소 인터넷에 대한 노년층의 관심을 불러일으킬 수 있다.

습득해야 할 정보가 그리 많지 않았던 시기에는 목표가 뚜렷하고, 구체적이며 실제로 효용성 있는 정보를 보내는 사람들이 모두 성공했다.

오늘날 인터넷에 올라온 판매 제안을 위한 광고를 대화라는 관점에서 관찰해보면 목표 고객에게 맞추어 만들어진 것이 거의 없다. 이 말을 오해하지 않기 바란다.

목표 고객 그룹에게 맞추어야 한다는 말은 할아버지, 할머니를 아이처럼 대해야 한다는 의미가 아니다. 목표 고객 그룹이 이해할 수 있게, 또 그들이 기대하는 바대로 정보를 표현해야 한다는 것이다. 혹시 여러분은 인터넷 전화 공급자, 균일 요금, 인터페이스, 브라우저, 스플리터, ISDN, SMTP, POP3, T-DLS, 호스트 등이 무엇을 의미하는지 알고 있는가? 인터넷 용어는 마치 전문가를 위해 개발된 암호처럼 보인다. 일반 사람이 인터넷 용어를 어려워하는 것은 당연할 수밖에 없다. 웃음거리가 되기를 좋아하는 사람이 누가 있겠는가? 이를 위해 많은 인터넷 교육이 이루어지고 있으며, 그동안 이런 교육도 점점 많아지고 있다. 가장 좋은 것은 통역자가 없는 것이다. 복잡하고 기술적인 수많은 인터넷 개념이나 과정을 최대로 단순화시키고, 가능하면 모국어로 사용하여 일반 사람들도 이해할 수 있게 해야 할 것이다. 사용자 중심적이며 쉽게 이해할 수 있도록 정보를 제공하는 것이야말로 사람들이 인터넷이라는 매체를 더 잘 수용할 수 있게 하는 데 크게 기여할 것이다.

이러한 변화를 통해 인터넷이라는 새로운 매체가 노년층에게 파고들 기회의 문이 열리게 될 것이다. 인터넷과 관련 기술이 노년층의 일상생활에서 늘 함께 하기 때문이다. 인터넷은 위급한 경우나 병이 났을 때 큰 도움이 될 수 있으며, 세상과 교류하고 친구를 사귀는 통로가 될 수도 있으며, 자식과 대화하는 통로가 될 수 있고, 구매 상담자나 증시 분석가, 소비자 보호자, 대학이 될 수도 있다. 온라인 사업자에게 거래와 성공을 가져다 줄 두 가지 요소, 즉 서핑할 시간과, 인터넷 서비스를 지불할 수 있을 정도의 충분한 자금을 소유하고 있는 목표 고객 그룹에게 다가갈 수 있는 상상할 수 없을 정도의 가능성이 열려 있다. 무르익고 있는 이 시장에 관심을 갖기 바란다. 분명 좋은 결과가 있을 것이다.

📙 요약: 실버 지식 시장의 열쇠

개인 컴퓨터 작업과 관련한 일반적인 기초 교육에서부터 특정한 소프트 프로그램에 대한 전문 교육에 이르기까지 광범한 컴퓨터 강좌나, 젊은 층과 노년층을 대상으로 한 인터넷 카페, 또 인터넷이 가능한 텔레비전과 같은 가전제품에 신기술의 도입 등 몇 가지 창조적인 방안을 앞에서 이미 소개했다.

지도자 역할을 했거나 아직도 그런 위치에 있는 활동적인 젊은 노년층이 특히 컴퓨터나 새로운 매체에 큰 관심을 갖는다.

노령의 노년층에게 특별한 상품을 공급하고자 한다면, 특히 새로운 매체 분야에서는 고객을 상대할 직원을 필히 교육시켜야 한다는 점을 잊지 말기 바란다. 새로운 상황에 제대로 적응하지 못하리라는 두려움뿐만 아니라 외국어 능력이 없기 때문에 많은 것을 이해하지 못할 것이라는 염려 때문에 노년층은 새 정보에 접근하기를 꺼려한다. 따라서 컴퓨터와 관련된 모든 영역에서는 특히 매우 단순하고 탁월한 마케팅 형식인 KISS(keep it strictly simple; 모든 것을 지극히 단순하게!)가 효과적이다. 이것이 뜻하는 의미는 다음과 같이 옮겨볼 수 있다. "사용자 중심으로 만들면 수요가 늘고 고객은 만족한다!"

5 금융

멋지게 차려입은 부동산업자가 초라한 모습의 나이든 부인에게 물었다. "주택 자금을 어떻게 마련하시겠습니까?" 그러자 조금 놀라는 표정으로 부인이 대답했다. "자금을 어떻게 마련하느냐고요? 자금을 마련할 필요는 없습니다. 여기 통장에 돈이 있는데요." 그러면서 앞치마 오른쪽 주머니를 가리켰다.

📖 금융 시장 상황

"돈이 있으면 되었지, 딴 얘기가 뭘 필요한가?" 노인들로부터 자주 듣는 이야기이다. 그러나 여기서 다루려는 것은 소비를 위한 돈이 아니라 금융에 관한 것이다. 현재와 가까운 미래에 예상되는 것처럼 그렇게 거대한 재산을 상속받아 이를 투자하거나 기부하며, 장학 사업을 펼치는 일이나, 막

대한 보험금을 타는 일이 예전에는 없었다.

　오늘날 몇몇 은행과 보험 회사는 벌써 실버 시장에서 돈 많은 노년층을 대상으로 특별한 서비스나 프로그램을 개발하고 있다.

　먼저 금융 실버 시장의 상황을 간단히 살펴보자.

　재산분포 현황: 독일 경제 연구소가 1997년 11월에 조사한 독일의 화폐 재산 분포 현황을 살펴보면 55세 이상 된 세대주 가정에 총 화폐 재산의 56.7%가 집중되어 있다. 전체 인구를 대상으로 계산하면 서독 지역의 2890만 가정에 집중된 화폐 재산이 42.5%이다. 또 독일 중앙은행 집계에 따르면 노년층이 소유한 총 재산은 2조2000억 유로가 넘는다.

　상속 재산: 현재 노년층이 소유한 화폐 재산뿐 아니라 재산 증식분이 금융 시장 상황을 평가하는 데 매우 중요한 요소로 작용한다.

　이 점에서 상속을 통한 재산 증식분은 매우 중요한 의미를 갖고 있다. 1990년 독일의 상속 재산은 약 1500억 마르크에 이르며, 2000년에는 거의 두 배가 되는 3000억 마르크가 상속 재산으로 집계되었다. 그리고 BBE 컨설팅 사의 〈기업의 성장 전략〉 연구서를 보면 30만 상속자의 약 50%가 최소한 10만 유로를 상속받았다.

　보통 상속받는 사람이 젊은 층이라 생각하여 실버 시장에서 상속은 아무런 역할도 하지 않는다고 생각할 수도 있다. 그러나 현실을 살펴보면 인간의 수명이 점점 늘어나면서 이미 50세 넘은 노년층이 부모로부터 많은 재산을 상속받고 있다.

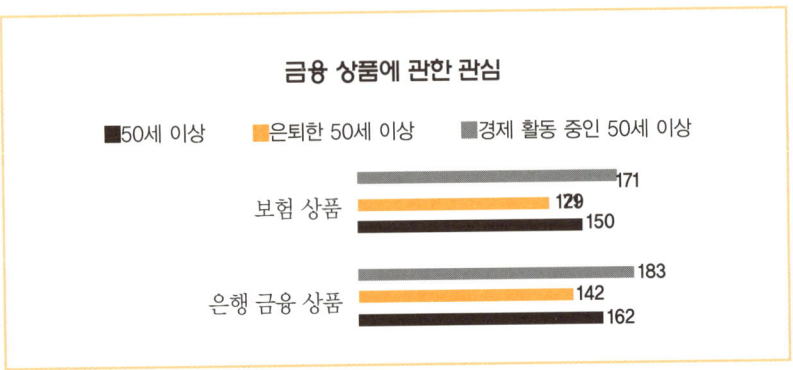

출처: 포커스(focus) 지의 '음악 감상' 설문 조사

생명 보험: 재산 증식에 있어 상속 다음으로 생명 보험금이 주요한 요소로 작용하는데, 특히 노년층이 향유하는 재산 증식 방법이다. 이 점은 슈피겔지의 조사를 보면 확실히 확인할 수 있다.

14세~29세 연령층에서 생명 보험금을 받는 사람은 단지 1%에 불과한데 반해, 50세~64세 연령층에서는 8%, 60세 이상에서 10%까지에 이른다. 또 50세~64세 연령층의 69%가 생명 보험을 들고 있으며, 65세 이상에서는 그 비율이 45%에 이른다.

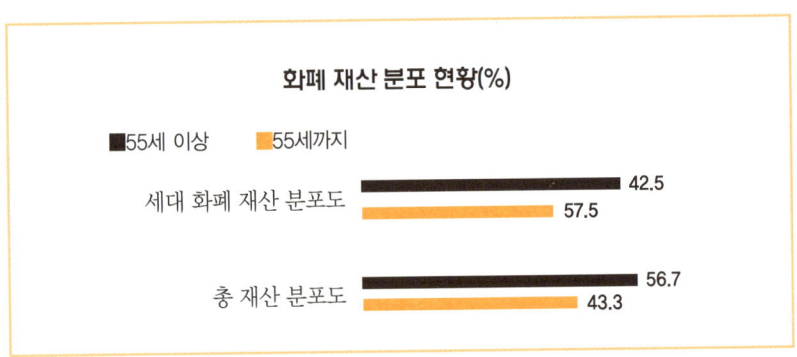

출처: 독일 경제 연구소 1997년 11월, 조사 대상-2892만8000세대

1997년 완납된 생명 보험만도 705억 마르크에 달하는데, 올해는 연말까지 완납될 보험금을 가산하면 6배나 늘었다.

복권 재산: 여러분도 매주 로또를 살 것이라 생각한다. 그런데 매번 다른 사람이 당첨되고 만다. 대체 누가 1등이 되어 그 큰돈을 가져가는지 매우 궁금할 것이다.

라인란트팔츠 주 주민들은 그 점에 대해 자세히 알고 있다. 설립된 지 50년 된 라인란트팔트 주의 로또 사는 당첨자에 대해 정확한 통계 조사를 해보았다. 놀랍게도 평균 당첨자 나이가 68.5세였으며, 모두가 은퇴하여 지방에 살고 있었다. 라인란트팔트 주에서 로또 당첨된 최고령자는 91세 된 할아버지로, 1994년에 백만장자가 되었다. 로또 당첨자 중에서 노년층이 많은 이유는 딱 한 가지, 노년층이 로또를 훨씬 많이 산다는 것이다. 심지어 몇 십 년 전부터 로또를 계속 사오는 노년층도 많다.

신용 및 대출: 현재 30~49세가 가장인 세대의 26%가 신용대출을 얻고 있는 상황이다. 반면, 65세 이상의 노년층에서는 단지 3%에 불과하다. 담보 대출이나 주택 대출 통계에서 역시 비슷한 상황이다. 30~49세 가장 세대는 28%에 이르는 반면, 65세 이상의 노년층은 6%밖에 되지 않는다.

성장하는 실버 금융 시장

이미 소수의 금융 업체들은 재산을 많이 가진 노년층의 잠재력을 인식하고 있다. 성취한 재산을 안전하게 관리하고 후손에게 상속할 재산을 처리하는 것이 노년층의 인생에서는 가장 중요하다.

하노버 소재 알 은행, 뮌헨의 히포 페어아인스 은행, 퓨르트의 크벨레 보험사는 실버 시장에서 잘 알려진 금융 업체일 뿐만 아니라 이미 노년층을 대상으로 큰 수익을 얻고 있다. 노년층을 고객으로 확보한 은행으로는 디렉트 안라게 은행을 추가로 들 수 있다. 이 은행 거래 고객의 평균 연령이 그간 30세 이하에서 45세 이상으로 높아졌다. 그밖에도 전 유럽에 지사를 두고 부동산업을 주도하고 있는 레푸기움 홀딩 주식회사와 게네랄리 로이드 보험 회사는 금융 전략상의 목적으로 합병하여 노년층을 대상으로 한 보험상품을 개발했다.

알 은행은 노년층 고객을 매우 높게 평가하는데, 노년층은 보수적 성향의 고객으로 안전하기만 하다면 투자 수익이 적어도 만족한다는 것이다. 투자 수익이 낮아도 안전한 투자를 통해 자금을 확대할 수 있다는 점은 노년층을 대상으로 제시하는 많은 장점들 중의 하나에 불과하다. 노년층을 확보하는 데 더욱 중요한 것은 접근 방법이다. 알 은행은 해바라기를 은행 상징으로 정하여 안내 자료나 상담원 유니폼에 그려 넣고 노년층 고객으로 하여금 올바른 자금 투자 대상을 찾았다는 생각을 유도한다.

그에 비해 히포 은행은 다른 전략을 펼치고 있다. '자기 능력 관리를 위한 회의'를 개최해 50세 이상 세대를 뮌헨으로 초대하여 노후 대책, 스포츠, 노년의 체력, 유로(euro), 휴가, 건강, 올바른 상속과 자산 관리 등의 수많은 강연을 통해 노년층을 대상으로 훌륭한 정보를 제공하고 있다. 이 회의는 보험 회사인 알리안츠, 루프트한자 항공, 아라벨라 호텔과 협력하여 실시하는데, 2500명 이상의 노인들이 참가 신청을 하는 등 매우 좋은 성과를 올리고 있다. 강연에 저명인사들을 초청함으로써 정보의 과학성과 현실성을 밑받침해줄 뿐만 아니라 노년층의 관심을 많이 끌고 있어, 매우 성공적이고 훌륭한 전략이라고 하지 않을 수 없다.

주택조합을 또 다른 예로 들 수 있다. LBS 주택조합은행은 그 사이 노년층 주택 자금 투자자들을 더욱 더 많이 확보했다. 오스트리아의 주택조합은행 역시 점점 더 노년층이 몰려들고 있는 상황이다.

노년층이 주택조합은행과 거래를 하는 이유는 많다. 나이가 들고 육체적 장애가 발생하면 그에 맞게 주택을 개조 혹은 새로 구입해야 하며, 자식이나 손자들이 많아지는 경우에도 마찬가지이다. 오스트리아의 주택조합은행은 이러한 노년층의 욕구를 미리 인식하고 '실버 계약'이라는 전략을 펼치고 있다. 가족에게 증여하는 데 드는 비용이 없으며, 손쉽게 상속할 수 있다는 것은 단지 두 가지 큰 장점에 불과할 뿐이다. 뷰스텐로트 재단 또한 원래의 사업인 주택 건축에서뿐만 아니라 노년층에게 도움이 되는 다른 많은 프로젝트들을 강력하게 지원하고 있으며, 주택과 관련하여 전문과들과의 만남을 주선하기도 한다.

퓨르트 소재 크벨레 보험 회사 역시 50세 이상 세대들을 대상으로 특별 전략을 펴고 있는데, 건강 진단 없는 생명 보험 상품과 하루 1마르크로 들 수 있는 보험도 제공하고 있다. 이러한 전략 상품을 통해 크벨레 보험사는 실버 시장을 주도하고 있다. 이런 상황을 감안해보면, 겨우 1984년에 창립한 보험사가 직접 보험 분야에서 140만이라는 가장 많은 고객을 확보하고 있는 것도 결코 놀라운 일이 아니다. 이 중 70%가 50세 이상 세대에 속한다. 그리고 또 다른 상품인 의료 보험 중 간호 보험, 즉 고객이 나이가 들어 거동을 못하게 되었을 때를 대비한 금융 상품을 통해 노년층이 필요한 모든 것을 100% 만족시켜주고 있다.

이렇게 은행과 보험 회사들이 노년층을 위해 실질적으로 노력하고 있지만 아직도 노년층이 겪고 있는 일상적인 장애물을 제거해야만 할 것이다. 예를 들어, 글씨가 너무 작아 읽을 수 없는 통장 기록이나 현금 거래증, 사면이 터진 은행 창구, 자동 전산화와 그에 따른 지점 축소 등을 들 수 있다. 노인들과 이야기를 하다보면 현금 자동 지급기를 잘 다루지 못하겠다는 불평이 항상 나온다.

물론 노인들이 새로운 기계 조작법을 배우려 하지 않는 것은 아니다. 오히려 그럴 기회만 있다면 기꺼이 배우고 싶어 한다. 은행은 수표책이나 계좌 카드 등을 보낼 때 그런 부분에 대해 전혀 안내 설명을 하고 있지 않다. 고객을 대상으로 계몽 활동을 하거나 실질적인 도움을 준다면 큰 성과를 볼 수 있을 것이다. 또 은행 창구를 접근이 용이하고 개방적이며 화려하게 치장해놓는다면 건축가들 눈에야 멋있게 보이겠지만 노년층에게는 전혀 그렇지 않다. 특히 귀가 잘 안 들려 큰 소리로 말해주어야만 하는 노인들은 그런 시설이 좋다고 전혀 느끼지 않는다. 혹시라도 우연히 이웃 사람이 옆에 있어 자신의 은행 업무를 듣게 된다면 노인들은 무척 불편하게 느낄 것이다. 돈 거래에서 노인들은 예나 지금이나 내밀하고 비밀스러운 처리를 중요하게 생각한다.

한 가지 덧붙이자면, 청력이 나쁜 것은 비단 노인들뿐만이 아니다. 독일인 중에 청력에 문제가 있는 사람이 140만 명에 이르는데, 20명 중의 한 명만 보청기를 사용하고 있는 실정이다. 통계에 따르면 이미 40~49세 연령층 사람들 중 29% 청력에 문제가 있다고 한다.

🏷️ 기부 마케팅

노년층을 자금원으로 바라보는 것은 은행이나 보험사뿐이 아니며 사회적 목적을 가진 조직이나 단체 또한 기부나 상속 마케팅 전략을 통해 노년층으로부터 자금을 얻으려고 한다. 해마다 약 50억 유로가 기부금으로 걷히고 있으며, 점점 증가하는 추세이다.

독일 통계청이나 재무부는 독일의 기부 수익금이 얼마나 되는지 구체적으로 파악하지 못하고 있다. 이와 관련된 모든 정보가 추정치에 불과하며, 이는 소득세와 재산세를 근거로 산출되며, 이렇게 집계된 실질 기부 수익금은 6억 유로이다. 1965년 이후 기부 수익금은 약 4배로 증가했다.

그런데 앞서 말한 기부 수익금은 실제 액수의 아주 적은 일부에 불과하다. 국가에서 실제 기부된 모든 기부금의 약 4분의 1을 세금 공제액으로 제하기 때문이다. 국가 예산에서 화폐 기부금으로 산정되지 않은 부분, 즉 교회를 통한 물품 기부, 거리나 가정 방문을 통해 모은 기부 물품, 선물, 사회 복지용 배급품, 경매, 자선 공연 등을 감안하면 기부금 수익은 연간 약 50억 유로에 달한다.

얼마 전에 발표된 동서독에서 시행된 표본 설문 조사에 따르면 평균 10

가구 중 9가구가 한번이라도 사회 복지와 관련된 기부를 한 적이 있다고 한다. 또 1년에 평균 5차례 기부를 했다는 결과가 나왔는데, 돈과 물품 기부가 차지하는 비율이 같았다.

매년 걷히는 기부금 수익은 평균 232.74유로로 가구당 순소득액의 1.14%에 해당된다. 그런데 동서독 기부금 수익에서 매우 큰 차이를 보였다. 서독에서는 평균 271.12유로로 순소득액의 1.19%를 사회 복지 지원 목적으로 쓰인 반면, 동독에서는 86.72유로로 순소득액의 0.57%에 불과했다.

결론적으로 말하자면, 오늘날의 노년층의 자금 상황은 그 어느 때보다도 좋다고 할 수 있다.

📖 요약: 실버 금융 시장의 열쇠

오늘날의 50세 이상 노년층은 지금까지 독일에서 유래 없을 정도로 자금이 많은 세대이다. 자산 및 금융과 관련된 실버 마케팅 전략은 매우 많다. 노년층을 특별한 투자 상품이나 재단 설립에 포섭하고 싶든, 아니면 노년층 대상 부동산을 팔거나 혹은 노년을 대비한 금융 상품 판매를 위해 노인들을 유혹하고 싶든, 또는 금융 기업인으로서 곧 지급될 생명 보험을 다른 유용한 금융 연계 상품을 통해 자사에 그대로 유치할 수 있는 전략을 고민하든 각각에 맞는 수많은 전략이 있다.

유용한 연계 상품! 실버 금융 시장에서는 바로 이것이 가장 중요하다. 금융업계는 20~25년 동안 생명 보험을 납입한 고객들에 대해 아는 것이 그리 많지 않은 실정이다. 최악의 경우는 금융 업체에 유일하게 고객으로 들어 있는 보험이기도 하다. 또 고객이 보험을 들 당시의 설계사 혹은 상담자는 이미 은퇴한 경우도 있을 것이고, 해당 고객과 접촉할 수 있는 어떤 연계 고리도 없을 수 있다. 이런 상황에서 내년이나 내후년에 생명 보험금으로 10만 유로가 지급되어야 할 실정이다. 요약하면, 수십억 유로를 소유하는 주인이 해마다 바뀌는 것이다. 따라서 현재뿐만 앞으로 만기된 생명 보험이 마케팅 부서의 주요 과제가 될 것이다. 물론 이와 관련해서 문제가 없는 것은 아니다. 노년층은 자금을 단기적으로 재투자하려고 하지 않는다. 경험으로 볼 때 최소한 3년을 내다볼 줄 알아야 한다. 즉, 생명 보험이 끝나기 3년 전부터 고객과 씨름을 벌여야 한다는 것이다. 고객이 보험금을 필요로 하는 이유가 무엇이며, 보험금으로 무엇을 할지를 알아야 한다. 3년 동안 계속 고객과 대화를 해나가야 하며, 적절한 시기에 고객의 욕구를 충족시킬 수 있는 상품을 제시해야 한다. 출장 근무까지 동원하여 고객을 직접 방문해 대화를 꾸준히 해나가면 분명 성공할 수 있을 것이다.

이때 다음 사항을 꼭 기억해두어야 한다. 10만 유로 이상의 보험금을 타는 고객에게만 관심을 보여서는 안 된다. 작은 보험금을 타는 고객이라도 다른 업체에 큰 보험을 들고 있을 수도 있다. 그 고객은 다른 업체로부터 큰 보험금을 타는 고객의 대접을 받고 있을 것이다. 생명 보험이 만기가 되는 사람들을 목표 대상으로 삼으면 분명 수익이 있을 것이다. 앞서 말했듯이, 수많은 재산을 상속받는 사람은 지금은 물론이고 앞으로도 수없이 많다. 또 자신이 많은 노년층은 다른 모든 분야에서처럼 매우 이질적이다. 농지를 팔아 돈을 번 농부에서부터 부모로부터 집을 물려받은 회사원이나 은퇴한 경영자에 이르기까지 다양하다. 물론 아주 적은 수에 불과하지만 로또로 백만장자가 된 노인들도 잊어서는 안 될 것이다.

사람마다 돈 쓰는 방법이 다르고, 재산에 대한 생각도 각기 다르며 모두가 한결같이 자신에게 맞는 특별한 재산 관리 방식을 원한다. 따라서 어떤 방식으로 어떤 상품을 갖고 어떤 매체를 통해 어떤 고객에게 다가갈 것인가를 분명하게 계획해야만 한다. 소비를 중요시하는 고객그룹이 있는 한편, 자신과 배우자, 혹은 자식이나 손자를 위해 미래를 위해 저축하려는 고객그룹도 있다.

노년층의 자산을 대상으로 작업하는 것이 결코 쉬운 일이 아님은 사실이다. 혹시 여러분은 그렇지 않다고 생각하는가? 금융 업체의 활동이나 그들의 광고 캠페인을 보면 그들이 최우선적으로 고려하는 대상은 주로 성공한 기업가들이다. 그러나 이런 고객 그룹에 대한 프로그램이나 상품은 이미 수없이 많이 존재하고 있다. 광고의 그림이나 글귀는 성공한 기업가들이나 이해할 만한 것들로 가득 차 있다.

큰 자산을 가진 다른 잠재적 고객에 대해서는 지금까지 주로 노년을 위한 상품 등 몇 가지 상품 외에는 특별히 마련되어 있지 않았다. 혹시 재산을 상속받은 직장인이나 노동자 고객을 목표로 한 특별 상품을 알고 있는가? 또 10만에서 15만 유로에 달하는 자산을 소유한 평균 소득자를 남편으로 두었다 상처한 수많은 여성을 위한 상품으로 무엇을 알고 있는가?

6 주택

건장한 체구의 헬레네 부인은 대퇴골절을 당한 이후에 웃음을 잃고 말았다. 여자 노인들이 제일 많이 겪은 사고였다. 그녀가 사는 연립 주택의 계단을 더 이상 오르내릴 수 없었던 것이다. 그래서 양로원으로 들어갈 생각을 하게 되었다. 다른 것은 모두 혼자 처리할 수 있는데도 불구하고 단지 계단 문제 때문에 양로원에 가야 한다는 것이 싫었다. 바로 그때 ADAC 신문에서 계단 리프트 광고를 보았다. 지금 헬레네 부인은 계단 리프트를 이용해 남의 도움 없이 모든 것을 완전히 혼자 처리하면서 살고 있다.

계단 리프트 덕분에 친구들이 찾아와도 문제없이 맞아들일 수 있다.

📙 주택 시장 상황

"노인들의 4분의 3이 이미 양로원에 산다." 나이 든 노인들을 위해서 주택을 편리하게 만들어야 한다는 말만 나오면 늘 등장하는 말이다. 그러나 통계를 보면 전혀 그렇지 않다. 전체 노인의 5%만이 양로원이나 그와 비슷한 시설에서 살며, 95%는 예나 지금이나 자기 집에서 살고 있다.

앞으로 5년 동안의 자금 및 자산 운영에 관한 AWA 표본 조사에서도 역시 앞서 예로 든 잘못된 편견과는 전혀 다른 결과가 나왔다. 60세 이상 노년층은 자기 집을 수리하거나 새 집을 사는 데 돈을 쓰겠다고 답변했다. 익숙해진 주거지에 계속 살 수 있기 위해서 노인들은 미리 그 대책을 마련할 뿐만 아니라, 아끼지 않고 돈을 지출한다. 또 이것은 계단 리프트나 생활 보조 인력에 해당되는 것만은 아니다.

노년층에게는 여행뿐만 아니라 주거 문제에서도 많은 조건들이 충족되어야 하며, 이 분야에서 역시 매우 이질적이다. 특히 나이 차이에 따라 이질성이 나뉘어 진다고 할 수 있다. 노년층의 주거 문제에는 부동산 및 건축, 시설뿐 아니라 주거환경이 포함된다. 이제 노년층의 주거 문제와 관련하여 몇 가지 분야를 소개한 뒤 각 부분에서 실현 가능한 성공 가능성에 대해 이야기해보도록 하겠다.

📙 부동산

이미 현재에도 65세 이상의 노년층의 자기 주택을 소유하고 있는 비율이 40%에 이른다. 또 주택 설비 역시 장기적으로 주거할 수 있게 되어 있다.

  2010년에는 65세~75세 사이의 노년층 절반 이상이 단독 혹은 2가구 세대에서 주거할 것이다. 노년층의 주택 설비는 젊은 세대에 비해 오래된 것들이다. 그래서 노인들이 많이 사는 곳은 구역은 전체가 낙후된다. 오늘날에는 1950년대와 1960년대에 지어진 주택 지구가 이에 해당된다.

  부동산업계는 몇 년 전부터 노년층을 목표 대상 고객 그룹으로 바라보아 왔는데, 이는 특히 건설 업계의 불황에 영향을 많이 받은 결과이다. 간호 인력이 구비된 주택이나 서비스 제공 주택, 통합 혹은 세대 통합적 주택, 알츠하이머 환자를 위한 특별 주택 등 새로운 형식의 노년층 주거 양식은 최근에 발달했다.

  마지막에 든 환자 대상의 특별 주택을 제외하면, 새로운 노년층 주거 형식은 최소한 활동적인 노년층을 목표 고객으로 생각한 것이다. 그러나 현실에서는 다른 모습이 보인다. 이런 새로운 양식의 주택에는 젊고 활동적인 50대 노년층이 아니라 평균 70세가 넓은 노인들이 주요 고객이다. 이들은 새 주거 형태를 전통적인 양로원 대신 선택할 수 있는 주거 방법으로 생각한다. 따라서 새로운 주거 형태가 기대한 만큼 인기가 없는 것도 놀랄 일

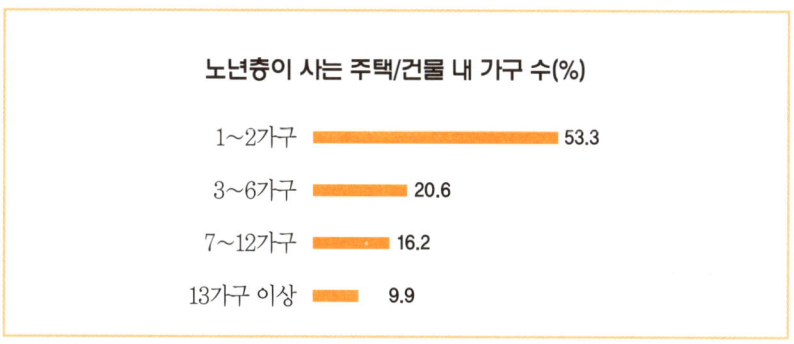

노년층이 사는 주택/건물 내 가구 수(%)

구분	비율
1~2가구	53.3
3~6가구	20.6
7~12가구	16.2
13가구 이상	9.9

출처: 노년층의 주거 상황, 1993년 건물 및 주택 1% 임의 추출 조사 결과

은 아니다.

물론 이 말은 새로운 주택 양식을 개발한 의도가 노년층의 필요를 충족 시키지 못한다는 의미는 아니다. 내 생각으로는 그 점에서는 100% 완벽하 다. 지금까지 노인들은 양로원에 가는 것을 그리 달갑게 여기지 않았는데, 바로 이 때문에 새로운 주택 양식에서 변해야 할 것이 있다. 즉, 자기 집에 서 노년의 삶을 살고자 하는 욕망이 새로운 집을 구하려는 욕망보다 훨씬 크다는 것이다.

그럼에도 불구하고 거주자에게 자립적인 삶을 보장할 수 있는 주거 형태 에 대한 수요가 특히 크며, 간호가 필요한 경우에는 더욱 확실히 보장되어 야 한다.

지난 몇 년 동안 뉘른베르크에서만도 약 15개 주거 지역이 새로 생겼다. 건축업자들은 이를 통해 노년층을 대상으로 큰 수익을 얻을 것으로 희망했

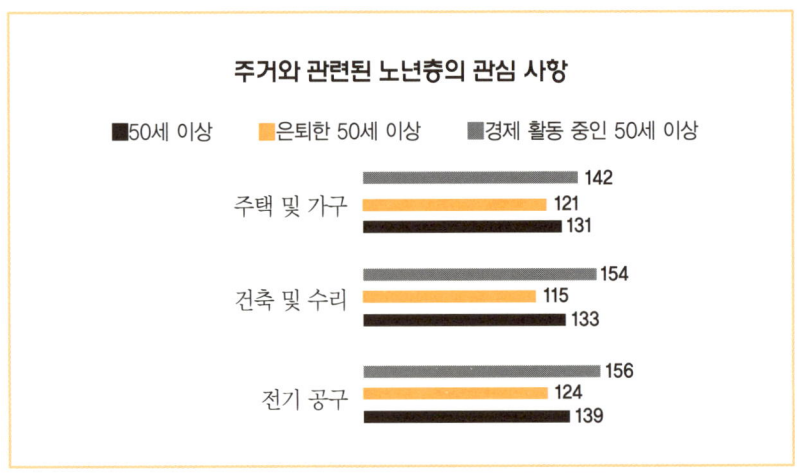

주거와 관련된 노년층의 관심 사항

■50세 이상   ■은퇴한 50세 이상   ■경제 활동 중인 50세 이상

주택 및 가구
142
121
131

건축 및 수리
154
115
133

전기 공구
156
124
139

출처: TdW 인터미디어 98/99, 50세 이상(평균 및 평균 이상으로 관심을 보인 사람들), 전체 인구 =100

다. 그러나 건축업자들은 수요를 너무 과대 측정했고, 그들이 제공한 주택 관련 서비스는 목표 고객의 기대를 늘 충족시키지는 못했다. 수요가 그리 많지 않았던 것은 가격 때문이라기보다는 주택이라는 상품과 고객과의 대화가 문제였다. 노인들이 이사를 결심하는 것은 새 부동산을 구매하거나 임대하기 위해서가 아니라, 오갈 수 있는 이웃이 있으며, 가장 두려운 점인 병이 났을 때 간호를 받을 수 있다는 안전함과 확실성을 확보하려는 것이다. 그들은 양로원이나 보호소로 가야하지 않아도 될 수 있는 곳을 원한다.

뉘른베르크에서 성공한 프로젝트는 결코 가격이 낮은 업체가 아닌, 반대로 가장 비싼 업체가 시행했다. 그럼에도 150채에 이르는 주택이 모두 판매되었다. 부동산으로서의 가치나 시설, 부대 서비스가 모두 조화롭게 노년층의 욕구를 충족시켰기 때문이다.

노년층을 포함한 모든 사람들이 중요하게 생각하는 주거 관련 사항은 다음과 같다.

- 주택과 주거 환경의 기능성 및 편리함
- 보호와 안정성
- 지속성과 친근성
- 사생활 보호
- 이웃과의 대화 및 관계, 소속감
- 사회적 인정과 자기 표현 및 대표성
- 자율성 및 자주성

앞서 말했듯이 65세 이상 노년층의 95%가 전통적인 주택에 살고 있으며, 특별한 시설 기관이나 새로운 주택 양식에서 살고 있지 않다. 이는 앞으로 대부분의 노년층이 가능한 자기 집에서 살기를 원하며, 자립적으로 자신의 삶을 꾸려가길 원한다는 사실을 말해준다.

이러한 노년층의 바람을 충족시키기 위해서는 주택 개량이나 수리가 필요할 것이다. 따라서 노년층이 지금껏 자신이 살아온 집과 이미 친숙해진 사회적, 공간적 주위 환경에서 계속 살아갈 수 있는 조건을 만들어야 할 것이다. 주택 개량이나 수리도 이에 맞게 이루어져야 한다. 즉 주거 노인의 안전과 활동의 자유, 보다 큰 편리함을 위해 주택이 개선되어야 한다.

노인들마다 다르게 나타나는 주거 환경에 대한 이질적인 선호도로 인해 오래된 개인 주택 지구에서 노년층에 알맞은 주택 개량의 수요가 더욱 더 중요해질 것이다. 오늘날 50~60세에 이르는 노년층 가구 중 4분의 1이 대도시에 있으며, 4분의 1이 대도시 근교에 위치하고 있다. 이렇게 보면 앞으로는 총 은퇴 노인의 절반 가량이 인구 밀도가 높은 도심 지역에서 살 것이다.

노화 현상 또한 주요 도시 인근 지역에서 가장 심하게 진행되고 있다. 2010년에는 이 지역의 60세 이상 노년층의 비율이 19%에서 28%로 증가할 것으로 보인다. 도심 인근 지역의 최고령화(75세 이상)는 1990년에 비해 25%까지 높아졌다.

1960년대와 1970년대에 미래의 은퇴 노인들의 자기 집 소유 현상이 매우 강했던 까닭에 오늘날 50세~60세에 이르는 노년층의 약 63%가 자기 집을 소유하고 있다. 이것은 이 연령층 총 가구의 3분의 2가 자기 집을 소유하고 있다는 의미이다. 주택 소유자들의 이주 행태가 근본적으로 변하지 않는 한 2010년에는 65세~75세에 이르는 노년층의 다수가 노년층에게 맞게 설비되지 못한 1가구 주택에서 살 것이다. 따라서 중장기적으로 보아 노년층에게 알맞은 주택 개량 작업이 필요한 가구가 은퇴 노년층 가구의 절반에 달할 것이다.

노년층에게 필요한 주거 환경을 알아보기 위해 실행한 소위 '노화하는 주거 지역'에 대한 조사 결과는 이러한 평가가 지역 주민의 실질적인 기대나 요구에 맞지 않다는 것을 보여준다. 노인들은 물론 몇 십 년에 걸쳐 친숙해진 주거 환경에서 안락하고 안전하게 느끼기 때문에 주거지역을 쉽게 바꾸려고 하지는 않는다. 그럼에도 불구하고 노년층에 알맞게 지어진 주택에 관한 관심은 눈에 띄게 높았다.

나이가 들면서 일상생활에서 스스로 처리하기 힘든 일이 종종 발생하기 때문에 현재 거주하고 있는 주거 환경(관리하기에 너무 큰 집이나 정원)은 갈수록 짐으로 느껴진다. 게다가 일상생활에 필요한 생필품 구매에서조차도 문제가 생긴다. 육체적 쇠약으로 인해 몸을 움직이기 어려울 뿐만 아니라 주거 지역에 필요한 상점이나 상품이 점점 사라지기 때문이다. 특히 대화 상대가 없다는 사실 노년층 중에서 홀로 사는 노인들의 경우 새로운 주거 형태에 큰 관심을 갖게 되는 이유이다.

노년층을 위한 새로운 주거 형식은 다른 나라에서도 찾아볼 수 있다. 이 점에서도 미국은 한발 앞서나가고 있다. 그 사이 전설적인 노년층 도시로 탈바꿈한, 델 웹이 개발한 은퇴자 도시들(Sun Cities)에는 4만 명에 달하는 주민들이 살고 있는데, 이들은 55세 이상의 노인들이다. 그들은 그곳에서 안락하게 살고 있다.

"우리의 필요에 맞게 꾸며지고, 또 우리를 이해해주는 환경에서 살아보니 완전히 다른 삶을 살고 있는 것 같습니다." 왜 선 시티에서 살게 되었냐는 질문에 한 여자 노인이 이렇게 대답했다. 선 시티로 이사한 많은 노인들은 활동적인 삶을 되찾았다. 정비소나 서점도 운영하고 세미나를 열기도 하며 무보수의 자원 봉사 활동도 펼친다. 간호 보호가 필요한 노인은 집에서 교회나 지역으로부터 저렴한 서비스를 받을 수도 있다. 많은 주민이 이미 55~60세에 선 시티로 이사했기 때문에 나중에 간호 보호가 필요하게 되어도 걱정이 없다. 이미 지역에서 오래 살아 친구도 많기 때문이다. 이들은 눈을 감는 순간까지 친구들을 곁에 둘 수 있다.

미국의 이런 사례가 독일에도 실행 가능할지는 의문이다. 그러나 분명한 것은 독일 역시 노년의 주거 문제에 새로운 시대가 도래했다는 점이다. 미래의 은퇴자들이 이에 대해 다른 생각을 갖고 있으며, 이 세대야말로 자신의 생각을 실현할 수 있을 것이다. 어떤 세대도 전후 세대만큼이나 커다란 자산을 갖고 있지 못하기 때문이다.

전후 세대는 대출 없이 온전히 자기 집을 소유하고 있으며, 이미 완납한 제1차 생명 보험은 지급받을 시기에 이르렀고, 제2차 보험도 곧 지급받을 수 있다. 또 이 세대는 상속 세대이다. 수명이 길어지면서 노년에 재산을 상속받을 수 있었기 때문이다.

자산이 많은 이들은 한 채 이상의 주택을 소유하게 될지도 모르며, 어쩌면 같은 생각을 지닌 사람들과 함께 주거 공동체를 꾸릴 수도 있다. 또 간호 보호가 필요한 시기가 오면 다시 독일로 돌아올 수 있다는 기대를 갖고 일단 집을 모두 팔아 남쪽 지역의 나라로 이주할 수도 있을 것이다. 비르샤프트 보헤 지의 위탁을 받아 여론 조사 기업인 포르자(Forsa)가 조사한 바에 따르면 노년에 외국에서 살고 싶다는 독일인의 수가 점점 많아지고 있다. 전체 독일인의 약 40%가 노년에 외국에 가서 살 수도 있다고 대답했다.

은퇴 노인들이 가장 선호한 나라는 스페인과 미국이었다. 이러한 성향은 이미 1990년대 초 부동산 업계와 복지사업협회를 통해 밝혀진 사실이다. 1994년 교회 사회 복지 사업 기구인 디아코니는 마조르카에 에스 카스텔로트(Es Castellot)라는 노인 주거 단지를 설립했다. 그 당시에는 비슷한 시설들이 연이어 건축되었으며, 일간지에는 '외국 부동산' 광고가 점점 더 많이 등장했다.

이로써 한 가지 분명한 사실은, 오늘날의 황금 연령층뿐만 아니라 미래의 노년층 역시 양로원의 삶은 원하지 않는다. 또 이들 노년층에게는 무슨 일에든 안락함과 편리함, 안전, 서비스가 항상 제일 중요한 요소로 작용한다.

실버 주택 시장 상황에 대해 다소 장황하게 설명을 했는데, 이러한 상황이야말로 산업계와 유통 업계, 수공 업계, 서비스 업계에 크나큰 가능성을 보장해주는 것이다. 앞에서 예로 든 계단 리프트 제조 업체와 같이 몇몇 분야에서는 이미 실버 주택 시장의 상황에 힘입어 큰 발전이 이루어지고 있다. 앞으로 65세~75세 사이의 노년층이 대부분 1가구 세대 주택에 거주할 것이라는 추세를 감안하면 주택 관련 분야 또한 해야 할 일이 매우 많다.

    현재 계단 리프트 제조 업체뿐만 아니라 부엌이나 침실 가구 생산 업체들도 실버 주택 시장에서 성공할 수 있는 기회를 많이 포착하고 있는데, 예를 들어 가구 업체 알노 사는 노인들과 장애인들을 위해 장애물 없고 휠체어도 가까이 갈 수 있는 아랫부분이 뚫린 싱크대를 제작하고 있다.

    나이가 들수록 주택 시설에 대한 요구 사항이나 주문 사항이 달라진다. 아주 나이든 노인들뿐만 아니라 50세에 접어든 젊은 노년층 역시 마찬가지이다. 그런데 반드시 기술적인 보조 수단이 중요한 것은 아니며, 생활을 좀 더 편리하게 해주거나 수준 높아진 가치관을 보장해주며, 자식들의 독립을 통해 변화된 생활환경의 안정성을 보장해주는 물건이나 시설이 중요하다.

    그뿐 아니라 자립적인 생활이나 기존 시설의 개량 및 개조 또한 중요한데, 50세 이상의 노년층이 이 부분에 많은 관심을 보인다.

왼쪽-HEWI 사에서 제작한 붙박이 의자는 욕실 생활의 안전성을 보장한다.
오른쪽-비스터펠트&바이스 사에서 제작한 아름다운 디자인과 더불어 인체 공학적 기능을 겸비한 의자

여기서 대상이 되는 제품은 주택의 경비시스템에서 시작하여 도서관, HEWI 사의 욕실 붙박이 의자, 지지용 손잡이, 자동 문 닫힘 장치, 편리한 전자레인지, 보쉬 사와 지멘스 사에서 만든 간편 조작 시스템이 부착된 전자레인지 등 다양하다. 또 추천할 만한 상품으로 비스터펠트&바이스 사에서 제작한 의자가 있는데, 이 의자는 이미 그 자신이 70세가 훌쩍 넘은 노인인 아르노 포텔러 디자인 교수가 디자인한 것이다. 그밖에도 케라막 사에서 제작한 VARICOR 시리즈에 속한 비탈리스 프로라는 아래쪽이 개방된 욕실 개수대도 있다(VARICOR은 여러 장점이 결합된 새로운 소재로, 도자기보다 따뜻한 감촉에 다양한 색과 모양을 낼 수 있어 욕실의 아름다움과 기능성에 따라 원하는 대로 연출할 수 있다).

위에 열거한 상품들의 공통점은 모두가 노년층을 대상으로 특별히 제작된 것이지만 사용자가 노인이거나 활동에 장애가 있는 사람이라는 사실을 분명하게 드러내지 않는다.

케라막 사의 새로운 시리즈 상품이나 HEWI 사의 제품은 병원이나 간호보호 시설 분위기를 드러내지 않으면서 동시에 장애물 없는 욕실 제품을 선택할 경우에 적극 추천할 만한 탁월한 제품이다. 노년층에게는 특히 욕실이 매우 중요하다. 일반적으로 욕실 시설이든 가구이든 노년층을 위한 주택시설 관련 제품은 모두 병원이나 간호보호 시설에서 요구되는 사항에 맞추어 제작되고 있다. 노인들 제품에서 미적 감각이나 편리함, 사용 시의 즐거움을 왜 배제하는지 이해할 수 없다.

왜 욕실에 늘 흰색 타일을 붙이고, 지지용 손잡이도 하얗게 칠하며, 바닥 높이로 만든 샤워박스 커튼도 흰색으로만 만들어 기능성만 강조하는지 모르겠다. 물론 기존의 기초 시설은 지지용 손잡이나 그 밖의 보조물을 어느 때라도 추가로 설치할 수 있게 마련되어 있어야 한다. 그렇다고 욕실이 아름다워서는 안 된다는 의미는 결코 아니다.

장애물 없는 아름다운 욕실 설비는 욕실 건축만큼이나 많이 발전할 필요가 있다. 욕조나 바닥 높이의 샤워실을 선택할 수 있는 옵션의 '안락한' 욕실 설비를 왜 못 만드는 것일까? 장애물 없는 욕실 제품은 왜 늘 하얀색일까? 노년층을 위해 만들어진 욕실이 왜 침실에서 직접 갈 수 없는 것일까? 노인들은 밤 시간에 화장실에 자주 가야하며, 아플 때에는 먼 거리를 걷는 것이 힘든데도 왜 욕실은 침실 옆에 설계되어 있지 않을까?

만약 여러분이 노인이라면 삭막한 욕실을 원하겠는가? 건강을 위해 좋을 뿐만 아니라 안락함이 느껴지는 욕실이라면 즐겁지 않겠는가? 특히 새 주택의 경우 상품화 가치를 높여주며 구매자에게는 그들의 욕구를 감안하여 지었다는 느낌을 전달해줄 수 있는 작은 부분들이 많이 존재한다.

몇 년 전 뒤셀도르프에서 열린 세계재활협회(RI) 전시회에서 장애물 없는 도시가 소개되었는데, 이는 북이탈리아의 페라라 도시를 모범으로 한 것이었다. 손으로 만져 알 수 있으며, 총천연색이 대조를 이루고 있는 도시 안내 지도, 모든 건물 입구 위에 설치된 소형 발신기와 워크맨 크기의 수신기로 전달되는 주택에 관한 정보는 시각 장애인들이 쉽게 방향을 찾을 수 있도록 도와준다. 또 모든 건물에 휠체어 통로가 마련되어 있으며, 모든 것이 방송으로 안내되는 주택도 있다. 간단히 말해 모든 사람을 위한 도시인 셈이다.

그러나 손으로 만질 수 있는 제품만 황금 연령층을 겨냥하여 제작되는 것은 아니다. 지멘스사에서 만든 인스타버스 시스템(Instabus system)이나 부쉬예거 사에서 만든 파워 네트 제어시스템을 예로 들 수 있는데, 이 두 장치의 공통점은 가정에 설치된 기술 장치들을 조정할 수 있다는 것이다. 원한다면 세탁기나 냉장고, 전자레인지까지도 조정할 수 있다.

세계재활협회 전시회에 소개된 '장애물 없는 도시'

장애물 없는 도시 모델은 독일에도 있다. '장애물 없는' 도시 안내 지도를 제작하는 도시도 많이 있다. 그중 가장 좋은 예로 비스바덴 시를 들 수 있다.

뉘른베르크의 에포소프트 사는 인스타버스 시스템과 파워 네트 제어 시스템에 기반을 둔 기구를 개발했는데, 이 기구는 조종 장치 기능을 더욱 손쉽게 만들어 주었다. 원격 조종 장치를 통해 집 안의 모든 기구를 조정할 수 있게 된 것이다. 거실이 너무 덥다면 자리에 그대로 앉아서 원격조종 장치의 메뉴를 통해 온도를 조절할 수 있다. 창문을 자동으로 열고 닫을 수 있는 것은 물론이다. 또 지정된 조명 조절 단추를 통해 침실의 등을 모두나 일부만을 끌 수 있으며, 심지어 제어 장치까지 있어서 전자레인지나 텔레비전, 다리미 등을 한번에 모두 끌 수 있다.

어쩌면 이런 기구가 기술 장난에 불과하다고 생각할지도 모르며, 그 쓰임새가 왜 좋은지에 대해 물을지도 모르겠다. 편리함은 단지 한 가지 요소에 불과하다. 병이 났을 때나 육체적 장애가 있을 때에는 안전성이나 자립성, 독립성이 더욱 더 중요하다. 물론 사적인 생활 영역에서뿐만이 아니다. 예를 들어 병원을 생각해보라. 창문을 열고 닫기 위해, 또 보일러를 작동시키기 위해 얼마나 자주 간호원을 불러야 하는가? 그 때문에 간호원 또한 환자를 돌봐줄 시간을 낭비하게 된다.

이 모든 것이 노년층을 기술에 종속시키려는 것이 아니다. 건강한 사람뿐만 아니라 아픈 사람이나 육체적 장애가 있는 사람 모두가 선택권을 가질 수 있게 하려는 것이다. 어떤 나이든, 또 어떤 장애가 있든 모든 사람이 편리하게 살아갈 수 있는 세계를 만들기 위함이다.

📙 요약: 실버 주택 시장의 열쇠

간호 인력이 구비된 주택에서부터 서비스 제공 주택, 양로원, 기존 주택 내부의 개조, 그리고 주택 관련 상품이나 서비스에 이르기까지 주택 시장에서 제공할 수 있는 상품은 수없이 많다.

주택에 서비스를 연계시키겠다는 생각을 미래가 약속되는 창조적이며 훌륭한 아이디어라고 생각하는가? 원칙적으로는 훌륭한 생각이라는 데 동의한다. 다만 생각을 조금 더 밀고 나가 주택이 인간에게 어떤 의미를 갖고 있는지도 고려했으면 좋겠다. 특히 왜 사람들이 이사를 가는지, 또 어떤 식으로 유도해야 특정 목표 고객 그룹이 이사를 할 것인지에 대해서도 생각해보아야 한다.

한곳에 사는 기간이 길면 길수록 이사하는 것이 더욱 더 힘들어지며, 이사를 위한 요구 조건도 더욱 많아진다. 젊었을 때에는 학교나 연구지역, 친구나 직장 때문에, 혹은 좀더 좋은 집을 얻기 위해서, 아니면 변화를 위해 그저 재미로 이사를 할 수 있다. 하지만 가족이 생기면 상황이 달라진다. 가족이 있는 경우에는 직장이 바뀌었기 때문에 이사를 하기도 하고, 부모님이 돌아가셨기 때문에 부모님 집으로 들어가기 위해 이사를 하며, 가족이 늘거나 혹은 수입이 늘어 더 큰 집으로 이사를 할 수도 있다. 또 가족이 있는 경우에는 이사가 더욱 어려워질 뿐만 아니라 비용도 더 많이 든다. 그뿐만이 아니다. 가재도구가 늘어났을 뿐만 아니라 모든 가구가 거주하는 공간에 맞춰져 있으며, 아이들은 인근 학교에 다니고 있고, 부모님과 마찬가지로 이웃에 친구들이 살고 있다.

따라서 나이가 들수록 이사할 가능성이 점점 줄어든다는 사실은 너무나 분명하다. 그렇다면 노년층이 이사하는 것은 무슨 이유일까? 경험으로 비추어 보아 거기에는 특별한 상황이 늘 따라다닌다.

➡ 중병에 걸렸을 때(앞서 예로 들었던 대퇴골절을 당한 부인이나 흔히 듣는 심장 마비를 생각해보라.)

➡ 배우자를 잃었을 때

➡ 간호 보호를 받아야 할 상황이라고 우려될 때

➡ 드문 경우지만, 순수하게 앞으로의 노후를 대비해

이상이 노년층으로 하여금 이사를 생각하게 만드는 특별한 상황들이다.

노년층의 욕구와 기대, 두려움과 걱정에 대응하는 일은 특별한 도전이라 할 수 있다.

실버 주택 시장에서 최초로 노년층을 위한 주택 프로젝트가 선뜻 받아들여지지 않았으며, 건축업계나 사회복지 기관 역시 기대한 만큼의 호황을 누리지 못한 것도 놀랄 일은 아니다. 지금까지 많은 부침이 있었으며, 심지어 노년층 주택 프로젝트 때문에 경제적으로 완전히 실패한 기업도 있다.

이런 기업들은 대단한 열정과 희망을 갖고 유망한 새 주택 형식을 시도했다. 다만, 목표 고객 대상 그룹과 그들의 이사 행태를 크게 고려하지 않은 듯하다.

새로운 주택 개념을 완성하고 성공적으로 상품화시키기 위한 열쇠는 다음과 같다.

- 정확한 수요 계산
- 소재지 선정
- 건축상의 조치를 통한 고립화 탈피
- 건축 시행사가 제공하는 서비스
- 목표 대상 고객 그룹에게 걸맞은 정확하고 적합한 접근 방법. 특히 충분히 이른 시기에 고객과의 대화 방법 동원
- 상담 요원
- 계약서 내용 이외의 보호 및 보살핌
- 특별한 이사 관리

위에 나열한 항목들을 일관성 있게 적용하고, 맞춤 주택 개념에 대한 수요조사 결과를 고려한다면, 새로운 주택 형식 개념을 성공적으로 실현할 수 있을 것이다.

7 기술 및 디자인

아마도 여러분은 다음과 같은 경우나 아니면 비슷한 경험을 해본 적이 있을 것이다. 오이 피클 병이 너무 꼭 닫혀 있어 9살 난 아들도, 35살의 아내도, 72세이신 어머니도 기를 써 봤지만 열 수 없었다. 그런데 하필 힘센

아버지인 당신이 옆에 없어 그렇게 먹고 싶은 오이 피클을 앞에 놓고도 먹을 수 없었다. 유감스러운 일이 아닐 수 없지 않은가!

자, 이제 다음과 같은 상황을 한번 생각해보기 바란다. 할머니가 방문하여 몇 주 동안 함께 머물 예정이다. 할머니가 필요한 것은 모두 갖추어 있다. 할머니는 텔레비전을 이용해 신선한 채소를 매일 슈퍼마켓에 주문할수 있다. 그리고 주문한 물건은 그날그날 바로 배달된다. 물건값까지도 컴퓨터를 이용해 온라인 뱅킹으로 지불할 수 있다. 그뿐만이 아니다. 인터넷뱅킹을 하는 김에 투자한 주식의 현황까지도 알 수 있고, 미국에 있는 손자와도 대화를 할 수 있다. 그뿐인가. 텔레비전에 장착된 화상전화를 통해 손자가 잘 지내고 있는 모습을 직접 확인할 수도 있고, 로스엔젤레스의 날씨가 좋다는 것도 알 수 있다.

미래의 텔레비전은 아마도 이보다 더 큰 기능을 발휘할 것이다. 초인종과 연결되어 누가 찾아왔는지 확인할 수 있으며, 원격 조종 장치로 문을 열어야 할지, 아니면 직접 나가 문을 열어주어야 할지도 고려할 수 있을 것이다. 그밖에도 원격 조종 장치를 이용해 난방 장치를 조절할 수 있고, 창문을열고 닫을 수 있으며, 심지어 등까지 켜고 끌 수 있게 될 것이다.

현대 기술의 힘은 이렇게 일상에서 할머니가 필요로 하는 일들을 처리해줄 뿐만 아니라 위급한 경우에는 집에 설치된 비상 경보를 울려 구급 의사를 요청할 수도 있다.

한 걸음 더 나아가, 외출할 때에는 인공지능 잠금장치가 집 안에 아무도없음을 확인해주며, 모든 전기 기구들을 점검해주기 때문에 혹시라도 전기

다리미를 끄지 않았다 해도 걱정할 필요가 없고, 켜놓은 난방 장치나 모든 전등을 스스로 알아서 꺼주기도 한다.

기술 및 디자인 시장 상황

어쩌면 여러분은 노년층이 기술을 적대시하기 때문에 위에 열거한 여러 상황이 실현될 수 없다고 생각할지도 모른다. 그러나 그렇지 않다. 오늘날 상당한 부분이 이미 현실화되어 있다. 앞서 언급한 지멘스 사의 인스타버스 시스템(유럽 제어 시스템)이나 부쉬예거 사의 파워라인을 인공 지능 기기와 연결시켜 이 모든 가능성을 실현시킬 수 있다. 이러한 시스템은 안전과 경제성, 주거생활에서의 편리함을 높여줄 것이다.

말하자면 앞으로 할머니들은 뜨개질 바늘 대신 원격 조종 장치를 손에 들고 있게 될 것이다. 먼 미래의 이야기도 아니다. 이미 현재도 노년층은 원격 조종 장치를 이용해 텔레비전뿐만 아니라 차고의 문, 안락의자, 자동 침대, CD플레이어, 자동 응답기를 작동시키고 있다. 전자레인지나 세탁기 역시 원격 조종 장치로 조정할 수 있다. 이렇게 자동으로 조작할 수 있는 기기는 현재도 많이 있으며, 미래의 노년층 세대는 이런 기기들을 거의 모두 사용하게 될 것이다.

"기술 상품들은 독립적으로 가사를 꾸려나가고 사회적 관계를 유지하는 데 없어서는 안 될 존재다." 이것은 몇 년 전 베를린 경제연구소가 연방 교육 연구부와 가족-노인-여성-청소년부와 함께 발간한 〈기술, 나이, 삶의 질〉이라는 최종 보고서에 들어 있던 말이다.

물론 오늘날의 노년층은 이 모든 혁신 기술을 이용할 능력이 없다. 그러나 다음 노년층 세대는 혁신 기술을 당연한 것으로 여기며 이용할 것이다. 텔레쇼핑, 텔레의학, 텔레뱅킹은 인터넷만큼이나 널리 이용될 것이다. 예를 들면, 병이 났을 때 집에서 차를 마시며 텔레비전을 이용해 친구들과 화상 대화를 나눌 수 있다.

왕립미술대학의 로저 콜맨은 제임스 조셉 피르클의 초세대(transgenerational) 디자인이라는 방식을 받아들여 DAN(노년층 네트워크를 위한 디자인; design for aging network)을 제창했으며, 그 사이 많은 유럽 국가에 DAN가 확산되었다. 1998년 DAN 독일 그룹은 스위스와 오스트리아 DAN 동료들과 함께 디자이너, 건축가, 사회학자, 마케팅 전문가

지멘스 사의 인스타버스 제어 장치와 연결된 음성 인식 기기를 이용해
집안의 모든 기능을 손쉽게 조정할 수 있다.

등으로 구성된 학제(學際) 연합을 결성했다. 이 학제 연합은 초세대 디자인이라는 구상을 확산시키는 것과 만인을 위한 장애물 없는 환경 조성을 최우선 목표로 삼았다.

로저 콜맨은 1998년 '미래의 디자인'이라는 제목으로 초세대 디자인을 주제로 한 책을 처음으로 독일어로 출판했다. 이 책에서 그는 많은 나라에서 초세대 디자인이 실행되고 있는지 사례를 소개했다. 그가 중심적으로 다룬 분야는 주택에서 시작하여 패션이나 미래의 슈퍼마켓에까지 이른다. 예를 들면, '디자인 시대'(design-age)라는 프로그램 안에서 100가지 식품을 선정해 이들 상품 포장의 개방 시 어려운 점을 조사한 뒤 사용자 중심의 포장 방식을 고안했다.

상품 구매 결정이나 상품 차별화 작업에서 디자인이 더욱 더 중요한 요소로 작용한다는 사실은 오늘날의 상품 디자인이나 포장 디자인에서 분명히 엿볼 수 있다. 소비자들의 마음을 끌기 위한 경쟁에서 향수 같은 상품의 포장은 점점 더 고급스러우면서도 아름답게 변하는 반면, 그와는 정반대인 단순하고 경제적인 포장도 찾아볼 수 있다. 여기서는 상품을 더욱 눈에 띄게 포장함으로써 진열대에서 다른 상품과 차별화시키거나, 혹은 용도에 적합하면서도 저렴하게 제작하거나 원료를 절감하는 것을 최우선으로 생각한다.

디자이너나 공학자들이 사용자 중심적이며 인체 공학적 디자인을 더욱 더 의식하게 된 것은 최근의 일로, 부퍼탈 대학, 포츠담 대학, 코부르크 대학 및 몇몇 다른 디자인 대학들의 선도적 활동과 DAN, 노인공학 기술협회, 유럽 디자인과 장애 연구소, 국제 노인공학 협회가 개최하는 강연이나 출판물의 영향을 많이 받았다. 국제 노인공학 협회는 1999년에 벌써 제3차 국제 노인공학 회의를 개최한 바 있다.

노인학 및 노인공학 진흥협회는 노년층 생활의 질을 향상시키기 위한 방법을 학제적으로 모색하고 있다. 이 진흥협회에는 지역 자치 단체, 대학, 산업계, 중산층, 농업계, 상공회의소, 프리랜서들이 회원으로 가입하고 있다. 이들이 공동으로 추구하는 목표는 노년층이 자립적으로 살아가는 데 도움을 주는 신기술과 서비스를 지원하고 촉진하는 일이다. 이들은 자신들이 속한 서로 다른 분야에서의 다양한 활동을 통해 성장하고 있는 실버 시장 참여자들이 서로 유용한 정보를 교환할 수 있게 해줄 뿐만 아니라 상품 공급업자와 수요자 사이의 피드백 장치 역할을 하고 있다.

실버 시장에서 신기술을 다양하게 적용할 수 있는 가능성을 보이는 분야는 바로 의료 업계이다. 예를 들면, 욕실에 측정 컴퓨터를 설치해 체온과 맥박을 잴 수도 있고, 특별 장치가 장착된 변기를 통해 소변을 조사, 측정해 바로 가정의에게 전달할 수도 있을 것이다. 또 약을 포장한 상자에 칩을 부착하여 복용 시간을 알게 해주고 담당 의사에게 복용 여부를 알려줄 수도 있다. 이 모두가 분명 미래에서나 가능한 일로 들릴 것이다. 물론 그럴 수도 있으나, 최소한 마지막으로 든 예는 매우 중요하다고 생각한다. 실제로 병원을 찾는 사람의 5~10%가 약을 잘못 복용하거나 복용하지 않은 것으로 추정하고 있는 실정이다. 약을 올바로 복용하지 않은 결과 다시 병원 치료를 받아야 하고 새로운 약을 복용하게 되는데, 이는 의료 보험 체제에 막대한 비용의 부담을 안겨준다.

📖 장애 요소 없는 소비재

"장애 없는 소비재"라는 표제어로 현재 상품의 조작 편리성에 대한 조사 기준(독일 공업 규격 33455)이 마련되고 있으며, 공학자들로 하여금 소비재 또한 상품 제작의 제원(諸元, parameter)으로 활용하도록 촉진하고 있는 중이다.

부퍼탈 대학의 교수인 지그프리트 마저 박사는 다음과 같은 말을 했다. "디자인이란 인간의 생활에 도움이 되는 물건을 기획하고 그 모양새를 정하는 일이다. 디자이너가 자기 자신을 사회와 경제를 위해 봉사하는 사람으로 인식한다면, 먼저 디자이너로서 상품 제작 혹은 경제 부흥에 참여하는 것이 인간의 삶의 질이나 사회적 유용성을 높이는 데 얼마나 중요한지 잘 알아야 할 것이다." 마저 교수는 디자인에 관해 언급하면서 마케팅 분야의 사람들에게는 극히 친숙한 말인 유용성과 서비스라는 말을 사용했다. 마케팅에서 유용성을 최우선으로 취급하는 것처럼, 디자인이나 제품 개발

로버트 보쉬 전자의 '간편 조작 방식' (leicht-bedien-konzept) 적용 상품

에서도 유용성을 가장 중요하게 생각해야 할 것이다.

언뜻 보면 현재의 기술 단계에서는 일상생활에 필요한 물건들을 단순하고 편리하게 제작할 수 없는 것처럼 보인다. 예를 들어 우리가 매일 사용하는 은행 카드를 생각해보자. 자동 인출기에서 카드를 사용할 때마다 우리는 카드를 어떤 방향으로 넣어야 하며, 또 어떤 면이 위로 와야 하는지 늘 주의 깊게 살펴보아야만 한다. 그런데 일상생활에서 우리의 주의를 필요로 하는 것이 물품 사용에만 국한되지 않는다. 수표에 이서할 때에도 일정한 사항을 지켜야 하기 때문에 주의하지 않을 수 없다.

여러분이 주말에 식료품을 사면서도 비슷한 상황을 경험할 것이라 생각한다. 유통 기한과 같은 중요한 상품 정보를 가능하면 잘 안 보이게 하려는 포장술에 소비자인 여러분은 매번 놀랄 것이다. 또 거의 모든 상품이 상품 정보를 제각기 다른 자리에 인쇄해두고 있는 점에 당황하는 경우도 있을 것이다. 특히 시력이 좋지 않은 사람들이 희미하게 각인된 깡통 제품의 유효 기간을 확인하려 애쓰는 모습을 보면 안타깝기만 한다.

사용자 중심적으로 상품을 제작해야 한다는 점에서는 일단 첫걸음을 내딛은 상황이다. 실릿 사에서 선보인 압력 냄비 시코마틱은 사용자 중심성을 적용한 상품이다. 회전 조절 장치와 손잡이가 커서 편리하며, 요리 단계와 증기압 표시를 안경을 쓰지 않고도 확인할 수 있기 때문에 노인뿐만 아니라 누구라도 쉽게 사용할 수 있다. 보쉬 사와 지멘스 사에서 '간편 조작 방식'을 표기하여 출시한 상품 또한 사용자 중심적으로 만들어졌다. 특히 HEWI사는 수년 전부터 장애물 없는 욕실 제품을 전문적으로 생산하여 크게 성공했다. HEWI사의 수석 디자이너인 게르하르트 캄페 씨는 장애물 없이 상품을 디자인하는 것을 가장 중요한 과제로 생각한다.

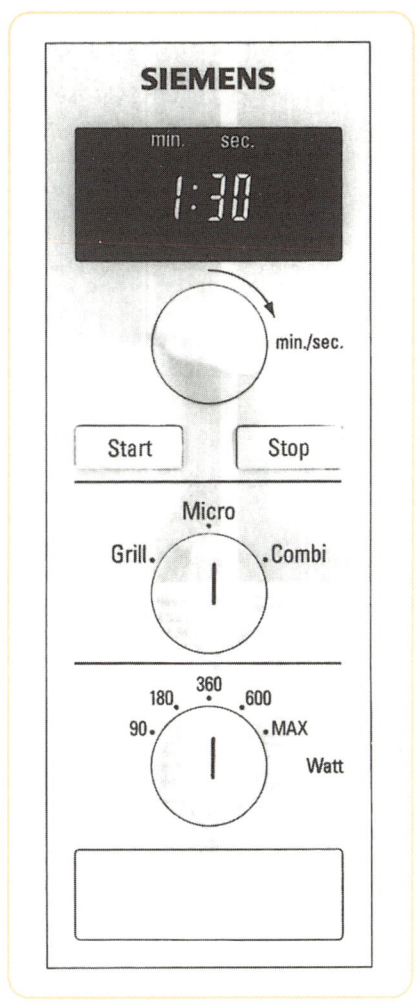

또렷한 글씨, 커다란 조절기와 단추를 통해
지멘스 가전사가 추구하는 간편 조작 방식을 알아볼 수 있다.

고객의 필요와 요구를 발견하고 충족시켜주는 것이 바로 마케팅의 과제가 아닐까? 그렇다면 왜 가장 부유한 고객 계층의 욕구를 충족시키려 하지 않는 것일까? 노인들과 대화해보면 3분의 2 이상이 상품의 모양에, 또 절반 이상이 상품 구매 환경에 불만을 갖고 있다.

또 샴페인 총 판매량의 40%를 노년층이 구매하고 있다. 샴페인 병의 개폐 방식을 달리해야 할 충분한 이유가 된다고 보겠다. 대부분의 노인들은 혼자 살고 있으며, 여자 노인들이 압도적으로 많다. 오이 피클 병이나 샴페인 병을 보다 쉽게 열 수 있고, 단독 세대에 맞는 양으로 식료품을 구매할 수 있다면 노년층 외에도 많은 젊은 소비자들이 더불어 크게 기뻐할 것이다.

📒 요약: 실버 기술/디자인 시장의 열쇠

세대를 초월한 마케팅은 분명 추진할 만하다. 상품의 성공과 실패를 결정하는 것은 특정 연령층 고객 그룹이 아니라 상품의 유용성이다. 따라서 소비자의 필요에 부합하는 상품과 서비스를 개발해야 하며, 가장 빠르게 성장하는 시장 중 하나인 실버 시장에서 장애 없는 원활한 소통이 이루어지도록 해야 한다. 또 그러한 목표를 달성함으로써 편리함을 선호하는 젊은 층의 호응도 이끌어낼 수 있을 것이다.

'장애물 없는' 이라는 개념은 말이나 글, 혹은 시각적이거나 청각적, 촉각적, 감정적 설명이나 접근 방법에서 '이해 가능하다' 라는 의미이다. 또 '장애물 없는' 상품이란 '쉽게 조작할 수' 있다는 의미이기도 하다.

제임스 조셉 피르클 교수는 이미 10년 전부터 초세대 디자인을 강조해왔다. 〈황금 연령층 리포트〉에 실린 그와의 대담 기사에는 다음과 같이 말이 들어 있다. "초세대 디자인이란 상품이나 주거 공간을 제작 첫 단계부터 노화과정에서 나타나는 육체적, 감각적 장애와 그와 동반하는 노년층의 의존성에 알맞게 설계하는 것이다. 이것은 또한 나이든 소비자들의 요구에 부응하는 상품과 서비스를 제공해야 한다는 뜻이다. 극이 소수의 예외적인 경우를 제외하면, 대부분의 상품은 나이를 초월하여 모든 소비자들에게 유용하게 만들 수 있으며, 그렇게 함으로써 젊은 세대 뿐 아니라 노년층으로부터도 최적의 호응을 이끌어낼 수 있다."

지식과 기술은 갈수록 빨리 확산되고 공개되는 한편, 거의 모든 기업들이 독보적인 위치를 차지하고자 자사 제품을 차별화할 수 있는 방법과 기준을 모색하고 있다. 이런 환경에서 사용자 중심성은 마케팅에서 중요한 요소로 작용할 뿐만 아니라 보다 편리한 상품세계를 실현하는 데 크게 기여할 것이다.

'사용자 중심적'이라는 말과 '단순한'이라는 말이 대세를 이루고 있다. 비디오 기기의 수수께끼 같은 프로그램을 분석하기를 좋아하는 기술광이나, 이해하지 못한 소프트웨어 명령에 대한 설명을 찾으려고 몇 백 페이지에 달하는 사용 안내서를 뒤적거리는 기술 분야의 인디아나 존스가 아니라면, 그 어느 누구도 사용 설명서나 제품 설명서를 꼼꼼히 읽어보려 하지 않는다.

노년층의 요구나 필요를 고려하고 적용하면 모든 소비자들의 욕구를 만족시킬 수 있으며, 이는 결국 상품 생산자까지도 만족시킬 수 있다는 이야

기가 된다. 따라서 상품 개발자나 디자이너, 마케팅 담당자나 광고업자는
초세대적으로 사고하고 행동해야 할 것이다.

8 애완동물

"우리 강아지는 트릭시인데, 당신 강아지 이름은 뭐요?" 잡종 강아지를
키우는 온화한 표정의 할머니가 이웃 사람에게 물었다. 동물을 키우는 사
람들 사이에서는 서로 전혀 알지 못해도 이런 대화가 매일 이루어진다. 물
론 특별히 딴 생각이 있어서 물어보는 것은 아니다. 동물을 키우는 사람에
게는 다른 점이 있다.

만약 여러분이 동물을 키우고 있다면 동물을 키우면서 보너스로 얻게 되
는 신기한 호감에 대해 잘 알 것이다. 사람들은 대부분 동물을 데리고 다니

는 사람들에게 더 친절하고 격의 없이 대해준다.

그것이 마케팅과 무슨 상관이 있냐고 물을지도 모르겠다. 내가 보기에는 마케팅과 관련된 것을 많이 찾아볼 수 있다. 노년층을 대할 때에는 동물로부터 수많은 마케팅 방식을 얻을 수 있다. 동물은 광고에서 시청자의 마음을 빼앗는 매체로 이용되기도 하며, 알츠하이머 환자에게는 '치료사'로 이용된다. 또 동물은 단순히 사료업자에게는 소비자요 수의사에게는 고객이며, 인간에게는 친구이기도 하다.

"인간에게는 동물이 필요하고, 동물에게는 인간이 필요하다." 에어랑엔 대학의 심리학 연구소 교수인 올브리히 심리학 박사는 이 제목으로 쓴 글에서 마케팅에서 매우 중요한 몇 가지 요소를 이해하기 쉽게 설명하고 있다. 광고에서 동물은 사람들의 관심을 매우 집중시킬 뿐만 아니라 상품에 대해 긍정적인 인상을 전달한다. 밀카 초콜릿 선전의 보라색 젖소든, 불가능이란 없다는 내용을 전달하는 토요타 차 선전에 나오는 원숭이든 보는 사람에게 모두 긍정적인 마음을 갖게 한다.

특히 흥미로운 것은 올브리히 교수가 인용한 동물을 통해 보너스로 얻게 되는 신기한 호감에 관한 연구 사례이다. 미국에서 휠체어를 탄 사람으로 하여금 슈퍼마켓에 가서 정해진 통로를 돌아다니게 했다. 동시에 필요한 물건을 구입하면서 쌓아 놓은 물건을 무너뜨린다던가, 아니면 높은 선반의 물건을 내리지 못하고 쩔쩔매는 상황을 연출하게끔 했다. 이미 여러분도 예상했겠지만, 이 사람을 동물과 함께 슈퍼마켓에 보냈을 때에는 어려운 상황에 부딪혔을 때마다 사람들이 더 많이 다가와 말도 붙이고 웃어주곤 했다.

올브리히 박사는 사람들 사이의 대화나 소통에 동물이 매우 중요한 역할을 한다는 결론을 내렸다.

🔖 동물 시장 상황

동물을 키우는 사람들이 동물 사료비와 유지비로 지출하는 돈은 약 22억 5000만 달러에 이른다. 인스턴트 사료 비용으로만 19억 5000만 유로가 지출되는 데, 그중 9억 유로가 고양이, 8억 유로가 개 사료 비용이다. 기타 필요 용품에도 7억 유로가 지출되고 있다.

동물을 키우는 데 필요한 용품은 장난감에서부터 의류와 사육 안내서에 이르기까지 매우 다양하다. 애완용 동물 수요 현황 조사를 보면 현재 약 1100만 가구에서 2080만 마리의 동물을 키우고 있는 것으로 집계되었다. 3가구 중 1가구가 동물을 키우고 있다는 말이다.

동물을 키우고 있는 사람들의 구성을 보면 혼자 사는 사람일수록 고양이를 키우며, 가족이 있는 가정에서는 개를 선호하며, 딸이 있는 집에서는 말을 선호한다. 1997년 소비자 분석에서는 50세~59세 노인들 중 19.2%가 개를 키우며, 19%가 고양이를 키우고 있었다. 60세~69세 노인들의 경우에는 13.8%가 개를, 13.7%가 고양이를 키웠다.

애완용 동물중 개는 임대 주택보다는 자기 집에서 사는 경우가 훨씬 많다. 우스갯 소리지만, 이 점에서는 인간과 정반대라 할 수 있다. 집주인이라면 개 짖는 소리가 달갑지 않을 테니 당연한 사실이다. 개에 비해 고양이는 그래도 많이 참아주는 편이다. 무엇보다 집주인이 가장 선호하는 동물은 새다. 아마도 이 때문에 자기 소유 주택보다 임대 주택에서 앵무새를 자주 볼 수 있지 않나 싶다.

미국에서 시행한 한 연구(PACT, 사람과 동물의 공동 주거)에서는 노년층이 특히 동물을 기르고 싶어 한다는 결과가 나왔는데, 그 이유는 다음과 같다.

- 동반자 같은 생명체와 함께 살고 싶어서
- 안전을 위해서
- 듣고 보는 데 도움을 받기 위해서
- 함께 살면서 사랑과 책임을 느껴보기 위해서
- 재활 치료에 도움을 받기 위해
- 전통적으로 집안에 동물을 키워왔기 때문에
- 동물의 아름다움에 매료되어서
- 취미로
- 값진 소유물인 동시에 사회적 신분의 상징물이기 때문에

판매 경로에 따른 애완동물 상품 판매 현황

■LEH(약국 및 슈퍼마켓, 할인점 포함)　　■전문 상점

일반 소모품　■ 239
　　　　　　■ 1167

인스턴트 사료　■ 2981
　　　　　　■ 890

출처: 애완동물 사료 제조업 연합회, (1997년, 단위: 백만 마르크)

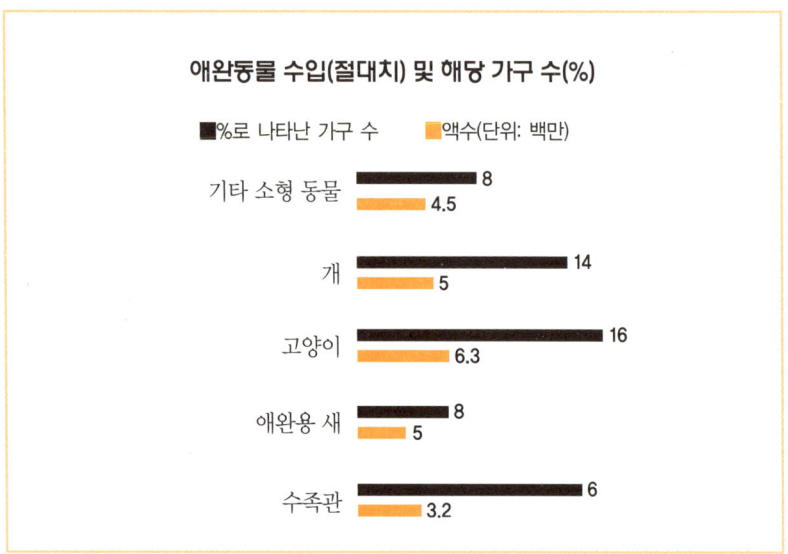

출처: 애완동물 사료 제조업 연합회

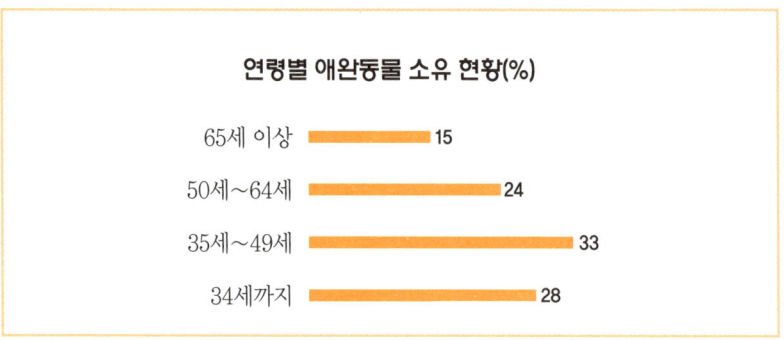

출처: 애완동물 사료 제조업 연합회

동물을 키우는 노년층과 마케팅과의 연계 내용을 계속 다루기에 앞서 벤치마킹의 일환으로서 잠깐 의학 분야로 시선을 옮겨보겠다.

노인 건강과 생활에서 동물의 중요성

수의사나 의사, 생물학자, 심리학자, 인문 사회학자들은 태곳적부터 내려온 인류의 경험을 다시 주장하고 있다. 인간이나 동식물과 같은 자연이나 생물체를 가까이 하고 더불어 살면 인간 공동체와 환경에 잘 편입되어 살 수 있다는 것이다. 또 그러한 삶은 외로움을 느끼지 않게 해줄 뿐만 아니라 육체적 및 심리적 건강과 삶의 질에 긍정적으로 작용한다고 한다. 결코 새로운 주장이 아니다. 일을 하기 위해서든 사냥을 위해서든, 혹은 물품 수송을 위해서든, 이미 수천 년 전부터 인간은 동물과 더불어 살아 왔다. 한편으로 동물은 인간이 먹는 음식의 중요한 원천이며, 많은 식료품이 동물로부터 나온다. 또 다른 면에서 보면, 동물은 옛날부터 인간의 동반자였다. 최근에 와서 애완용 동물의 도구적 유용성보다 사회적, 감정적 중요성을 더욱 두드러지게 인식하게 되었다. 특히 새로운 것은 학자들이 인간 생활에 미치는 애완동물의 영향이나 그 중요성에 대해 더욱 많은 것을 밝혀내어 알리고 있으며, 그러한 사실이 교육과 치료뿐 아니라 동물과 더불어 사는 우리의 일상생활에 더 많이 적용되고 있다는 점이다.

아르코프나 칼 칸, 슈트루크스의 연구처럼, 인간과 동물의 관계에 대한 연구들은 전적으로 노인들을 대상으로 이루어져 왔다. 그것은 한편으로는 선진 국가 사회에 노인의 수가 급격히 증가하고 있기 때문이기도 하다. 예를 들어, 슈트루쿠스는 1991년의 연구에서 나이가 들어 도움을 필요로 하는 노인들이 증가하면서 어떤 새로운 방식으로 국가가 이들의 삶에 개입할 것인가 하는 사회 정책적 과제가 대두되었다고 설명했다. 또 노인들 곁을 지켜주며 그들을 사랑해줄 수 있는 동물을 이용하는 것이 비용이 적게 든다는 사실도 사회적으로 인식되고 있다고 했다. 동물이 노인들에게 꼭 사랑을 표현하지 않는다 해도 노인들로 하여금 신체를 많이 움직이도록 이끌어줄 뿐만 아니라 대화 상태 역할도 해주고 동시에 노인들 자신도 그들에게 어떻게든 반응하도록 유도한다. 이렇게 동물은 노년층을 대상으로 벌이는 '사회적 부담 논쟁'에 긍정적인 요소로 작용한다(에르하르트 올브리히 교수가 크리스타 메르텐스의 1997년 저서 『노년층을 위한 활동 프로그램』에서 인용한 '노인 건강과 생활에서 차지하는 동물의 중요성' 참조).

📙 요약: 실버 동물 시장의 열쇠

앞서 서술한 내용은 인간과 동물의 관계가 특히 노인들에게 얼마나 중요한 의미를 내포하는지를 보여준다. 그렇다면 이러한 사실을 어떤 식으로 마케팅에 이용할 수 있을까? 사람의 관심을 끄는 광고 속의 동물들을 한번 생각해보기 바란다. 동물을 이용해 목표 고객 그룹에게 쉽게 접근할 수 있다. 사업장을 방문한 동물 애호가를 어떻게 기쁘게 해줄 수 있을지 생각해보라. 항상 신선한 물을 채워두는 그 유명한 '강아지 바'도 한 가지 방법이 될 수 있다. 여자 손님이 탈의실에서 옷을 입어보는 동안 자신의 개를 어떻게 할지에 대해 잠깐 생각해본다면 또 다른 좋은 방법이 떠오를 것이다. 혹은 식료품 가게처럼 사업장에 개의 출입이 허용되지 않을 경우 과연 개를 어떻게 처리해야 할지 생각해보면 또 좋은 아이디어를 발견할 수 있을 것이다.

　노인들이 병든 동물, 특히 크고 무거운 개를 병원에 데리고 가는 것이 얼마나 어려울지 상상해보라. 사랑하는 개가 아플 때만이 아니다. 노인 자신이 아플 때에도 어려움이 있기는 마찬가지이다. 집에서 누워 있든 병원에 입원해 있든 먹이도 챙겨주지 못하고 산책을 시킬 수도 없다. 바로 이런 경우를 위한 서비스가 필요하다. 예를 들어 병원에서는 시 동물 보호소와 연계하여 그런 서비스를 제공할 수 있을 것이다. 병원이 민영화가 이루어지는 시기에 병원 운영자는 차별화 정책을 찾을 것이고, 이런 종류의 서비스라면 환자들로부터 큰 호응을 얻을 것이다. 동물 보호소가 아니라도 어려운 처지에 놓은 동물을 돌봐주는 동물 애호가 모임이라든가 동물 보호 전문 기관 등과 연계해도 좋을 것이다.

　또 주인이 병든 상황이 아니더라도 일상생활의 일부분인 먹이를 사러 가는 일이나 먹이를 준비해주는 일도 동물을 키우는 사람에게는 큰 부담이다. 따라서 운반이 손쉬운 포장 단위, 읽기 쉽게 인쇄된 구성 성분 표시(동물이 병이 들었을 때에는 특히 영양가 있는 먹이를 주어야 한다), 손쉽게 열 수 있는 포장 등이 중요하다 하겠다. 앞서 여러 차례 언급했듯이, 작은 포장 글씨를 읽는 일이나, 깡통을 따는 일, 5킬로그램이나 되는 먹이 봉지를 들고 내리는 일은 노인들에게 특히 어렵다.

　동물이 늙으면 먹이에 특별히 신경을 써야 한다. 개 사료 제조 업체인 페디그리 팔 사의 전문가는 이 점을 인식하고 페디그리 팔 시니어라는 제품을 개발했다. 그 전문가가 이 특별 상품 구매자 역시 분명 나이든 노인이라는 사실을 깨달았기를 바란다. 포장 내용물은 분명 개의 입맛에 맞을 것이다. 그렇다면 포장 자체도 개 '주인의 입맛'에 맞을까?

나이든 동물 주인이 원하는 바를 조금 더 고려한다면 기업의 시장 점유율은 조금이라도 더 높아질 것이다.

동물과 함께 생활하는 노년층을 위해 좀더 창조적인 생각을 많이 해야 하는 것은 산업계에 국한되지 않는다. 의사나 수의사, 요식 업체나 숙박 업체 모두 같은 숙제를 안고 있다. 개 카페나 개를 위한 특별 서비스 등에서 볼 수 있듯이 일반 음식점이나 호텔에서 동물, 그중에서도 특히 개가 환영받고 있는가? 노년층이 큰 동물에만 애정을 갖는 것이 아니며, 새 또한 매우 좋아한다. 이제 여러분은 동물이 특별히 사람들의 호감을 산다는 사실을 노년층을 대상으로 한 광고에 집중적으로 이용해보고자 할지도 모르겠다. 운영하는 상점에 커다란 새장을 마련할 수도 있을 테고, 병원이나 양로원에 수족관을 설치할 수도 있으며, 광고에 동물을 이용할 수도 있을 것이다. 어떤 경우이든 동물을 이용하면 노년층으로부터의 호감을 보너스로 얻게 될 것은 분명하다.

9 판매와 소통−노년층 소비자에게 접근하는 통로

📙 판매

각 분야별 실버 시장 고찰을 마무리하면서 마케팅에서 중요한 주제인 판매에 관해 살펴보도록 하겠다. 상품과 서비스가 고객에게 전달된다는 점에서 판매 행위는 매우 중요하다. 상품과 서비스가 고객에게 전달되는 방법은 수없이 많다. 그러나 직접적이면서도 신속한 전달 방법은 그리 많지 않다.

그중 하나가 직접 판매나 통신 판매 혹은 방문 판매 형식을 띤 직접 매매이다. 왜 이 판매 방식이 수익성이 좋은지는 다음과 같은 사실과 연관되어 있다. 직접 판매 활동은 우편물을 많이 받는 젊은 층보다는 노년층 고객 그룹에게 효과적이다. 은퇴한 노인들이나 연금 생활자들은 우편물을 적게 받으며, 활동적이라고 해도 비교적 많은 시간을 집에서 보내며 책 읽기를 즐긴다. 게다가 홀로 사는 노인들은 외로움을 많이 느끼기 때문에 수취인 지정 혹은 수취인 반지정 우편 광고물에 대해 긍정적인 반응을 보인다.

통신 판매에서도 비슷한 현상이 나타난다. 노인들은 카탈로그를 신청해 시간을 갖고 상품이나 판매 조건을 꼼꼼히 따져본 뒤 구매할 수 있다. 노년층의 정보 수집 능력은 젊은 층과 비교해 결코 취약하다고 할 수 없다. 다만 정보를 처리하는 데 보다 많은 시간이 필요할 뿐이다. 더욱이 일반 소매상으로부터는 구할 수 없거나, 요실금 관련 제품처럼 남의 이목 때문에 상점에서 직접 구매하기 어려운 상품들을 제공하는 통신 판매 업체도 있다.

투퍼바레, 포어베르크, 아이스만, 아폰, 자트코른 출판사와 같은 통신 판매 업체들을 생각해보라. 이들은 모두 직접 판매 방식으로 고객에게 접근한다. 예를 들어, 자트코른 출판사는 5권으로 구성된 건강 백과사전을 고객과의 책 파티를 통해 150만 부를 팔았다. 이 판매 방식 또한 직장 생활을 하는 소비 계층보다 가정에서 만나기가 훨씬 용이한 노년층에게 특히 효과적이다. 홀로 사는 황금 연령층은 누군가 방문해주는 것을 좋아하며, 조금이라도 관심을 보여주는 사람을 기쁘게 맞이한다.

물론 우리는 방문 판매를 이용하여 사기를 치는 사람이 있다는 것도 알고 있으며, 그런 종류의 사기를 조심하라는 안내 방송도 들을 수 있다. 그러나 진지한 방문 판매 업체들의 입지를 곤란하게 만드는 방문 판매 사기 행각은 매우 적은 편이다. 그리고 여기서 우리가 논의하려는 것은 어떤 도덕적인 가치 판단이 아니라 상품 판매 통로에 대한 것이다.

📙 상점 구매의 가치

직접 매매 형식 외에도 상점이나 거리에서의 상품 구매는 적어도 노년층이 특별히 좋게 평가한다. 여기서 '적어도 노년층이' 라는 표현을 의식적으로 썼는데, 그 이유는 오늘날 노년층의 행하는 상점 구매의 가치를 소매업자들이 의식하지 못하고 있기 때문이다.

물건 사는 노인들의 모습을 한번 관찰해보면 상점 구매의 가치가 무엇을 뜻하는지 알 수 있을 것이다. 혹시 상점 입구에 유리로 된 자동문을 설치하는 이유를 알고 있는가? 이 문은 문이 있다는 것조차 쉽게 알아볼 수도 없고, 너무 빨리 닫히기 때문에 달리기 선수처럼 뛰어들어야 한다. 왜 노인이나 목발을 짚은 사람, 혹은 유모차를 끌고 온 주부들도 아무런 위험 없이 상점을 방문할 수 있어야 한다는 점을 생각하지 않았을까?

에스컬레이터나 승강기는 따로 다루어야 할 문제이다. 소매업자들이 큰돈을 투자하기를 주저하는 것은 이해할 수 있다. 그러나 값비싼 어린이용 의류 백화점에 설치된 승강기가 유모차 하나도 제대로 들어가지 못하여 2

층조차 올라갈 수 없을 정도라면, 백화점 경영자가 어느 정도로 고객에 대해 배려하고 있는지 충분히 추측할 수 있다. 보행기를 이용하는 할머니가 2층에서 손자의 옷을 사려고 했을 경우는 말할 필요도 없을 것이다. 할머니 역시 2층까지 올라갈 수 없을 것이다.

이제 스위스에서 모범이 될만한 예를 들어보도록 하자. 미그로스 마르크트[16]는 몇 년 전부터 고객에 대한 배려를 목표로 삼아왔으며, 큰 효과를 보았다. 고객에 대한 배려의 일환으로 출입구에 턱을 없앴으며, 물기가 있어도 미끄러지지 않는 바닥설비를 갖추었다. 상점 내 자동화 기기나 상품 반납 창구뿐만 아니라 계산대나 안내 창구 역시 휠체어를 탄 사람도 어려움 없이 다가갈 수 있게 만들었다. 또 색깔을 입힌 방향 안내 표시는 모든 사람이 쉽게 길을 찾을 수 있게 해주고 있다.

그렇다면 왜 노인들은 상점에서의 구매 활동을 중요하게 생각할까? 구매 활동이 갖는 가장 중요한 점은 사회적 교류의 기회를 제공한다는 것이다. 나이 많은 노년층에서 홀로 사는 세대가 많아지기 때문에 노인들은 더욱 더 외로움을 느끼고, 자신의 가치를 잃어버린다.

그래서 매일 상품을 구입하는 행위를 사회적 활동의 일부로 보는 것이다. 노년층은 대체로 집 가까이에 있는 작고 친숙한 상점을 선호한다. 그곳에서는 모두가 자신을 알아보고 개별적인 상담과 도움을 줄 뿐만 아니라 아는 이웃도 만날 수 있다. 많은 노인들이 혼잡한 시간에 물건을 사러 상점에 가는 것도 바로 이 때문이다. 누군가 만날 수 있는 가능성이 많은 시간대

---

16) 스위스의 2대 체인 슈퍼마켓 중 하나. (옮긴이)

이기 때문이다.

노인들의 하루 일과는 매일 규칙적으로 상점에서 물건을 사는 일을 중심으로 이루어진다. 노인들은 혼자 힘으로 생활할 수 있는 한 이전의 직장생활에서와 같이 일종의 의무로서 자신이 필요한 모든 것을 스스로 조달한다. 생필품을 구매하는 것 역시 마찬가지이다. 아마도 자신의 할머니나 할아버지의 경우를 보아서 알겠지만, 노인들은 장보는 일을 의식을 행하듯 세심하게 관리한다. 즉, 정확하게 준비하고 계획하는 것이다. 예를 들어, 양을 얼마나 살 것인지, 어느 시각에 어느 상점에 가서 살 것인지를 미리 결정해놓는다.

한편, 노인들은 상품이나 특별 할인 판매 등에 대한 정보를 미리 얻어 두는데, 신문에 난 광고를 가장 많이 이용하며, 전단지를 통해서도 정보를 얻는다. 그래서 지역에서 전단지를 돌리면 은퇴한 노인이나 연금 생활자들에게서 가장 큰 효과를 본다.

식료품 이외에 구매하는 물품 중 많은 부분이 예비적 용도의 물건들이다. 상품을 선택할 때에는 상품의 질이나 기능성, 안전성이 특히 중요한 요소로 작용한다. 그렇다고 물건을 구경하는 재미가 노인들에게 중요하지 않은 것은 아니다.

나이가 들면서 노인들은 또 다시 가족보다는 자기 자신을 주로 생각하게 된다. 자기 자신만을 위해 좋은 물건을 구매하거나 무엇인가를 도모하려는 행위는 이런 심리적 변화로 설명할 수 있다. 은퇴 노인들이나 연금 생활자들이 직장생활 때문에 오랫동안 이루지 못한 것을 이제야 비로소 성취해보려는 태도를 자주 볼 수 있다. 더불어 노인들은 자식이나 손자들에게 선물을 주면서 큰 기쁨을 느낀다.

안경, 보청기, 편리한 주방 기기, 배달 서비스 등 나이가 들면서 찾아오는 결함을 보완해주는 상품이나 서비스에 대한 노년층의 관심은 경제적으로도 매우 중요하다.

이런 노년층의 상품 구매 태도는 객관적이고 합리적이다. 확실하고 실질적인 상품의 장점을 강조한다거나, 상품의 질을 높일 것을 요구한다거나, 적정한 가격을 요구하는 데서 노인들의 상품 구매 태도를 엿볼 수 있다. 또 상품을 구매할 때에는 용도에 적합하며 쓸모 있는 것들을 골라 선택한다. 내구재일 경우에는 장기적으로 제 값어치를 해야 한다고 생각하며, 비싸더라도 원하는 수준의 질이라면 '독일' 상표인 경우를 자주 볼 수 있는데 기꺼이 지불하려고 한다. 그럼에도 불구하고 가격 할인 판매에 큰 관심을 보이며, 원하는 제품을 가능한 싼 가격에 사기 위해 가격을 비교하기도 한다.

📙 정보에 대한 노년층의 태도

사람은 대략 45세부터 학습 능력이 떨어진다. 이는 정보 처리 속도와 반응 능력이 떨어지기 때문이다. 그러나 자극 방출 속도를 스스로 정할 수 있다면 노인들의 학습 효과는 젊은이와 똑같이 나타날 수 있다. 따라서 노인들로 하여금 광고 내용을 익히게 하기 위해서는 노인들 스스로 정보 처리 속도를 정할 수 있는 매체를 더욱 더 이용하게 될 것이다. 다른 한편, 자극 방출 속도를 낮추고 복잡함을 피한다면 텔레비전이나 라디오 선전을 보다 잘 이해할 수 있을 것이다.

따라서 노년층과 젊은 층 소비자 간의 학습효과의 차이는 나이에 따른 원래의 학습 능력의 변화보다는 인식 과정, 관점, 주의력, 동기, 육체적 상태와 관련이 있는 것으로 보인다.

정보 수집 대상은 사회적 활동 변화에 의해 결정된다. 나이가 들면서 집 안에서의 활동이 많아지기 때문에 노인들은 대중 매체를 더욱 많이 이용한다. 오늘날에는 많은 노인들이 거의 매일 신문과 잡지를 읽는다.

인쇄 매체는 읽는 사람이 정보를 받아들이는 속도를 스스로 조절할 수 있기 때문에 학습 효과가 매우 높다는 장점이 있다. ARD와 ZDF 텔레비전 방송 매체 위원회가 조사한 바에 따르면 55세에서 74세에 달하는 설문에 응한 사람의 95%가 신문을 본다고 답했다.

- ➡ 매일 읽는다: 85%
- ➡ 신문을 구독하고 있다: 69%
- ➡ 신문과 잡지를 함께 본다: 83%
    - 프로그램 안내 잡지: 82%
    - 그림 잡지: 54%
    - 여성 잡지 및 가족잡지: 44%
- ➡ 잡지를 구독하고 있다: 36%, 이중 프로그램 잡지가 70%

📙 광고에 대한 노년층의 관점

일반적으로 노년층 고객은 광고에 대해 개방적이다. 전체 국민과 비교해 보면 평균 이상으로 광고를 긍정적으로 바라본다.

그래서 노인들은 광고에 등장하는 걸음이 어눌하며 결함 있는 노인의 모습을 받아들이지도, 자신과 동일시하지도 않는다. 노인들이 가장 좋게 평가하는 것은 신문 광고로, 많은 정보를 제공해주므로 매우 유용하다고 생각한다. 직장을 그만두고 자식도 모두 독립했으며, 때론 배우자나 친구들이 먼저 죽은 환경에서 생활하는 노년층은 더욱 더 대중매체에 의존하게 되며, 자신의 행동 방식이나 자기 평가를 대중 매체를 통해 하게 되기 때문에 광고의 사회화 효과에 특히 영향을 많이 받는다. 그렇기 때문에 노년층에게는 광고에 나오는 모델들이 일종의 모범 인물이 되는 셈이다. 광고에서 결함 있는 노인들의 모습을 보여주어서는 안 되는 이유도 바로 여기에 있다. 광고에 여러 세대를 함께 등장시킴으로써 사회에 통합되고 싶어 하는 노인들의 바람을 지지해줄 수 있다.

노년층이 정보를 주로 얻는 곳은 가족이나 친구, 이웃들이다. 그중에서도 가장 자주 접촉하면서도 가장 소중하게 생각하는 자식들이 우선이다. 교육수준이 낮은 여자 노인들은 친구들보다는 자식들을 더 자주 만난다. 그리고 수입이 적은 노년층보다 수입이 많은 노년층이 친구나 아는 사람들과 더 자주 접촉하며, 스스로 건강하다고 생각하는 노인들이 사회적 교류를 많이 한다.

광고업자들은 노년층을 총체적으로 판단하려고 한다. 그러나 그들은 예나 지금이나 노년층에 대해 너무 아는 것이 없다. 그렇지 않다면 그렇게 비현실적으로 노인을 광고에 등장시키지 않을 것이며, 노년층을 무시하지도 않을 것이다. 노년층 고객은 거대 통신판매업체의 카탈로그에 늘상 등장하는 "아직도 젊음을 유지하는"이라든가, "매력 있는 여성", 혹은 "잘 가꾼 부인"과 같은 설명이 붙은 모델과 자신을 전혀 동일시하지 않는다. 노년층은 흠 잡을 수 없을 정도로 완벽하게 아름다운 모델보다는 나이든 모습에 활동적이며 자의식이 강한 모델을 원한다.

또 오늘날의 노년층은 학교교육을 많이 받지 못한 세대이다. 그래서 특권계층의 사람들이나 사회적으로 명망 있는 사람들의 말에 영향을 많이 받는다.

10 부록: 혁신적 시장 연구조사법–민족학적 고찰 방식

지난 몇 년 동안 많은 에이전트와 연구소에서 "목표 고객그룹 노년층"에 관한 연구와 글들을 많이 발표했다. 그러나 이 주제를 다루면서 현실 마케팅에서 "블랙박스"로 존재하는 노년층의 문제를 아직도 제대로 보여주지 못하고 있다. 물론 많은 연구들이 노년층 그룹을 보다 더 잘 이해하는 데 많은 기여를 했다. 그럼에도 불구하고 그중 상당수가 의뢰자의 이해만 생각하고 임시변통적으로 이루어졌을 뿐이다.

목표 고객그룹의 다양한 특성에 맞춘 기제들을 서로 연관시키고 상호 보완하여 적용할 수 있게 해주는 연구체계는 아직 없는 실정이다. 이 책에서 언급한 연구들의 목적은 단지 개별 기업가적 입자에서, 다시 말해 특정 상품에 국한된 문제들을 다루고 있을 뿐이다. 오히려 목표 고객그룹을 포괄적으로 다루어야 할 것인데, 이는 '연구'가 불충분하게 이루어지는 이유라는 점에서 매우 중요하다.

더욱이 다양한 문제들을 해결하기에 적합한 통합적 연구 방법의 제시를 목표로 삼아야 할 것이다.

이렇게 볼 때 우리와 같은 방향을 걷고 있는 시장 연구 기업인 컨센스(ConSens) 사와 협력하여 노년층 대상의 설문 조사에서 우리가 기대하는 바를 충족시켜 줄 수 있고, 전체로서 노년층을 포괄적으로 고찰할 수 있는 시장 연구 방법을 개발해야 한다. 이러한 노력의 일환으로 50세 이상의 노년층으로 구성된 연구 그룹 '노인 스카우트'가 만들어졌다. 적극적인 노인들로 구성된 이 연구 그룹은 일상생활에서 부딪히는 생활환경 속의 장애물들을 발견해내고 있다. 소비 생활이나 주거 생활에서 부딪히는 장애물을 먼저 인식해야만 산업계나 유통업계, 서비스업계로 하여금 노년층만이 겪는 특수 문제들에 관심을 갖게 할 수 있다.

이 그룹에게는 노년층의 일상생활에서 이루어지는 소비 활동의 모습을 보여줌으로써 창조적인 사고와 유행을 이끌어내는 것이 주요 관건이다. 또 바람직한 상품과 서비스, 개선 방법을 창안하도록 자극을 주는 것이 목표이기도 하다. 이는 상품 생산자나 유통자, 서비스 제공자에게 모두 도움이 될 것이며, 무엇보다 노년층 자신에게도 큰 도움이 될 것이다.

지금까지 해온 프로젝트로 다양한 부문에서 이루어지고 있는 광고에 대한 조사, 요양 및 건강 호텔의 카탈로그 평가, 안내서나 전문 도서의 제목과 내용 평가, 은행의 특수 상품 평가 등이 있는데, 이들은 최적의 고객접근 방법 및 상품을 모색할 수 있게 해주었다. 또 작업이 너무 진지할 뿐만 아니라 생각지도 못한 끔찍한 결과들이 나왔음에도 불구하고 참여자들이 모두 작업을 즐겁게 진행했다.

노년층 대상 시장 연구 현황

대개 노년층 고객은 '별나다' 라는 의미에서 일괄적으로 다른 사람들과 다르다고 낙인 찍혀 있으며, 여기에는 대응하기 어려운 상대이므로 진지한 소비자층으로 받아들이지 않겠다는 거부감이 동반되고 있다. 이러한 사고 뒤에는 노년층 고객 그룹이 내적으로 동질적이라는 관점이 숨어 있다. 이러한 잘못된 관점에는 여러 가지로 설명이 가능한 원인들이 있다고 생각한다.

학교에서 배우는 사회화된 마케팅 지식과 직장생활에서 습득한 형식은 젊은 고객 그룹을 지향한 전통적인 '기계적인 혼합 마케팅 방식' 에 의해 결정된 것이다.

교과서에 등장하는 분야별 사례들은 전통적인 시장 상황을 근거로 만들어진 것들이다. 연구소에서 사용하는 표준화된 기제들에 포함된 항목들이 대부분 훌륭한 과학적 근거를 바탕으로 하고 있고, 시험을 통해 확인된 연구 결과이긴 하지만, 대부분 전체 시장에서 발견된 판단 범위를 매개로 하여 얻어진 질적 정보를 사용하고 있다.

인터뷰의 언어적 구성이나 대화에서, 혹은 특정 대상을 상대로 한 서면 설문 조사 구성에서도 극히 소수의 경우에만 현실적으로 보정되어 있을 뿐이다. 게다가 나이에 따라 나타나는 신체적 특이성을 젊은 층과 노년층을 구분하는 특징으로 이용해야 한다는 사실을 생각한다면 이는 더욱 놀라지 않을 수 없는 일이다.

따라서 해석상의 문제도 이미 예정되어 있을 수밖에 없다. 대중 매체를 통해 사회적으로 각인된 이상적 소비자들의 언어 중 '시리얼'(아침 식사용 곡물 음식)이나 '저지방 마가린', '유산균 요구르트'와 같은 개념들은 일상 생활에서 결코 잘못 해석될 수 없는 표현으로 여겨진다. 그러나 이러한 상품이 핵심으로 삼는 내용과 관련하여 자세한 정보가 없는 소비자들은 그런 개념을 어떻게 이해할 것인가?

그래서 올바른 상품 이름을 선택하는 것이 어려운 문제이다. 마케팅 전문가들이 유행에 걸맞으며 마케팅에 어울린다고 생각하는, 원래 문어체 독일어 개념과 같은 의미의 일상 용어를 사용하는 것이 오히려 역효과를 불러올 수 있다.

노년층은 상표를 상품 자체를 차별화시키는 특징으로 이해하는 경우가 매우 드물며, 오히려 구매 결정에서 위험을 예방해주는 표시로밖에 보지 않는다. 따라서 목표 고객 그룹의 소비 경험과 언어 능력, 그리고 개별 상품과 상표와 그들이 어떤 관계를 맺고 있는지를 알아내는 것이 중요하다.

지금까지의 주요 목표 고객 그룹에서 그랬던 것처럼, 마케팅 전문가로서 노년층의 특이한 소비 행동 방식을 정확하며 통일적으로 해석하고 변화시

커나가기 위해서는 우선 언어 생활에서 사용되는 상위 개념들 사이의 관계를 보다 심도 있게 다루어야 할 것이다.

그러나 통일적으로 '노년층 유형'을 마련해두고 이를 따라야 한다는 것은 아니다. 먼저 노년층이 어떠한 관계 속에서 살고 있는지를 설명해줄 뿐만 아니라, 그들의 소비 행동 방식을 결정하는 주위 환경이나 상황의 특성을 분명히 밝히고 설명해주는 기초 연구가 이루어져야 한다.

이러한 기초 연구에서는 앞서 언급했듯이 마케팅 대상으로서 '50세 이상 세대'에게 일반적인 '특별 고찰'을 적용하는 실수를 다시 범하지 않기 위해 세대 특유의 특성뿐만 아니라 다른 세대와의 공통점을 찾아내야 할 것이다.

다시 한번 강조하자면, 목표 고객 그룹이 동질적이라는 잘못된 인식과는 달리 그들은 매우 이질적이며, 다른 소비 세대도 마찬가지로 다양한 전형적 유형들을 찾아볼 수 있다. 여기서는 나이와 집단, 인생 단계가 미치는 고유의 영향을 명확하게 구분해야 한다.

📙 연구 방법

우선 질적 연구 방법이 해결해야 할 전통적 과제를 먼저 생각해 볼 수 있다.

➡ 언어 개념 사이의 관계를 밝힌다.
➡ 연구대상 분야의 체계를 만든다.

➡ 차후의 연구를 위해 평가 범위를 설정한다.

➡ 언어적 기초와 특성을 발견한다.

또 무엇보다 먼저 목표 고객 그룹과 그들의 소비 행동 방식을 신뢰할 만하게 설명할 수 있어야 한다. 기존의 표준화된 설문 조사나 오랫동안 전통적으로 사용해온 범주를 이용해 만족스러운 해석과 확실한 예측을 결론적으로 도출해서는 안 된다.

만약 창조적인 방안이 없는 경우라 해도 아직 불명확한 부분에 대해서는 의식하지 못한 사실을 결코 억지로 꿰어 맞추듯이 설명하지 않는 기제가 필요하다. 다시 말해, 노년층을 해석하면서 부딪치게 되는 어려움과 지금까지 익혀온 마케팅 기제를 정리하면서 겪게 되는 어려움 외에도 우리에게 익숙한 평가나 그것의 응용을 이끌어내는 연구 방법에 대해 다시 한번 고찰해야 하는 과제가 있다는 것이다.

이 과제를 해결하는 데에는 민족학(ethnologie) 연구에서 전통적으로 행해온 방식을 차용하는 것이 도움이 될 것이다. 전통적으로 민족학에서 사용하는 참여관찰이나 구술 인터뷰와 같은 기제는 마케팅 분야에서도 신뢰할 만한 결과를 이끌어내게 해줄 것이다. 그래서 다양한 기제들, 특히 질적 연구 방법 기제들을 연구 방법으로 이곳에 제시했다.

아래에서 설명할 독립적 연구 요소들은 내용적으로 서로 밀접한 관계를 갖고 있으며, 상호 보완적으로 작용한다. 그럼에도 불구하고 각각의 요소들은 독립적으로 고찰하여 해석할 수 있는 특별한 사실 관계를 다루는 데 도움이 될 것이므로 개별적으로 적용할 수 있다.

이 연구 방법의 주요 목적은 복잡한 상위 행동 표본과 생활 표본을 발견하고, 그로부터 우리의 주요 관심사인 자세한 사실 관계를 해석하는 방식을 도출하는 것이다. 소비재를 사용하는 배경에는 여러 가지 상황이 준비되어 있는 법이다. 이러한 상황적 배경을 이해하고 이를 상품 전략이나 의사 소통 전략에 적용하는 것이야말로 '실버마켓'에서 유리한 고지를 점령하게 해주는 토대가 될 것이다.

이제 연구 방법을 개별적으로 살펴보겠다.

하루 일과 기록: 목표 대상이 되는 인물의 완전한 모습을 밝혀낼 수 있다면 도움이 될 것이다. 하루 일과를 기록하면 그 사람의 반복되는 일상적인 행동과 각각의 소비 영역을 알아낼 수 있으며, 아래에서 다룰 방법을 이용해 그것을 해석할 수 있다. 또 하루 일과의 기록을 통해 그 사람의 행동 방식과 소비 활동이 습관적으로 이루어지는지 아니면 순간적 혹은 충동적으로 이루어지는지 구분할 수 있다.

참여 관찰: 참여 관찰을 통해 눈에 띄는 행동 표본을 해석해낼 수 있다. 이 방식은 습관화된 일련의 행동이나 복잡한 행동 표본의 일부를 대상으로 삼을 때 유용하다. 연구자는 관찰 대상의 부엌에서 일하는 모습을 지켜본다거나 그와 함께 주말에 단골 슈퍼마켓에 가서 장을 같이 보는 등 행동이 이루어지는 장소에 있어야 한다.

구술 인터뷰: 목표 대상 그룹의 관점을 정확히 이해하기 위해서 구술 인터뷰를 적용한다. 원래 소비 사회학에서 비롯한 이 '이야기' 방식은 대상을

관찰할 수 있게 해주며, 나중에 정리된 진술의 명시적 의미와 함축적 의미를 확인할 수 있게 해준다.

매우 공개적인 이 방법은 비현실적 상황에 맞추어 조작한 개념을 주장할 수 없게 만든다. 사회적 현실을 파악하기 위해서는 실제적 상황을 기준으로 개념을 측정, 판단하는 것이 더 좋은 방법이다. 그보다 더 나은 방법은 개념 자체를 현실을 근거로 올바로 구성하는 것이다.

친구를 초대했을 때 주로 샴페인을 마시는 경우와 같은 구체적인 현실 분석을 통해 얻어낸 연구 개념이나 해석 개념은 단순하고 명료하여 관련 사회 영역을 잘 파악할 수 있게 해준다. 수집된 자료를 신뢰할 수 있다는 점 또한 대화 형식의 구술 인터뷰가 갖는 중요한 장점이다. 구술 인터뷰는 어떤 식으로 사회적 행위가 이루어지며, 그런 행위의 토대가 되는 사회 규칙이 어떻게 형성되는지도 보여준다.

또 언어 해석학적 분석 방법을 이용해 목표 고객 그룹 특유의 언어 생활에 접근할 수 있으며 그들이 사용하는 은유나 상징, 대화할 때에만 사용하는 언어들을 파악할 수도 있다. 구술 인터뷰는 비디오 촬영이나 녹음, 혹은 서면 기술을 통해 기록할 수 있다.

중요 사건 인터뷰: 관찰 불가능한 일련의 연속적 행동을 중요 사건 인터뷰를 통해서 자세히 이해할 수 있다. 소비 과정에서 일어난 중요한 사건들, 예를 들어 직접적인 상품의 소비 행위라든가 고객과 서비스 제공자 사이에서 일어나는 상호 작용 과정들은 특히 긍정적 혹은 부정적인 일련의 연속 행위로 받아들여진다.

중요 사건 인터뷰 방식은 인터뷰 대상 인물로 하여금 구체적인 상황을 강제적으로 상세히 재구성하게 하여 직접 표현하게 함으로써 당시의 상황을 다시 경험하게 하고, 필름이 연속적으로 돌아가는 것처럼 '절단'이나 시간 도약 없이 서술케 함으로써 개별 행동을 모두 기억나게 해준다. 이 인터뷰 과정 이후에는 대상 인물과 함께 행동 주체 입장에서 '중요하다'고 생각되는 사건들을 결정할 수 있다. 이렇게 하여 행동 과정과 관련된 모든 요소들을 근본적으로 감정적인 인상의 영향을 받지 않고 취합하여 평가할 수 있다.

이 방법은 여러 가지 장점을 갖고 있다.

➔ 비교적 개인의 표현 능력의 영향을 받지 않는다.
➔ 기억하지 못하는 부분을 채울 수 있다.
➔ 본인이 직접 진술하기 때문에 해석학적 분석이 가능하다.

목표 대상 그룹 시험단: 상품의 모양이나 소비 행태 분석과 관련해서 구체적으로 문제를 제기하기 위해서는, 즉 기존의 상품이나 서비스를 검사할 경우에는, 목표 고객 그룹 구성원으로 이루어진 시험단을 꾸려보기 바란다. 집 같은 분위기를 연출하여 목표 그룹 구성원과 비슷한 조건의 인터뷰 진행자가 상품의 용도와 같은 주제를 놓고 인터뷰를 할 수 있다. 그 외에도 고객들이 이 시험단을 이용해 실제 상품 사용 시의 문제점들을 알아보도록 할 수 있다. 여기서는 오랫동안 상품을 사용해보았거나, 혹은 가정의 일상 생활에서 일어나는 다양한 상황 속에서 상품을 사용해본 뒤에야 비로소 얻어지는 상품에 대한 평가를 얻을 수 있다.

글을 마치면서

폴 윌리스는 그의 책 『노년의 생활』에서 이렇게 말했다. "새천년이 시작되면서 '우리가 젊었을 때'라고 말할 수 있는 인류 역사의 한 장이 막을 내렸다." 이제 얼마 남지 않은 20세기에는 굉장한 발견들이 이루어졌으며, 기술은 우리 삶에서 거대한 영향을 발휘하고 있다. 놀랄 만한 발명품들이 끊임없이 등장하고 있으며, 기술은 한없이 발전하고 정교해지고 있다. "속임수가 아닙니다. 이것이 소니입니다!"라는 식의 문구들은 오락 전자 업계의 극소형화 추세를 대변하고 있고, 모든 제조업 세대가 기술 지향적으로 변한 현실을 보여준다. 오늘날 독일은 기술 및 의료 정보 분야에서 선두를 달리고 있으며, 처한 환경과 상관없이 모든 사람들에게 이러한 전문 지식을 최대한으로 조달할 수 있다. 하지만 지금까지는 사람들이 이러한 지식을 원한다는 사실을 간과했다. 또 그렇게 함으로써 부분적으로 성공을 거두었고, 그러한 성공을 폄하하고 싶지는 않다. 이 책을 쓰면서 우리는 새천년을 맞아 사고의 전환을 이룰 수 있는 자극을 주고자 했다.

21세기가 시작되면서 우리는 새로운 세계로 진입했다. 50세 이상의 노년층 인구가 역사상 가장 많아졌다. 독일뿐 아니라 유럽 모든 나라에서 그렇다. 우리가 맞게 될 새로운 과제는 단지 마케팅 영역에서만 존재하지 않는다. 언젠가는 삶의 모든 분야가 세기의 전환기에 일어나는 노년층의 변화로부터 영향을 받게 될 것이다.

지난 몇 년 동안 창조적인 아이디어들이 많이 등장했는데, 이는 유용성이 아닌 나이 혹은 '실버' 개념을 더 중요하게 생각했기 때문에 가능한 일이었다. 누구나 잘 알듯이 떡밥은 물고기의 입맛에 맞아야 한다. 만약 노인들을 대상으로 패스트푸드를 팔려고 한다면 실버버거를 만들 것이 아니라, 메뉴에 포케몬[17] 사진 대신 홈멜(Hummel)[18] 인형 그림을 넣어야 할 것이다.

인구 구성의 변화는 많은 긍정적 결과뿐 아니라 부정적 결과도 낳았다. 이 자리에서 이와 관련해 중요한 점 한 가지만 짚고 넘어가겠다. 노년층 인구가 증가하는 동시에 출생률의 저하가 미래의 연금정책에 상당히 부정적인 영향을 미치고 있다는 것은 누구나 아는 사실이다. 고령화 추세가 한 나라의 개혁 능력과 관련해 어떤 결과를 가져오리라고 생각하는가? 독일 정부가 사회의 노령화와 출생률 감소에 따라 정년 나이를 70살로 늘리지 않을 수 없거나, 혹은 기꺼이 그러고자 한다고 상상해보라. 50세 이상의 노인들이 압도적으로 많아 이들이 가장 힘을 가진 선거권 집단이 된다면 그러한 정책은 실현 불가능하다. 만약 여러분이 52세라면 60세가 아니라 70세까지 일해야 된다고 규정한 정책에 찬성하겠는가? 그뿐만이 아니다. 연금 축소 제안도 분명 반대하는 사람이 많을 것이다. 충분히 논의해 볼만한 가치가 있는 문제들이다.

이 책의 초점은 노년층에 맞추어져 있다. 나이가 든다는 것은 아주 평범하고 당연한 현상이다. 그러나 나이와 더불어 사람에게 필요한 것도, 욕구

---

17) 일본에서 초등학생용으로 제작된 오락게임으로 등장한 이후 텔레비전, 만화, 영화, 캐릭터 상품 등으로 만들어진 주인공. (옮긴이)

18) 홈멜 수녀의 이름을 따 1900년 초부터 만들어지기 시작한 순수한 표정의 인형들. (옮긴이)

도 달라진다. 그러나 나이가 든다는 것이 정체나 외로움으로 표현되어서는 안 된다. 활동성, 독립성, 자주성으로 표현되어야 한다.

미래를 바라볼 줄 아는 기업들은 이 순간에도 의식적이든 무의식적이든 실버 시장의 점유율을 어떻게 확보할 것인가에 대해 고민하고 있다.

오늘날 생산되는 상품을 관찰해보라. 상품 디자인들이 단순하고 분명해지는 추세로 변화하고 있으며, 제품 개발에서 인체 공학의 비중이 다시 커지고 있다. 전 세계에서 가장 큰 보험 회사인 알리안츠 사는 상품의 단순화에 집중하고 있으며, 인쇄 홍보물에서 작은 글씨를 더 이상 사용하지 않는다(〈새로운 전망〉 1998년 8월 13일자 기사 참조).

우리는 자신의 욕망들을 실현시키기 위해 전 인생을 걸쳐 노력한다. 어떤 옷을 어떻게 입을 것이며, 어떤 차와 어떤 주택을 구입할 것인지 고민한다. 나이가 들면 자기 삶을 나름대로 꾸려나가려는 이러한 욕망이 줄어든다는 것은 생각할 수 없다.

독자들이 이 책에 많은 관심을 가져주길 바라며, 또 의견이 있다면 서로 소통할 수 있기를 바란다.

실버 마케팅

목표 고객에게 접근하는 방법

지은이 _ 크리스티네 크리프 · 안드레아스 라이들
옮긴이 _ 문은숙
초판 _ 1쇄 인쇄 2007년 12월 26일
초판 _ 1쇄 발행 2007년 12월 31일
펴낸곳 _ 황금비늘
펴낸이 _ 손상열
디자인 _ 송인숙
등록번호 _ 제 315-2003-19호
등록일자 _ 2003년 11월 1일
주소 _ 서울시 구로구 구로5동 107-8 미주오피스텔 2동 808호
전화 _ 02) 323-7243
팩스 _ 02)323-7244
e-mail foxshe@hanmail.net

ISBN 987-89-90013-10-0   13320
ⓒ 크리스티네 크리프 · 안드레아스 라이들